Duden

Jiddisches Wörterbuch

3., überarbeitete und erweiterte Auflage

von Prof. Dr. Ronald Lötzsch

bearbeitet von
Prof. Dr. Simon Neuberg

mit einem Geleitwort von
Sascha Chaimowicz

und vier Begleittexten von
Dr. Rolf-Bernhard Essig

Dudenverlag
Berlin

Die **Duden-Sprachberatung** beantwortet Ihre Fragen
zu Rechtschreibung, Zeichensetzung, Grammatik u. Ä.
montags bis freitags zwischen 09:00 und 17:00 Uhr.
Aus Deutschland: **09001 870098** (1,99 EUR pro Minute aus dem Festnetz)
Aus Österreich: **0900 844144** (1,80 EUR Minute aus dem Festnetz)
Aus der Schweiz: **0900 383360** (3.13 CHF pro Minute aus dem Festnetz)
Die Tarife für Anrufe aus den Mobilfunknetzen können davon abweichen.
Den kostenlosen Newsletter der Duden-Sprachberatung können Sie unter
www.duden.de/newsletter abonnieren.

Bibliografische Information der Deutschen Nationalbibliothek
Die Deutsche Nationalbibliothek verzeichnet diese Publikation in der
Deutschen Nationalbibliografie; detaillierte bibliografische Daten sind
im Internet über http://dnb.dnb.de abrufbar.

Das Wort **Duden** ist für den Verlag Bibliographisches Institut GmbH
als Marke geschützt.

Alle Rechte vorbehalten. Nachdruck, auch auszugsweise, verboten.

Kein Teil dieses Werkes darf ohne schriftliche Einwilligung des Verlages
in irgendeiner Form (Fotokopie, Mikrofilm oder ein anderes Verfahren),
auch nicht für Zwecke der Unterrichtsgestaltung, reproduziert oder
unter Verwendung elektronischer Systeme verarbeitet, vervielfältigt
oder verbreitet werden.

© Duden 2018   D C B
Bibliographisches Institut GmbH
Mecklenburgische Straße 53, 14197 Berlin

Projektleitung Dr. Kathrin Kunkel-Razum
Autor Prof. Dr. Ronald Lötzsch ז״ל
Bearbeiter Prof. Dr. Simon Neuberg
Herstellung Ursula Fürst
Layout Bachmann Design, Weinheim
Umschlaggestaltung Tom Leifer Design, Hamburg
Satz Sagittarius-A GmbH, Hirschberg
Druck und Bindung AZ Druck und Datentechnik GmbH
Heisinger Straße 16, 87437 Kempten

Printed in Germany
ISBN 978-3-411-06243-0
Auch als E-Book erhältlich unter:
ISBN 978-3-411-91260-5

www.duden.de

PEFC zertifiziert
Dieses Produkt stammt aus nachhaltig
bewirtschafteten Wäldern und kontrollierten
Quellen.

www.pefc.de

Inhaltsverzeichnis

Geleitwort   7
Sascha Chaimowicz

Anmerkung des Bearbeiters   11
Simon Neuberg

Vorwort zur 2. Auflage 1992   15
Ronald Lötzsch

Hinweise für die Benutzung des Wörterbuches   29
Ronald Lötzsch / Simon Neuberg

A–Z-Teil   37
Ronald Lötzsch / Simon Neuberg

Anhang   189
Ronald Lötzsch / Simon Neuberg
Das hebräische Alphabet   190
Formenbildung des Jiddischen   195
Texte   198

Im A–Z-Teil finden Sie vier Texte
von Rolf-Bernhard Essig

»Bay mir bistu sheyn«. Wie sich das Jiddische
über Filme, Musicals und Lieder verbreitet   92

Mit Jiddisch ist es nicht Essig.
Die beliebtesten Wörter   110

Die alten Herren und der Rand der Gesellschaft.
Wie das Jiddische ins Deutsche kam   176

Hechtsuppe zum guten Rutsch   187

Geleitwort

Von Sascha Chaimowicz*

»Ähm, Moment, in deiner Kindheit wurde zu Hause nur Jiddisch gesprochen?«, frage ich meinen Vater vor wenigen Wochen verblüfft am Telefon. Eigentlich habe ich ihn angerufen, weil ich Ideen für dieses Vorwort von ihm einholen wollte. Er ist das Kind polnischer Holocaust-Überlebender. Geboren und aufgewachsen ist er in München. Ich hatte immer angenommen, dass seine Muttersprache Deutsch sei. Auch, weil er jiddische Begriffe und die typische Satzstellung immer eher als eine Art Gag-Sprache verwendet hat und nicht als etwas, das in seiner Kindheit eine große Bedeutung hatte. *Schon mal verdient a Mark?* antwortet er gerne ironisch, wenn ich als Kind wollte, dass er mir einen Pulli kauft, und ich strategisch auf den günstigen Preis hinwies. Als wir jüdische Freunde in den USA besuchten und einer im Lokal ein amerikanisches Bier namens *Shiner Bock* bestellte, gesprochen »scheiner bock«, prusteten mein Vater und seine Freunde los, weil es in ihren Ohren jiddisch klang, wie »schöner Bock«. Bis zum Telefonat mit meinem Vater vor wenigen Wochen war ich davon ausgegangen, dass es mit dem Jiddischen und unserer Familie nicht viel mehr auf sich hatte als das.

Doch plötzlich kannte er Begriffe, die ich noch nie gehört hatte. Ich saß an meinem Computer und er gab mir immer neue Wörter durch, nach denen ich suchen sollte, *chaßene* zum Beispiel, »Hochzeit«, oder *kezele*, »Kätzchen«. Er konnte *Nudeln, Schönheit* und *Kochtopf* auf Jiddisch sagen, doch ein Wort wie *Morgendämmerung* kannte er nicht, denn das Jiddische war für ihn wirklich eine Alltagssprache gewesen. »*Morgendämmerung* hat bei uns zu Hause mit Sicherheit nie jemand auf Jiddisch gesagt.«

---

* Sascha Chaimowicz ist Redakteur beim ZEITmagazin.

Geleitwort

Ich frage wenig später auch einen engen Freund meines Vaters, einen Münchner Juden mit osteuropäischen Wurzeln, von dem ich ebenfalls nie viel Jiddisch gehört hatte, wie viel er von der Sprache verstehe. Er erzählte mir zu meiner Überraschung, dass er in seiner Jugend nichts lustiger fand als die Vinylplatten von Dzigan & Schumacher, zweier Komiker, die ausschließlich Jiddisch sprachen.

Ich selbst bin nach der *halacha,* dem jüdischen Gesetz, kein Jude, weil meine Mutter nicht jüdisch ist. Das Judentum, das wir zu Hause praktizierten, war ein leichtes, heiteres – es ging viel um Essen, um osteuropäische Speisen mit jiddischen Namen wie *tscholnt mit kischke,* eine Art Kartoffel-Bohnen-Rindfleisch-Eintopf mit gefülltem Kalbsdarm. Ich hatte mir nie bewusst gemacht, dass mein Vater und viele seiner Freunde mit Jiddisch aufgewachsen waren, vielleicht auch, weil ich nie darüber nachgedacht habe. Ich war mit gesprochenem Jiddisch nur ein Mal in Kontakt gekommen, als ich den streng orthodoxen Jerusalemer Stadtteil Me'a Sche'arim besuchte. Dort unterhielten sich fast alle auf den Straßen auf Jiddisch. Ich dachte nicht an meine Familie, als ich die Menschen dort hörte.

»Dass meine Eltern nur Jiddisch sprechen konnten, war mir als Kind und Jugendlicher peinlich«, erzählt mein Vater mir am Telefon. Er erinnert sich, wie unangenehm es ihm vor den nicht jüdischen Münchnern war, dass seine Mutter im Supermarkt von *jojch* sprach, wenn sie »Suppe« meinte, und *ojwn* für »Ofen« sagte. »Du willst als Kind ja zur Gemeinschaft dazugehören und nicht durch eine Fremdsprache auffallen, und noch dazu eine, die wenige Jahre nach dem Holocaust allen mitteilt, dass du jüdisch bist.«

Mit dem Jiddischen war mein Vater offenbar umgegangen wie mit den jüdischen Ritualen. Denn Frömmigkeit spielte in seiner Kindheit eine wichtige Rolle, danach nicht mehr. Als junger Erwachsener hat er sich von der Religiosität seines Elternhauses immer mehr gelöst. Vielleicht war es sein Versuch, sich von der deprimierenden Vergangenheit loszusagen.

Als ich ihn ein paar Tage später anrufe und ihm erzähle, dass ich durch meine Arbeit am Vorwort dieses Buches ganze jiddische Sätze gelernt habe, zum Beispiel *ß'felt im a klepke in kop,* »bei ihm ist eine Schraube locker«, lacht er. Ich spüre, dass es ihm gefällt, dass ich mich mit dem Jiddischen beschäftige. Es stellt eine Verbindung zu unseren Vorfahren her. Und auch ich finde die Vorstellung schön, eines Tages meinen Kindern dieses Buch vorzulegen und ihnen zu erklären, dass Jiddisch die Sprache ihrer Urgroßeltern gewesen war. Und dass selbst ihr Großvater noch damit aufgewachsen war und mich ironisch einen echten *mejwn* nannte, einen echten »Sachverständigen«, als er mir bei diesem Vorwort half.

Anmerkung des Bearbeiters

Das Wörterbuch von Ronald Lötzsch war, als es 1990 in Leipzig erschien, eine Ausnahmeerscheinung in der jiddischen Lexikografie. Lexikografisches Neuland wurde in dieser Zeit nicht betreten, es erschienen lediglich terminologische Werke und zweisprachige Wörterbücher. Wenn man so will, herrschte eine lexikografische Dürrezeit. Lediglich das russisch-jüdische Wörterbuch, erschienen 1984, stellte eine positive Ausnahme dar. Allerdings war es das verspätete Ergebnis besserer Zeiten für die Lexikografie. Und es sollte noch dauern bis zu den nächsten echten Fortschritten.

Lötzschs kleines Wörterbuch ist kein Kondensat aus früheren größeren Werken, sondern ein unabhängiges Wörterbuch, das zu einem großen Teil aus den lexikografischen Arbeiten zum Jiddischen schöpft, die in der Sowjetunion geleistet worden waren, aber in den jiddischen Wörterbüchern aus den USA nicht berücksichtigt worden sind. Mit Ronald Lötzsch wurde es von einem erfahrenen Slawisten und Lexikografen konzipiert. Sein Wörterbuch hat trotz des relativ geringen Umfangs mehrere Vorteile, durch die es über das Vermitteln eines allgemeinen Bildes der jiddischen Sprache hinausgeht.

1. Durch die Verwendung einer Umschrift in Lateinbuchstaben gibt es Menschen, die mit der hebräischen Schrift nicht vertraut sind, ein Hilfsmittel an die Hand, um Transkriptionen oder Tonaufnahmen zu verstehen. Das gilt auch für Leser/-innen phonetisierter Texte, in denen die Lexeme hebräischer Abstammung nicht entsprechend ihrer historischen Schreibweise, sondern in hebräischen Schriftzeichen – aber eben phonetisch – wiedergegeben werden, wie es u. a. im sowjetischen Jiddisch üblich war.

2. Durch die konsequente Berücksichtigung des rezenten Wortschatzes aus der Sowjetunion erklärt das Wörterbuch zahlreiche Wörter und Ausdrücke, die in Literatur und Presse aus dem russischen Einflussbereich stammen, denjenigen aber nicht zugänglich sind, die ein Wörterbuch mit Russisch als Zielsprache nicht benutzen können.

3. Durch die Kennzeichnung der Einträge als <*se*> für hebräischstämmige bzw. als <*sl*> für slawischstämmige Wörter wird das Wissen um deren Zugehörigkeit sparsam nachgeahmt. Dieses Wissen spielt als quasi-historische Konnotation im Jiddischen eine wesentliche Rolle. Alle anderen Wörter gelten automatisch als deutschstämmig, auch wenn das der historischen Wirklichkeit nicht immer entsprechen mag. Das Bewusstsein für diese Komponenten ist nämlich beim idealtypischen Jiddischsprecher weder unfehlbar noch mit philologischem Wissen gleichzusetzen.

4. Trotz des geringen Umfangs erfasst das Wörterbuch erstaunlich viele weitere lexikografische Informationen, die in verknappter Form oder implizit durch die Wahl der deutschen Entsprechungen vermittelt werden. Besonders reich ist das Wörterbuch – wiederum gemessen an seinem Umfang – im Bereich der Idiomatik. Dafür machte sich Ronald Lötzsch die nahe Verwandtschaft des Jiddischen und des Deutschen zunutze: Die ausgeklügelte Wahl der Einträge (es sind etwas über 8 000 inklusive der Verweise) führt dazu, dass er den Nutzern/Nutzerinnen sehr oft die gesuchten Antworten bieten kann, und zwar öfter, als man es einem Werk dieses Umfangs zutrauen würde.

Das allerdings birgt eine Gefahr beim Erweitern des Werks: Wenn man den Wortbestand stark erweitern wollte, würde sich dieser Effekt in der Masse auflösen. Das ist hier nicht beabsichtigt, deshalb versucht die Bearbeitung dem Geist der Arbeit von Ronald Lötzsch treu zu bleiben. Dort, wo sie angebracht waren, wurden Korrekturen durchgeführt. Aber es sind sowjetisch-jiddische Formen auch dort beibehalten worden, wo in anderen Wörterbüchern ein anderer Hauptansatz verfolgt wird.

Es sind weiterhin kaum durchsichtige Internationalismen integriert worden, die vorhandenen, die Ronald Lötzsch zurecht als <*sl*> markiert hat, sind geblieben. Hingegen bleiben zahlreiche Wörter, die Deutschkundigen transparent erscheinen dürften, unerwähnt. Viele Wortfamilien sind durch einen oder wenige Vertreter abgedeckt, weitere Ableitungen und vor allem Zusammensetzungen können sich die Benutzer/-innen aus dem Vorhandenen erschließen.

Es sind also nur sparsam Ergänzungen für diese Neuauflage vorgenommen worden. Sie konzentrieren sich auf eine bessere Abbildung des Bedeutungsspektrums einzelner Wörter sowie auf den für Deutschsprachige undurchsichtigen Wortschatz. Dieser stammt vorwiegend aus latinisierten Ausgaben jiddischer Texte. Insbesondere hat der beschriebene Hintergrund dazu geführt, dass einerseits wichtige Begriffe des religiösen Brauchtums (*besdn, lag-bojmer, schwueß* etc.) und andererseits Wörter, die in ähnlicher Lautung im Ostmitteldeutschen bekannt sind (*flokn, funt, zupn* etc.), unberücksichtigt geblieben waren; bei der heutigen Verbreitung des Wörterbuchs kann Vertrautheit mit dem Ostmitteldeutschen nicht im selben Maße wie früher vorausgesetzt werden.

Ein Versuch, die verfügbaren Aufnahmen vorgelesener jiddischer Literatur sowie die in Transkription – gedruckt oder digital – erreichbaren Texte hier abzudecken, hätte den Band gesprengt. Der Zugang zur jiddischen Literatur erfordert weiterhin auf jeden Fall das Erlernen des hebräischen Alphabets.

Nun noch ein paar Gedanken zur latinisierten Schreibweise: Die von Ronald Lötzsch entwickelte Transkription nutzt die deutschen orthographischen Gewohnheiten; sie verwendet z. B. *sch, ch, ß*, was nicht deutschsprachigen Lesern/Leserinnen befremdlich erscheinen mag. Sie ist aber für diejenigen, die nach einer deutschen Entsprechung jiddischer Wörter suchen, sehr praktisch, da sie keinerlei weitere Kenntnisse voraussetzt und somit besonders leicht erlernbar ist. Eine Schwäche liegt vielleicht in der Verwendung von *ch*, während das in der Yivo-Transkription vorgesehene *kh*, gerade wegen seines fremden Aussehens, ein besseres Warnsignal ist: Hier wird stehts ein Ach-Laut gesprochen, der im Deutschen nach manchem Vokal unerwartet klingt. Ansonsten leistet die Lötzsch-

Anmerkung des Bearbeiters

Umschrift dieselben Dienste wie die international geltende Yivo-Umschrift. Beide Systeme unterscheiden sich nur durch wenige Buchstaben(kombinationen): *ch* ⇆ *kh*, *sch* ⇆ *sh*, *s* ⇆ *z*, *j* ⇆ *y*, *w* ⇆ *v*, *z* ⇆ *ts*. Im letztgenannten Fall ist Lötzschs System sogar im Vorteil, da das Jiddische über ein Zeichen für die Affrikate *z* verfügt, die im Englischen einen Digraphen erfordert *ts* (cf. *schlechtß,* aber *firechz*).

Zwar sind kaum Texte in Lötzsch-Umschrift veröffentlicht, weil Herausgeber verständlicherweise ein weiter gespanntes internationales Publikum im Auge haben. Es sind aber zahlreiche konkurrierende, nicht immer konsequent angewandte Systeme im Umlauf. Der Zuwachs an phonetischer Information entschädigt für den oft unvermeidlichen zusätzlichen Aufwand beim Nachschlagen auf der Basis eines anders transkribierten Textes.

Das Wörterbuch bleibt zwar ein »passives« Wörterbuch, das zur Produktion von jiddischen Texten nicht ausreicht, das aber hilft, vorhandene Texte zu enträtseln: in der hier vorliegenden erweiterten Version hoffentlich noch effizienter als bisher schon.

Trier, im Juli 2018
Simon Neuberg

Vorwort zur 2. Auflage 1992

Jiddisch ist die dem Deutschen nächstverwandte westgermanische Sprache. Es steht unserer Muttersprache ungleich näher als das Englische und selbst das Niederländische. Besonders groß ist die Übereinstimmung mit dem sog. Ostmitteldeutschen, zu dem u. a. das Berlinische und das Sächsische (die Umgangssprache großer Teile des historischen Sachsens und Thüringens) gehören. Wie in diesen beiden landschaftlichen Varianten der gesprochenen deutschen Sprache ist beispielsweise älteres anlautendes *p* im Jiddischen durch *f* ersetzt und inlautendes oder auslautendes *pp* zu *p* vereinfacht worden. Das Hochdeutsche weist demgegenüber in allen drei Positionen *pf* auf (vgl. jiddisches *ferd*, *schepn*, *kop* mit hochdeutschem *Pferd*, *schöpfen*, *Kopf*).

Die Vorgeschichte des Jiddischen beginnt mit der Ansiedlung jüdischer Gemeinden in der im Rheinland gelegenen römischen Provinz Germanien zu Beginn unserer Zeitrechnung. Wie ihre nicht jüdischen Mitbürger italischer, keltischer oder orientalischer Herkunft werden diese Cives Romani (römischen Bürger) jüdischen Glaubens im Alltag Lateinisch, teilweise, soweit sie oder ihre Vorfahren vorher in Griechenland gelebt hatten, vielleicht auch Griechisch gesprochen haben. Ihre ursprüngliche Muttersprache, das Hebräische, war als Umgangssprache bereits in der alten Heimat Palästina allmählich vom nah verwandten Aramäischen abgelöst worden. Auch als Schriftsprache hatte es nach und nach zahlreiche aramäische Elemente aufgenommen. Den römischen Juden diente es nunmehr nicht nur als *leschon kodesch*, als ›heilige Sprache‹ der Religion, sondern sicher auch zur Verständigung mit ihren des Lateinischen oder Griechischen nicht mächtigen Glaubensgenossen, vor allem außerhalb Roms. Das Weströmische Reich wurde später von germanischen Stämmen zerstört, und auf seinen Trümmern entstand das Frankenreich, dem die Karolinger schließlich alle auf dem europäischen Festland siedelnden

Westgermanen mit Ausnahme der Friesen anzugliedern vermochten. Nachdem das Reich nach Karls des Großen Tod geteilt worden war, verschmolzen seine germanischen Bewohner im Ostteil – der Westteil wurde romanisiert – bis etwa zum Ende des 1. nachchristlichen Jahrtausends zur mittelalterlichen deutschen Völkerschaft. Deren Angehörige begannen, die Gesamtheit der von ihnen gesprochenen und zunehmend auch im Schrifttum verwendeten Mundarten ungeachtet aller ursprünglich meist stammesbedingten landschaftlichen Unterschiede in Aussprache, Wortschatz und grammatischem Bau als eine einheitliche Sprache anzusehen, die sie *dütsch* nannten, woraus sich unser heutiges *Deutsch* entwickelte.

Auch die jüdischen Bewohner des mittelalterlichen deutschen Staates, den sie in ihrer hebräisch-aramäischen Schriftsprache *aschkenas* nannten, während sie sich selbst als *aschkenasim* bezeichneten, gingen im alltäglichen Sprachgebrauch zu den deutschen Dialekten ihrer christlichen Nachbarn über. Das Hebräisch-Aramäische behielt seine Funktion als vorwiegend religiösen Zwecken dienende Zweitsprache. Zumindest die meisten Männer müssen diese in einem Grade beherrscht haben, dass eine Verständigung mit Juden möglich war, die kein Deutsch verstanden. Vor allem bei den weit in den Orient führenden Handelsreisen jüdischer Kaufleute dürfte dies von großer Bedeutung gewesen sein. Bei einer solchen Sprachsituation braucht es nicht zu verwundern, dass Bezeichnungen für in irgendeiner Weise mit der jüdischen Religion bzw. mit dem Handel zusammenhängende Begriffe nicht aus dem Hebräisch-Aramäischen ins Deutsche übersetzt, sondern unmittelbar aus der einen in die andere Sprache übernommen wurden. Der Wortschatz der von den Aschkenasim im Alltag verwendeten Sprache enthielt also sehr bald eine nicht unbeträchtliche hebräisch-aramäische Komponente. Nicht auszuschließen ist, dass sich das Deutsch der Juden auch noch in anderer Hinsicht – etwa lautlich – geringfügig von der Sprache der christlichen Umgebung unterschied, obwohl es hierfür keine direkten Beweise gibt. Auf jeden Fall wurde diese Sprache von ihren Sprechern als eine Varietät des Deutschen angesehen, was auch in den vielfach dokumentierten

Benennungen zum Ausdruck kam, die sie ihr gaben. Am häufigsten wurde sie einfach *Deutsch* genannt. Auch in hebräischer Übersetzung ist diese Bezeichnung als *leschon aschkenas* (wörtlich ›Sprache Deutschlands‹) bezeugt. Sollte ihre Spezifik hervorgehoben werden, wurde diese Sprache auch *Jüdisch-Deutsch* oder *Iwre-Deutsch* (*iwre* – aus dem Hebräischen entlehnte Bezeichnung der hebräischen Sprache) genannt. Die letzte Bezeichnung wird dem besonderen Charakter dieser Existenzform des mittelalterlichen Deutschen sicher am besten gerecht.

Die weitere Entwicklung führte jedoch dazu, dass auf der Grundlage der jüdisch-deutschen Dialekte eine selbstständige, vom Deutschen verschiedene germanische Sprache entstand, die von ihren Sprechern einfach *Jüdisch* (in heutiger Aussprache *Jidisch*) genannt wird und die wir heute mit dem über englisches *Yiddish* vermittelten Terminus *Jiddisch* bezeichnen. Die Verselbstständigung des Jiddischen begann, als etwa seit der Mitte des 13. Jh. größere Gruppen von Aschkenasim, die wegen ihres Glaubens in Deutschland in immer stärkerem Maße diskriminiert und verfolgt wurden, in das benachbarte Königreich Polen auswanderten, in dem damals größere religiöse Toleranz herrschte. Um sich in ihrer neuen Heimat mit der dort von alters her ansässigen slawischen Bevölkerung verständigen zu können, mussten die osteuropäischen Juden deren Sprachen erlernen. Bis ins ausgehende 18. Jh. waren dies vor allem das Polnische, in den östlichen Teilen des polnischen Staates aber auch das dort von der Mehrheit der Bevölkerung gesprochene Ukrainische und Weißrussische. Nach den Teilungen Polens begann in den an Russland gefallenen Teilen des ostjüdischen Siedlungsgebietes auch das Russische eine immer größere Rolle zu spielen. Da die Juden fortfuhren, miteinander deutsch zu sprechen, kam es nach und nach zur Herausbildung einer ausgeprägten Zwei- und Mehrsprachigkeit. Die daraus resultierende nachhaltige Einwirkung der genannten vier slawischen Sprachen auf alle Komponenten der jüdisch-deutschen Dialekte, insbesondere auf ihren Wortschatz, aber auch auf ihren Lautbestand und ihre Aussprache und nicht zuletzt auf ihren grammatischen Bau, waren der entscheidende Faktor bei der Weiterentwicklung des Jüdisch-Deutschen zur selbst-

Vorwort zur 2. Auflage 1992

ständigen jiddischen Sprache. Doch auch das Hebräisch-Aramäische erlangte als Schriftsprache der osteuropäischen Juden, als *loschn kojdesch*, wie es nunmehr in aschkenasischer Aussprache genannt wurde, eine eher noch größere Bedeutung als vorher in Deutschland, wie das Aufblühen eines vielfältigen Schrifttums in dieser Sprache bezeugt. Zur entscheidenden slawischen Komponente des Jiddischen gesellte sich auch eine semitische im Ergebnis der Beeinflussung durch das Hebräisch-Aramäische, die kaum weniger bedeutsam war und die ebenfalls nicht auf den Wortschatz beschränkt blieb. Dennoch ist es nicht ganz korrekt, das Jiddische als germanisch-slawisch-semitische Mischsprache zu bezeichnen, wie dies nicht selten geschieht. Seine Grundlage ist unbestreitbar deutsch.

Dies deutlich zu machen und gleichzeitig die Gewichtigkeit der slawischen und semitischen Komponente ins rechte Licht zu rücken, ist das Hauptanliegen dieses Wörterbuchs. Der begrenzte Umfang zwang zu einer rigorosen Beschränkung der aufzunehmenden Wörter. Nicht einmal der Grundwortschatz, d. h. die die Grundbegriffe des Alltags bezeichnenden Wörter, konnte vollständig aufgenommen werden. Da vor allem mit dem Deutschen Übereinstimmendes weggelassen wurde, könnte der Eindruck entstehen, als sei der Anteil der slawischen und semitischen Anteile höher, als dies in Wirklichkeit der Fall ist. Die das Gerüst einer Sprache bildenden Pronomina, Zahlwörter, Hilfs- und Modalverben, die ausnahmslos deutscher Herkunft sind, wurden jedoch sämtlich aufgenommen. Gleiches gilt für nahezu alle Substantive, Adjektive und Verben, die als Grundlage für zahlreiche Ableitungen dienen, zumal viele von ihnen beträchtliche Abweichungen vom Deutschen in der Formenbildung aufweisen. Dass formal mit dem Deutschen übereinstimmende Wörter nicht ausgelassen werden konnten, wenn sie eine stark abweichende Bedeutung haben, bedarf keiner besonderen Begründung. Schließlich enthält das Wörterbuch nicht wenige Stichwörter, die sich weder formal noch in ihrer Bedeutung von ihren deutschen Entsprechungen unterscheiden, die aber in Fügungen und Wendungen vorkommen, die im Deutschen völlig ungebräuchlich sind. In der Regel bedarf es keineswegs profunder Kenntnisse des Russischen oder Polnischen, um festzustellen, dass diesen Abweichungen slawische Modelle zugrunde liegen. Dort, wo die Grenzen des Grundwortschatzes überschritten werden, d. h., wo Wörter aufgenommen wurden, die speziellere Begriffe bezeichnen, geht es meist darum zu veranschaulichen, dass das Jiddische eine moderne, voll entwickelte Sprache ist, die Lexik für alle Kommunikationssphären besitzt. Diese Wörter sind entweder mit den Mitteln der jiddischen Wortbildung von deutschen, slawischen oder semitischen Wurzeln abgeleitet oder direkt aus anderen Sprachen entlehnt. Wie ihre Lautgestalt, grammatische Form oder zumindest die Betonung beweist, erfolgte die Entlehnung seit dem 19. Jh. zumeist aus dem Russischen bzw. über das Russische.

Diese ganze Vielschichtigkeit des jiddischen Wortschatzes soll dem Benutzer dieses Wörterbuches nahegebracht werden. Dazu sollen sowohl die Wortauswahl als auch die Gestaltung der Wortartikel dienen. Um dem Benutzer insbesondere auch das Erkennen der slawischen und semitischen Elemente zu erleichtern, enthalten die jeweiligen Artikel nach der Bedeutungsangabe die Hinweise ‹sl› oder ‹se›. Diese Kürzel bedeuten, dass der Stamm des Stichwortes, bei zusammengesetzten Wörtern der Stamm des Grundwortes, aus einer slawischen Sprache oder aus dem Hebräisch-Aramäischen entlehnt ist. Dabei kommt es auch vor, dass ein Wort aus einer slawischen Sprache stammt, in die es vorher seinerseits aus dem Deutschen entlehnt wurde. So stellt jiddisches *ratewen* ›retten‹ zweifellos eine Entlehnung aus dem Polnischen dar, in dem das Verb mit dieser Bedeutung *ratować* lautet. Dieses aber geht auf deutsches *retten* zurück. In vielen Fällen ließe sich sogar genauer angeben, welche von den angeführten vier slawischen Sprachen die Quelle der Entlehnung bildet. So muss ein Wort aus dem Polnischen stammen, wenn es Reflexe von Nasalvokalen aufweist (vgl. z. B. *demb* ›Eiche‹ mit polnischem *dąb*, Stamm der übrigen Formen *dęb-*, und mit russischem дуб). Ukrainischen oder weißrussischen Ursprungs muss ein Wort dagegen sein, wenn es den Laut *h* enthält (vgl. z. B *hrab* mit ukrainischem граб, ausgesprochen *hrab*, und mit russischem граб oder polnischem *grab*). Da sich jedoch für die meisten Wörter nicht ohne Weiteres feststellen lässt, aus welcher konkreten

Vorwort zur 2. Auflage 1992

slawischen Sprache sie ins Jiddische eindrangen, wurde generell auf eine Präzisierung verzichtet. Neben selbstständigen Wörtern wurden auch die wichtigsten Wortbildungselemente (Präfixe und Suffixe) als besondere Stichwörter aufgenommen.

Alle nicht assimilierten Juden verwenden in ihrem Schrifttum, ganz gleich, welcher Sprache sie sich dabei bedienen, die keinerlei Großbuchstaben kennende hebräische Schrift. Auch Jiddisch, so wie vorher schon Jüdisch-Deutsch, wird von allem Anfang an mit hebräischen Buchstaben von rechts nach links geschrieben. Nicht zuletzt wegen der unterschiedlichen Schreibrichtung ist die Beibehaltung der Originalschreibung in einem Wörterbuch, in dem Jiddisches in einer mit lateinischen Buchstaben zu schreibenden Sprache erläutert wird, mit erheblichen technischen Schwierigkeiten verbunden. Außerdem wird demjenigen, der sich für das Deutsche, seine Existenzformen (Dialekte, landschaftliche Umgangssprachen), seine Geschichte und seine Beziehungen zu verwandten Sprachen interessiert und der sich deshalb auch in einem gewissen Maße mit dem Jiddischen vertraut machen möchte, ohne es regelrecht erlernen zu wollen, der Zugang zu dieser Sprache beträchtlich erschwert, wenn er sich vorher die hebräische Schrift aneignen soll. Und gerade für einen solchen Benutzerkreis ist dieses Wörterbuch in erster Linie gedacht. Die hebräische Schrift ist zwar nicht schwieriger als andere Buchstabenschriften, mutet aber den nicht mit ihr Vertrauten doch fremdartig genug an, um einem Bekanntwerden mit dem Jiddischen im Wege zu stehen. Verlag und Autor haben sich deshalb entschlossen, in diesem Wörterbuch alles Jiddische grundsätzlich in einer der deutschen Orthographie stark angenäherten lateinischen Umschrift drucken zu lassen, natürlich unter Beibehaltung der für die hebräische Schrift obligatorischen generellen Kleinschreibung. Auch diese Lösung ist mit einigen Problemen verbunden, die sich aus der Geschichte der jiddischen Literatursprache ergeben. Ehe auf diese Probleme näher eingegangen werden kann, ist also ein kurzer Exkurs über die Entwicklung der Literatursprache erforderlich.

Schon vor der Massenemigration von Aschkenasim nach Osten fand das Jüdisch-Deutsche neben dem Hebräisch-Aramäischen bei ihnen im

Schrifttum Verwendung. Es war vor allem Erbauungs- und Unterhaltungsliteratur mit biblischem oder folkloristischem Inhalt, die in dieser Sprache entstand. Bestimmt war sie in erster Linie für Frauen, die die ›heilige Sprache‹ nur in Ausnahmefällen beherrschten, sodass sie auf Lesestoff in ›Weiberdeutsch‹, wie diese Sprachform nicht selten genannt wurde, angewiesen waren. Es handelte sich dabei natürlich nicht einfach um die jeweilige lokale Variante der jüdisch-deutschen Umgangssprache. Ebenso wie die Schöpfer der nicht jüdischen mittelhochdeutschen und frühneuhochdeutschen Literatur waren auch die jüdischen Verfasser an einer möglichst weiten Verbreitung ihrer Werke interessiert und deshalb bestrebt, zu eng Mundartliches zu vermeiden. Diese Tendenz verstärkte sich noch nach der Einführung des Buchdrucks. Auch ostjüdische Verleger waren bemüht, die Bindung der von ihnen verwendeten Sprachform an das Deutsche der alten Heimat nicht allzusehr zu lockern, um ihren Produkten auch im deutschen Sprachgebiet noch einen ausreichenden Absatz zu sichern. Doch das gesprochene Jiddisch entfernte sich trotz der nie abreißenden Kontakte seiner Sprecher zu Deutschland, nicht zuletzt dank dem mächtigen Einfluss des Slawischen, immer stärker von seiner Grundlage. Schließlich mussten sowohl die Vertreter der jüdischen Aufklärung, der sog. *haßkole*, wie sie auf Jiddisch mit einem aus dem Hebräischen stammenden Wort bezeichnet wurde, als auch die von ihnen bekämpften Chassidim, die Anhänger einer geradezu mystischen Frömmigkeit mit ihrem Glauben an Wunderrabbis, dieser Tatsache Rechnung tragen. Sollten ihre Schriften von den einfachen Juden überhaupt verstanden werden, mussten sie sich deren Sprache mit all ihren Slawismen und Hebraismen bedienen. Auf diese Weise wurde seit dem ausgehenden 18. Jh. gewissermaßen der Boden für die Entstehung der modernen jiddischen Literatursprache vorbereitet. Diese schufen dann die drei großen Klassiker Mendele Mojcher Sforim (eigentlich Scholem-Jankew Abramowitsch, 1836–1917), Jizchok Lejb Perez (1852–1915) und Scholem Alejchem (eigentlich Scholem Rabinowitsch, 1859-1916), die der jiddischsprachigen Literatur Weltgeltung verschafften. Es ging dabei nicht zuletzt auch um die Durchsetzung einer Sprachnorm, die von Sprechern aller jiddischen Dialekte akzeptiert werden konnte.

Denn die dialektale Vielfalt dieser Sprache ist beträchtlich, was bei ihrer Ausbreitung über das gesamte Gebiet des noch ungeteilten Königreichs Polen und darüber hinaus nicht zu verwundern braucht. In seiner weitesten Ausdehnung umfasste der polnische Staat außer den von einer kompakten polnischen Bevölkerung besiedelten Kernlanden bekanntlich auch Litauen, einen Teil Lettlands, Weißrussland und fast die gesamte Ukraine. Von hier aus breitete sich das Jiddische in südlicher Richtung auch in die benachbarten Teile des Königreichs Ungarn sowie in die rumänischsprachigen Fürstentümer Moldau und Walachei aus. Eine Ausbreitung nach Osten und Nordosten war dagegen nur begrenzt möglich, obwohl Litauen, Weißrussland und die Ukraine mit Ausnahme Galiziens, das an Österreich-Ungarn fiel, bei den Teilungen Polens im 18. Jh. von Russland annektiert wurden, wodurch die ursprünglich Polen von Russland trennende Staatsgrenze zu existieren aufhörte. Sie lebte indes fort in Gestalt des *tchum-hamojschew*, wie die jiddische Bezeichnung lautete, der Siedlungsgrenze, östlich bzw. nordöstlich von der es Juden bei Strafe verboten war, sich niederzulassen. Lediglich Juden mit Hochschulbildung, die zu erlangen nur verhältnismäßig wenigen vergönnt war, und Juden, die 25 Jahre in der Zarenarmee gedient hatten, erhielten eine Aufenthaltserlaubnis, die ›prawoshitelstwe‹, ein immer wiederkehrendes Sujet der jiddischsprachigen Literatur. Erst 1917 wurden diese diskriminierenden Bestimmungen abgeschafft.

Auf dem ursprünglichen Verbreitungsgebiet der jiddischen Sprache werden im allgemeinen drei Hauptdialekte unterschieden: Nordostjiddisch, gesprochen in Litauen, Lettland und Weißrussland (dieses ganze Gebiet wird auf Jiddisch traditionell auch *lite*, seine jüdischen Bewohner *litwakeß*, ihr jiddischer Dialekt *litwisch* genannt), Zentraljiddisch in den polnischen Kernlanden, in der Ostslowakei und Ostungarn sowie in der Karpatenukraine, und Südostjiddisch, verbreitet in der Ukraine, der Bukowina und Moldawien. Die Dialekte weisen nicht nur im Wortschatz beträchtliche Unterschiede auf, sondern divergieren auch lautlich und grammatisch. So entspricht beispielsweise deutschem *Tag, Hund* im Litwischen *tog, hunt,* in den beiden anderen Dialekten dagegen *tug, hint.*

Andererseits ist im Zentraljiddischen die Unterscheidung von langen und kurzen Vokalen im Wesentlichen bewahrt, während die beiden östlichen Dialekte nur kurze Vokale kennen. In grammatischer Hinsicht tendiert das Litwische zur Aufgabe des Neutrums. Es heißt hier nicht *doß ferd, doß buch* wie in den anderen Dialekten, sondern *der ferd, der buch*. Solche und andere Unterschiede galt es also zu überbrücken. Wie bei der Entstehung vieler Literatursprachen war das Ergebnis ein Kompromiss, verkörpert insbesondere im Schaffen von Mendele Mojcher Sforim. Als ›Litwak‹ geboren, siedelte er noch vor seinem zwanzigsten Lebensjahr in die Ukraine über. Er begann in einer Sprache zu schreiben, die, etwas vereinfacht gesagt, nordöstlichen Lautstand mit südöstlicher und zentraler Grammatik vereinte. Diese Norm wurde schließlich von den Sprechern aller Dialekte akzeptiert. Eine vollständige Vereinheitlichung der Aussprache der Literatursprache ist indessen trotz mannigfaltiger Bemühungen bis heute noch nicht erreicht. Dies gilt selbst für die Bühnenaussprache. Noch nicht völlig vereinheitlicht ist auch die Grammatik.

Die Entwicklung der Rechtschreibung war ebenfalls erheblichen Schwankungen unterworfen. Zeitweise gab es im 19. Jh. Bestrebungen, die jiddische Literatursprache maximal an das Deutsche anzulehnen, und zwar nicht nur im Wortschatz, wo diese Bemühungen zur Entlehnung zahlreicher deutscher Wörter führten, die von der Mehrheit der Jiddischsprecher nur mit Mühe oder auch gar nicht verstanden wurden, sondern auch in der Rechtschreibung. Es kam dabei sogar zu solchen Extremen wie der Übernahme des Dehnungs-*h*, bei Beibehaltung der hebräischen Schrift, versteht sich. Von der Mehrheit der Schriftsteller und den Sprachwissenschaftlern wurde dieses ›Dajtschmerisch‹ jedoch entschieden abgelehnt. Für die deutschen und slawischen Bestandteile gelang es, eine Rechtschreibung zu entwickeln, die der tatsächlichen Aussprache nahezu optimal gerecht wurde. Anders verhielt es sich bei den zahlreichen semitischen Elementen. Für sie wurde die traditionelle hebräische Schreibung beibehalten, die im Prinzip besondere Buchstaben nur für die Konsonanten, nicht aber für die Vokale kannte und auch diakritische Zeichen zur Angabe der Vokale im Grunde nur zu Lehrzwecken verwendet. Für den-

Vorwort zur 2. Auflage 1992

jenigen, der das Hebräisch-Aramäische sowieso beherrschte, war eine solche Schreibweise kein Problem. Nicht so einfach hatten es die Frauen, die normalerweise kein Hebräisch konnten, sowie unabhängig vom Geschlecht die jüdischen Arbeiter, Handwerker und Kleinhändler, deren ausgedehnter Arbeitstag kaum Zeit zur Beschäftigung mit der ›heiligen Sprache‹ gelassen haben dürfte. In der Sowjetunion wurden die Sprecher des Jiddischen als eigenständige Nationalität anerkannt, die in Gebieten kompakter jüdischer Besiedlung das Recht auf Selbstverwaltung besaß. So entstanden mehrere nationale jüdische Kreise, die Stalin später wieder liquidierte, um 1934 in den Sumpfniederungen des Fernen Ostens, wo Juden nie gelebt hatten, ein Jüdisches Autonomes Gebiet einzurichten. Zunächst entstand ein weitgefächertes Schulwesen mit jiddischer Unterrichtssprache. Im Zusammenhang damit kamen Bestrebungen auf, die Rechtschreibung zu vereinfachen. Seit 1926 wurden die semitischen Bestandteile ebenfalls phonetisch geschrieben. Außerhalb der Sowjetunion wurde die ursprüngliche Schreibung beibehalten. Und das betraf nicht nur Polen, Rumänien, Ungarn und die Tschechoslowakei, jene Staaten also, zu denen, abgesehen von der Sowjetunion, das Verbreitungsgebiet des Jiddischen seit dem Ende des 1. Weltkrieges gehörte. Seit im Verlaufe des 19. Jh. und zu Beginn des 20. Jh. Hunderttausende von Juden aus dem zaristischen Russland ausgewandert waren, um der dort herrschenden Ausbeutung und Unterdrückung zu entgehen, wurde Jiddisch auch nach Westeuropa – nach Deutschland, Frankreich, Großbritannien und nach den Niederlanden –, nach Amerika – vor allem in die USA –, nach Südafrika und Palästina, ja selbst nach Australien verpflanzt. Wie im ursprünglichen Verbreitungsgebiet, also in der Sowjetunion und im Vorkriegspolen, entstanden auch in Westeuropa und in Übersee z. T. beachtliche Zentren der jiddischsprachigen Kultur. Und überall, mit Ausnahme der ehemaligen Sowjetunion, galt weiterhin uneingeschränkt die traditionelle Schreibweise der Hebraismen. Darüber hinaus bestanden noch einige andere orthographische Unterschiede, und zwar nicht nur zwischen der Sowjetunion einerseits und allen anderen Staaten mit jiddischsprachiger Bevölkerung andererseits, sondern zwischen verschiedenen Kulturzentren überhaupt. Auch Wortschatz und Grammatik wurden, wie bereits erwähnt, nie völlig vereinheitlicht. Abgesehen von der Schreibung der Hebraismen ist die Varianz jedoch so gering, dass dennoch mit Fug und Recht von einer im Prinzip einheitlichen jiddischen Literatursprache gesprochen werden kann, die allen Kommunikationsansprüchen der modernen Zivilisation gerecht zu werden vermag. Dazu trug auch die Entwicklung der Jiddistik als der Wissenschaft von der jiddischen Sprache und der jiddischsprachigen Literatur in bedeutendem Maße bei. An philologischen Instituten der Akademien der Wissenschaften Weißrusslands und der Ukraine, in Minsk und Kiew, bestanden bis zu Stalins Repressalien gegen jüdische Einrichtungen jiddistische Abteilungen. Im damals zu Polen gehörenden Wilna (heute Vilnius, Hauptstadt von Litauen) widmete sich das 1925 in Berlin gegründete *Jüdische Wissenschaftliche Institut* (abgekürzt *Jiwo*) intensiv der Erforschung des Jiddischen und der jiddischsprachigen Kultur. Es gelang glücklicherweise, diese Forschungseinrichtung noch rechtzeitig vor Ausbruch des 2. Weltkriegs nach New York zu verlegen, wo sich heute das Zentrum der Pflege des Jiddischen und der Jiddistik befindet. Hier kann das Jiwo seine fruchtbare Tätigkeit – nicht zuletzt auch zur Kodifizierung und Propagierung der jiddischen Literatursprache – mit Erfolg fortsetzen. Überall im Verbreitungsgebiet der jiddischen Sprache bestand vor dem Zweiten Weltkrieg ein hochentwickeltes Pressewesen (allein in Warschau erschienen nicht weniger als sechs Tageszeitungen) sowie ein dichtes Netz von Berufs- und Laientheatern (allein in Polen 36). Weltweit war das Jiddische in jener Zeit die Muttersprache von mindestens 10–12 Millionen Menschen.

In ganz Europa fiel diese blühende Kultur dem Rassenwahn der Nazis zum Opfer, und von den über sechs Millionen unschuldiger jüdischer Menschen, die grausam ermordet wurden, waren die meisten Sprecher des Jiddischen. Auch nach dem Zweiten Weltkrieg entstanden keine Voraussetzungen für eine Wiederbelebung der jiddischsprachigen Kultur und der Jiddistik in deren Ursprungsländern. Unter dem Vorwand des Kampfes gegen Kosmopolitismus startete Stalin 1948 eine antijüdische Kampagne, der fast alle Reste jiddischsprachiger Kultur und viele ihrer Träger zum Opfer fielen. Lediglich das Amtsblatt des Jüdischen Autonomen Gebiets durfte teilweise auch in Jiddisch weiter erscheinen. In Warschau nahmen zwar bald nach Kriegsende ein jiddisches Theater sowie ein jüdisches Historisches Institut ihre Tätigkeit auf und begann die Zeitung ›Folks-Schtime‹ zu erscheinen. Zu einer neuen Blüte der jiddischsprachigen Kultur kam es indessen in Polen nicht. Seit dem Ende der 60er-Jahre verließen viele der etwa 30 000 Überlebenden, die sich nach dem Kriege in Polen niedergelassen hatten, wegen wieder auflebender antisemitischer Tendenzen das Land. In der Sowjetunion durften seit 1956 wieder Bücher in Jiddisch gedruckt werden, und von 1961 bis 1991 erschien die Literaturzeitschrift *ßowetisch hejmland* (›Sowjetheimat‹). Die wissenschaftliche Erforschung der jiddischen Sprache kam nach dem Tode der namhaftesten Jiddisten nur sehr zögernd wieder in Gang, doch veröffentlichte *ßowetisch hejmland* auch sprach- und literaturwissenschaftliche Beiträge sowie Lehrmaterial.

In Moskau kam 1984 ein russisch-jiddisches Wörterbuch [Russko-evrejskij (idiš) slovar'. Redaktion: M. A. Šapiro, I. G. Spivak und M. J. Šul'man] mit ca. 40.000 Stichwörtern heraus, ohne das das hier vorgelegte Wörterbuch noch nicht hätte erarbeitet werden können. Bei der hier praktizierten Umschrift des Jiddischen mit lateinischen Buchstaben wird im wesentlichen die im Russisch-Jiddischen Wörterbuch angewandte einheitliche Orthographie zugrunde gelegt. Lediglich in einem Punkt wird davon abgewichen. Um dem Benutzer das Verständnis des Baus der Wörter zu erleichtern, wird an der Morphemgrenze auftretende Doppelkonsonanz nicht vereinfacht. Beispielsweise mit den Präfixen *on-* ›an-‹, *op-* ›ab-‹ oder *unter-* gebildete Verben, deren Wurzel entsprechend mit *n-*, *p-* oder *r-* anlautet, werden mit *-nn-*, *-pp-*, *-rr-*, also *onnemen*, *opprawen* (*op-* + slawisches *prawen* ›feiern‹), *unterrajßn* ›untergraben‹ und nicht *onemen, oprawen, unterajßn*, geschrieben. Wir folgen damit der Schreibweise, wie sie u. a. Uriel Weinreich in seinem 1968 in New York erschienenen *Modern English-Yiddish Yiddish-English Dictionary* praktiziert. Bei anderen orthographischen sowie grammatischen Doubletten finden beide Varianten Berücksichtigung, wobei von der einen auf die andere verwiesen werden kann. So entspricht dem Diphthong *au* von Internationalismen (z. B. in *auto-*) im Russisch-Jiddischen Wörterbuch *aw* (*awto-*), bei Weinreich aber *oj* (*ojto-*). Die deutschem *auf* entsprechende Präposition wird im Russisch-Jiddischen Wörterbuch *af,* das ursprünglich damit identische, aber betonte Verbalpräfix dagegen *uf-* geschrieben. Weinreich schreibt unterschiedslos *off(-).* Ähnlich verhält es sich bei dem zur Bildung weiblicher Personenbezeichnungen verwendeten Suffix *-in,* das wie in der deutschen Umgangssprache zu *-n* reduziert wurde, bei Weinreich aber noch *-in* geschrieben wird (vgl. z.B. *Lehrerin* mit *lererin* bzw. *lerern*). Soweit eine solche Bildung in beiden Wörterbüchern bezeugt ist, schreiben wir sie *lerer(i)n.* Bei Bildung der Pluralform von Bezeichnungen männlicher Personen mit dem Suffix *-er* mit oder ohne die Endung *-ß* (vgl. Plural *lerer* wie Singular im Russisch-Jiddischen Wörterbuch mit Plural *lererß* bei Weinreich) werden beide Bildungsweisen angegeben, z. B. **lérer** *m* (*– od -ß*). Da seine Sprecher heute überall – ein Ballungszentrum wie New York stellt eine Ausnahme dar – zweisprachige Minderheiten bilden, die zerstreut unter größeren Sprachgemeinschaften leben, ist das Jiddische zunehmend der Gefahr ausgesetzt, von Mehrheitssprachen verdrängt zu werden. Geradezu erschreckend ist das Ausmaß der erzwungenen Assimilierung in den Nachfolgestaaten der ehemaligen Sowjetunion. Bei der Volkszählung von 1989 gaben von 1 376 910 Aschkenasim, die sich zur jüdischen Nationalität bekannten, lediglich 11,1 % Jiddisch als Muttersprache an (1979 waren es von 1 761 724 noch 14,2 % gewesen). Selbst im Jüdischen Autonomen Gebiet waren es von den 8 887 jüdischen Einwohnern (4,2 % der Gesamtbevölkerung des Gebiets und 0,65 % der sowjetischen Aschkenasim!) nur 11,7 %. Ob unter den neuen Bedingungen ein Umschwung möglich wird, muss die Zukunft zeigen.

Dennoch ist das Jiddische noch immer die Muttersprache von Millionen Menschen. Es ist also nur natürlich, wenn diese Sprache, auf die in noch nicht allzu ferner Vergangenheit selbst viele assimilationsbereite Juden wie auf einen minderwertigen ›Jargon‹ herabsahen, der keinerlei Beachtung verdiene, insbesondere im deutschsprachigen Raum immer größeres Interesse findet. Hier und da beginnt sogar die offizielle Germanistik sich ihres traditionellen Stiefkindes, das sie jahrzehntelang nahezu völlig ignorierte, anzunehmen. Von besonderer Wichtigkeit jedoch, so will mir scheinen, ist es, diese interessante Sprache in wissenschaftlich fundierten Publikationen einem breiteren Leserkreis nahezubringen. Diesem Zweck möchte auch das hier vorgelegte ›Jiddische Wörterbuch‹ dienen.

Es ist mir an dieser Stelle ein Bedürfnis, dem Verlag Bibliographisches Institut Leipzig für die wohlwollende Förderung dieses Projekts und insbesondere den Herren Dieter Baer und Werner Lange für sachkundige Beratung bei der Arbeit am Manuskript meinen Dank auszusprechen. Dank gebührt auch meiner allzufrüh verstorbenen Kollegin Bettina Simon und meinem Kollegen Hartmut Schmidt, die sich der Mühe unterzogen, das ganze Manuskript zu lesen, und mit kritischen Hinweisen zu seiner Verbesserung beitrugen. Zu danken ist nicht zuletzt meiner Frau, ohne deren Verständnis und tatkräftige Unterstützung dieses Buch in so relativ kurzer Zeit kaum zustande gekommen wäre.

Ronald Lötzsch

Hinweise für die Benutzung des Wörterbuches

1. Schreibung und Aussprache

Zur Wiedergabe der jiddischen Laute werden die bei der Schreibung des Deutschen gebräuchlichen Buchstaben und Buchstabenverbindungen mit Ausnahme von *q*, *v*, *x*, *y*, *ä*, *ö*, *ü* verwendet.

Dabei ist folgendes zu beachten:

1.1 Alle Vokale werden grundsätzlich kurz ausgesprochen. Lediglich bei Betonung werden Vokale positionsbedingt gelängt.

Die Vokale *e* und *o* werden offen wie in *Erbe*, *Ort* ausgesprochen.

1.2 Stimmhafte Konsonanten werden im Unterschied zum Deutschen auch im Wortauslaut nicht stimmlos.

1.3 Die Buchstabenverbindung *ch* wird stets wie in *ach* ausgesprochen.

1.4 Der Laut *h* ist im Unterschied zum Deutschen stets stimmhaft und wird auch vor Konsonanten ausgesprochen (z. B. in *hlibe* ›Brocken‹, *hnide* ›Nisse‹, *hrab* ›Hainbuche‹).

1.5 Die Buchstabenverbindung *sh* bezeichnet den stimmhaften Zischlaut, der in deutschen Fremdwörtern *j* oder *g* geschrieben wird (z. B. in Journal, Etage).

1.6 Mit *s'h* wird die getrennte Aussprache von *s* und *h* wiedergegeben (z. B. in *as'hore* ›Warnung‹).

1.7 Der Buchstabe *ß* bezeichnet stimmloses *s*, unabhängig von dessen Position im Wort. Es kann also im Unterschied zum Deutschen auch im Wortanlaut stehen; *s* ist dagegen immer stimmhaft wie im Deutschen *Rose*, auch in *bis*, *gáslen*, *losn*.

2. Anordnung der Stichwörter

2.1 Die Stichwörter sind alphabetisch geordnet. Dabei gilt *ß* als *ss*. Dass *s*, *sch*, *sh* und *ß* unterschiedliche Laute repräsentieren, hat keinen Einfluss auf die alphabetische Reihenfolge.

2.2 In alphabetischer Reihe aufeinanderfolgende Synonyme (Wörter mit gleicher Bedeutung) können, durch Komma getrennt, an der Spitze eines gemeinsamen Wortartikels stehen. Alle nicht ausdrücklich einem von ihnen zugeordneten Angaben beziehen sich dann auf alle Stichwörter:

rátewen, **ratírn** retten <*sl*>;
préßajsn *m* (-ß), **preßl** *n* (-ech) Bügeleisen;
pódkewe *f* (-ß), **podkówe** *f* (-ß) Hufeisen <*sl*>;

2.3 Homonyme (gleichlautende Wörter mit unterschiedlicher Bedeutung) werden als gesonderte Stichwörter angesetzt. Gehören sie zur gleichen Wortart, werden sie mit hochgestellten arabischen Ziffern versehen:

mol[1] *n* (–) Mal ...;
mol[2] *m* (-n) Mole <*sl*>;
mol[3] *m* (-n) Motte <*sl*>;
moln[1] malen;
moln[2] (gemóln) mahlen;
scharf scharf;
scharf *m* (-n), **schárfe** *f* (-ß) Schal; Schärpe <*sl*>.

3. Aufbau des Wortartikels

3.1 Nach dem halbfett gedruckten Stichwort stehen, soweit erforderlich (s. 4.1), kursiv gedruckte Angaben zur Wortart, bei Substantiven zum Genus bzw., sofern das Stichwort im Plural angesetzt ist oder nur im Singular verwendet wird, zum Numerus. Danach folgen in runden Klammern Angaben zur Formenbildung (auf fakultative Formen wird dabei durch *auch* oder *meist* verwiesen). Im Anschluss daran wird die Bedeutung angegeben. Mehrere Bedeutungsangaben sind durch Komma, bei stärkeren Bedeutungsunterschieden durch Semikolon getrennt. Erläuterungen zur Bedeutung stehen in runden Klammern nach der Bedeutungsangabe bzw. den Bedeutungsangaben oder ersetzen sie. Bei Slawismen oder Hebraismen folgt nach der Bedeutungsangabe nebst eventuellen Erläuterungen zur Bedeutung in Winkelklammern die Abkürzung *sl* (slawisch) oder *se* (semitisch). Soweit erforderlich, wird nach der Bedeutungsangabe bzw. nach dem Hinweis auf die slawische oder semitische Herkunft des Wortes durch ↑ auf Ableitung von der Wurzel des Stichwortes mit Stammveränderung verwiesen:

ort *n* (érter) Ort, Stelle, Platz; Gepäckstück; ...
péschke *f* (-ß) Bauer (im Schachspiel); Marionette <*sl*>;
reb *m* Herr (Titel, steht vor dem Vornamen) <*se*> ↑ rabójßaj;
ßéder *m* (-*od* -ß) *w* **-ke** Gärtner <*sl*> ↑ ßod[1];
chmúrne düster (Gesicht) <*sl*>;
mámesch *Adv* wirklich, wahrhaftig <*se*> ↑ mamóscheß.

3.2 Erweist es sich als notwendig, die Verwendung eines Stichwortes, das ein selbstständiges Wort darstellt, durch Beispiele zu erläutern, stehen diese, durch Semikolon getrennt, am Schluss des Artikels. Das Stichwort wird darin durch die Tilde (~) ersetzt.

nos *f* (nes[er]) ... Nase; *aroplosn di* ~ den Kopf hängen lassen; *blajbn mit a* ~ leer ausgehen ...;
pußt leer, öde <*sl*>; ~*e majßeß,* ~*e rejd* leeres Gerede; ~*e kejle* nutzloser Mensch;
páren dämpfen <*sl*>; ~ *sich* gedämpft werden; schwitzen (in der Sauna).

3.3 Nicht durch Tilde ersetzt werden Stichwörter, die keine selbstständigen Wörter darstellen:

-sche (Suffix zur Bildung von Bezeichnungen weiblicher Personen) <*sl*>; *dóktersche* Ärztin; *penßjonérsche* Rentnerin.

3.4 Kommt ein Stichwort nur in bestimmten Verbindungen vor, sodass eine allgemeine Bedeutung nicht angegeben werden kann, steht die entsprechende Wendung getrennt durch Doppelpunkt unmittelbar nach dem Stichwort. Dies gilt u. a. für nur reflexiv gebrauchte Verben sowie für zusammengesetzte Verben mit den Hilfsverben *sajn, wern, ton* u. a.:

schejdn: ~ *sich mit emezn* sich von jdm. trennen;

mejáschew: ~ *sajn sich* überlegen <*se*> ...;
an(t)schlofn: ~ *wern* einschlafen;
chap: *a* ~ *ton* (einmal kurz) zugreifen <*sl*>.

4. Grammatische Angaben

4.1 Hinweise auf die Wortartzugehörigkeit des Stichwortes werden im Prinzip nur dann gegeben, wenn sie gleichzeitig der Abgrenzung gleichlautender Wörter und der Verdeutlichung ihrer Verwendung dienen. Sie sind insbesondere dann erforderlich, wenn das deutsche Äquivalent zu einer anderen Wortart gehört als das jiddische Stichwort. Im Einzelnen bedeuten:

4.1.1 *Präp* – unmittelbar mit dem Dativ eines Nomens verbindbare Präposition, auch wenn das deutsche Äquivalent Erweiterungen voraussetzt:

bis *Präp* bis (zu) ...;
benegéje *Präp* in Bezug auf <*se*>.

4.1.2 *Adv* – nur adverbial zu verwendendes Wort, auch wenn ihm im Deutschen ein Adjektiv entspricht, das sowohl adverbial als auch attributiv gebraucht, also auch dekliniert werden kann:

beemeß *Adv* wirklich, wahrlich <*se*>;
ágew *Adv* beiläufig gesagt <*se*>.

4.1.3 *prädAdj* – nicht in der Funktion eines Attributs verwendbares, unveränderliches Adjektiv:

bekówed *prädAdj* ehrenhaft, in Ehren, angesehen <*se*>; ~ *haltn emezn* jdn. in Ehren halten;
meßúpek *prädAdj* zweifelhaft <*se*> ↑ *ßófek*.

4.1.4 *Adj* – Beziehungsadjektiv, dem im Deutschen das Erstglied eines zusammengesetzten Substantivs oder eine Kasusform mit oder ohne Präposition entspricht:

árbldik *Adj* mit Ärmeln;
ríndern *Adj* Rind-; ~ *flejsch* Rindfleisch.

Anmerkung: Steht nach der Bedeutungsangabe zusätzlich der Hinweis <*sl*>, bedeutet dies, dass das Adjektiv auch in attributiver Funktion unflektiert verwendet werden kann. Es handelt sich dabei vorwiegend um Entlehnungen mit dem Ableitungssuffix -*ske*, -*ne*, -*owe*. In dem Artikel

watówe *Adj* Watte-, Stepp- <*sl*>;
~ *koldre* Steppdecke

bedeutet <*sl*> also auch, dass ›mit einer Steppdecke‹ sowohl *mit a watower koldre* als auch *mit a watowe koldre* lauten kann.

4.2 Hinweise zur Deklination

4.2.1 Das Genus wird unmittelbar nach dem Stichwort in Kursivdruck mit *m, f* oder *n* angegeben. Auf Schwankungen der Genuszugehörigkeit wird durch die Kombinationen *m od f, m od n, f od n* bzw. *m, f od n* verwiesen.

4.2.2 Auf pluralisches Stichwort wird mittels *Pl*, auf ausschließlich pluralisch zu verwendendes Substantiv mittels *Plt* verwiesen.

4.2.3 Nach nur singularisch verwendeten Substantiven steht der Hinweis *Sgt*, wenn das deutsche Äquivalent einen Plural zulässt.

4.2.4 Die Art der Pluralbildung wird in runden Klammern angegeben.

4.2.4.1 Mit dem Singular identische Pluralform wird durch Gedankenstrich (–) angezeigt:

schof *f* (–) ... Schaf;
arbl *m* (–) Ärmel ...

4.2.4.2 Die Bildung des Plurals mit den Endungen *-(e)n*, *-(e)ß*, *-er*, *-(e)ch* oder *-(i)m* wird durch Bindestrich und die entsprechende Endung angegeben:

fájer *m od n* (-n) Feuer; ...
paj *m* (-en) Anteil <*sl*>;
woch *f* (-n) Woche ...;
brem *f* (-en) Augenbraue ...;
wolkn *m* (-ß) ... Wolke;
ßnop *m* (-eß) Garbe <*sl*> ...;
málpe *f* (-ß) Affe <*sl*>;
bejn *m* (-er) ... Knochen, Gräte ...;
kind *n* (-er) Kind ...;
schpérele *n* (-ch), **schperl** *n* (-ech) Sperling, Spatz ...;
pójer *m* (-im) ... Bauer;
jißreéjli *m* (-m) *od f* (-ß) Israeli <*se*>.

4.2.4.3 Bei Pluralbildung durch Stammveränderung bzw. durch Anfügen der Endungen *-n*, *-eß*, *-er*, *-ech* oder *-im* an den veränderten Stamm wird die vollständige Form angegeben:

tog *m* (teg) Tag ...;
barg *m* (berg) Berg ...;
sun *m* (sin) Sohn;
tóchter *f* (téchter) Tochter ...;
kraft *f* (kreftn) Kraft, Gewalt ...;
sherebéz *m* (sherebzéß) Hengst <*sl*>;
ßófek *m* (ßféjkeß) Zweifel <*se*> ...;
wald *m* (wélder) ... Wald;
schtub *f* (schtíber) ... Haus ...;
pónem *n od m* (pénemer) ... Gesicht <*se*>;
chetl *n* (chatóimlech) lässliche Sünde <*se*>;
méjlech *m* (melochim) König <*se*> ...;
ísche *f* (nóschim) weibliches Wesen <*se*>.

Anmerkung: Als Stammveränderung gilt auch Betonungswechsel bzw. eine Veränderung des Präfixes *bal-*, z.B.:

póljak *m* (poljákn) Pole <*sl*>;
kondúktor *m* (konduktórn) Schaffner <*sl*>;
bal-bóßer *m* (bale-bóßer) Dickwanst <*se*>.

4.2.4.4 Weist ein Substantiv mehrere fakultative Pluralformen auf, stehen die Angaben (4.2.1 bis 4.2.3) durch *od* getrennt nebeneinander:

wéjler *m* (– *od* -ß) Wähler;
fligl *m* (– *od* -en) Flügel ...;
kni *m od f* (– *od* -eß) Knie ...;
lomp *m* (-n *od* lemp) Lampe ...;
ridl *m* (-en *od* -ß) Spaten, Schaufel <*sl*>;
schnur *f* (-n *od* schnir) Schwiegertochter;
schlitn *m* (-ß *od* schlíteneß) Schlitten;
mogn *m* (-ß *od* mégener) Magen ...;
lúech *m* (-n *od* lúcheß) jüd. Mondkalender <*se*>;
tóeß *m* (-n *od* teúßim) Fehler, Irrtum ...;
kol *n* (kójleß *od* kéler) Stimme <*se*>;
chóge *f* (-ß *od* chagoéß) nicht jüdischer Feiertag <*se*>;
lign *m* (-ß *od* ligúnim) Lüge ...;
kéjßer *m* (kejßórim *od* kißríim) Kaiser.

4.2.4.5 Fakultative Bestandteile der Pluralform sind in eckige Klammern eingeschlossen:

éjdem *m* (-[e]ß) Schwiegersohn, Eidam;
nómen *m* (némen[er]) Namen ...;
zung *f* (-en *od* zíng[er]) Zunge ...;
péjresch *m* (pe[j]rúschim) Kommentar <*se*>.

4.2.4.6 Auf die adjektivische (stets aus *-e* bestehende) Endung substantivierter Adjektive wird durch den Konsonanten des Stammauslautes + *e* verwiesen:

tájerinker *m* (-ke) Liebling;
polizéjske(r) *m* (-ke) Polizist <*sl*>.

4.2.4.7 Bleibt das Erstglied eines zusammengesetzten Substantivs bei der Pluralbildung unverändert, steht nach Bindestrich nur die Pluralform des Zweitgliedes bzw. deren Endung:

pórfolk *n* (-n *od* -felker) Ehepaar;
jám-man *m* (-lajt) Matrose;
múßer-ßejfer *m* (-ßforim) Erbauungsbuch <*se*>.

4.2.5 Besondere Kasusformen von Substantiven und Pronomina stehen in runden Klammern, und zwar, soweit solche vorhanden sind, vor den durch Semikolon von ihnen getrennten Angaben zur Pluralbildung. Die Abkürzungen *D*, *A* verweisen auf den konkreten Kasus:

táte *m* (*D, A* tatn; -ß) Vater <*sl*> …;
jid *m* (*D, A auch* jidn; -n) Jude …;
bóbe *f* (*D meist* bóben; -ß) Großmutter <*sl*>;
máme *f* (*D auch* mámen; -ß) Mutter;
harz *n* (*D auch* harzn; hérzer) Herz …;
du (*D* dir, *A* dich) du;
si (*D* ir) sie …;
mir (*D, A* unds) wir;
wer (*D, A* wémen) wer;
émezer (*D, A* émezn) jemand;
alz … (*D auch* álem[en]) alles …;
ále (*D, A* álemen) alle.

4.3 Hinweise zur Deklination und Steigerung der Adjektive

4.3.1 Werden die Deklinationsformen eines Adjektivs von einem veränderten Stamm gebildet, wird dieser in runden Klammern nach dem Stichwort angegeben:

blo(j) (blow-) blau …;
gro (grow-) grau.

4.3.2 Wenn die Steigerungsformen von einem anderen Stamm gebildet werden oder Umlaut aufweisen, wird in runden Klammern der Komparativ angegeben:

alt (élter) alt;
jung (jínger) jung;
gut (béßer) gut …;
schlecht (érger) schlecht; ungezogen;
trúk(e)n (trúkener) trocken …

4.4 Hinweise zur Konjugation

4.4.1 Abweichende Konjugationsformen (in der Regel nur das Partizip II) nicht präfigierter Verben bzw. präfigierter Verben, deren Grundformen nicht vorkommen, werden in runden Klammern nach dem Stichwort angegeben. Soweit nicht nur das Partizip II abweichend gebildet wird, gilt die Reihenfolge Präsens, Imperativ, Partizip. Diese drei Teilsysteme sind durch Semikolon, ihre Einzelformen durch Komma getrennt. Vor den Präsensformen steht das entsprechende Personalpronomen (in der 3. Person des Singulars nur *er*). Auf Bildung des Präteritums mit dem Hilfsverb *sajn* verweist *is* vor dem Partizip II. Fakultative Varianten sind durch Schrägstrich getrennt:

haltn (gehåltn) halten …;
blajbn (is geblíbn) bleiben;
frirn (gefró[j]rn) gefrieren;
gebn (ich gib, du gißt, er git, mir gibn, ir git, sej gibn; gegébn) geben …;
gejn (mir géjen, sej géjen; is gegången/ gegån) gehen …;

wißn (ich wejß, du wejßt, er wejß[t], mir wejßn, ir wejßt, sej wejßn; gewúßt) wissen, kennen …;

sajn (ich bin, du bißt, er is, mir sájnen/sénen, ir sajt/sent, sej sájnen/sénen; saj, sajt; is gewén) sein.

4.4.2 Bei präfigierten Verben verweist ein hochgestelltes Sternchen (*) darauf, dass abweichende Konjugationsformen im Artikel des Grundwortes angegeben sind.

4.5 Ausfall bzw. Einschub von *e* bei Adjektiven und Verben

4.5.1 In runden Klammern eingeschlossenes *e* verweist vor wortbildendem *l* oder *n* adjektivischer Stichwörter wie éjd(e)l oder trúk(e)n darauf, dass es nur vor dem *e* einer Deklinations- oder Steigerungsform erscheint (z. B. im Plural *éjdele, trúkene* oder im Komparativ *éjdeler, trúkener*), nicht aber in der endungslosen Form bzw. vor der Endung *ß* im Neutrum (*ejdl, trukn* bzw. *ejdlß, truknß*).

4.5.2 Bei Verben wie *fli(e)n, schokl(e)n, rech(e)n(e)n* wird auf die gleiche Weise bezeichnet, dass *e* außer im Infinitiv nur noch in der 1. und 3. Person des Plurals erscheint (z. B. Infinitiv *flien, schoklen, rechenen, mir flien, schoklen, rechenen*), nicht aber in den übrigen Formen (z. B. *ich fli, schokl, rechn, du flißt, schoklßt, rechnßt, er flit, schoklt, rechnt*; Partizip *geschoklt, gerechnt*).

5. Darstellung produktiver Wortbildungsmuster im Artikel des Grundwortes

Die wichtigsten Typen abgeleiteter Bezeichnungen weiblicher Personen und Tiere sowie Verkleinerungsformen werden im Anschluss an die in runden Klammern stehenden grammatischen Hinweise im Artikel des Grundwortes gegeben.

5.1 Nach der Abkürzung *w* stehendes *-iche, -(i)n, -ke, -sche, -te* bzw. *-átschke, -nize* verweist darauf, dass die Bezeichnung des weiblichen Pendants zu dem vom Stichwort bezeichneten männlichen Lebewesen gebildet werden kann, indem die Suffixe *-iche, -(i)n, -ke, -sche, -te* an das Stichwort angefügt bzw. die Suffixe *-ák, -nik* des Stichwortes durch *-átschke, -nize* ersetzt werden. Alle diese Ableitungen bilden den Plural mit *-ß*:

lejb *m* (-n) *w* **-iche** Löwe;
lérer *m* (- *od* -ß) *w* **-(i)n, -ke** Lehrer;
pójer *m* (-im) *w* **-te** Bauer;
ejsl *m* (-en) *w* **-te** Esel;
dókter *m* (doktójrim) *w* **-sche** Arzt;
ßibirják *m* (-eß) *w* **-átschke** Sibirier ⟨*sl*⟩;
líshnik *m* (-eß) *w* **-nize** Skiläufer ⟨*sl*⟩.

5.2 Nicht einfach durch Anfügung der Suffixe *-ele* bzw. *-l* an das Grundwort bildbare Verkleinerungsformen, insbesondere solche mit Umlaut, werden nach der Abkürzung *V* im Artikel des Grundwortes angegeben. Ihr Plural endet auf *-(e)ch*:

nos *f* (nés[er]) *V* **nesl** Nase …;
hun *f* (híner) *V* **híndele** Huhn, Henne;
bejn *m* (-er) *V* **bejndl** Knochen, Gräte …

6. Betonung

Die Wortbetonung wird mittels Akutzeichen ´ lediglich im Stichwort, bei den in runden Klammern angegebenen Flexionsformen sowie in den Beispielen angegeben, die ein als Stichwort angesetztes Wortbildungsaffix erläutern (3.3).

Besitzt ein Wort fakultative Betonungsvarianten, werden die in Frage kommenden Silben mit dem Betonungszeichen versehen (z. B. *atóm*).

7. Verweise

Verwiesen wird von Plural- auf Singularformen bzw. von Komparativ- auf Positivformen und auf abgeleitete Wörter von der gleichen Wurzel, sofern diese nicht nach der alphabetischen Reihenfolge nebeneinanderstehen und der Zusammenhang nicht offensichtlich ist. Es kann außerdem auf Synonyme verwiesen werden.

7.1 Der Pfeil ↑ verweist von einer als Stichwort aufgenommenen Pluralform mit vom Singular stark abweichenden Stamm auf den Singular. Der Artikel besteht lediglich aus Stichwort und Verweis:

kéler ↑ kol;
ríter ↑ rut;
ßójdeß ↑ ßod²;
kwórim ↑ kéjwer;
béßer ↑ gut.

7.2 Nach dem Hinweis auf slawische bzw. semitische Herkunft des Stichwortes verweist das Zeichen ↑ auf andere Ableitung(en) von der gleichen Wurzel. Beispiele s. unter 3.1, 4.1.3.

7.3 Auf Synonyme wird durch = verwiesen:

bíchldik = bicherdik;
bichójleß = bejechojleß.

8. Schriftarten

Halbfett gedruckt sind die Stichwörter und die zur Unterscheidung von Homonymen bzw. zur Gliederung von Artikeln verwendeten Ziffern sowie die nach *V* bzw. *w* angegebenen Ableitungen bzw. Ableitungssuffixe.

In kursiver Schrift stehen die Angaben zur Grammatik *A, D, Pl, Plt, Sgt*, die Abkürzungen *w, V, se* und *sl* sowie die jiddischen Beispiele, Wortartangaben *Adv, Adj, Interj, intr, Konj, prädAdj, Präp, Pron, tr, umg*, Genusangaben *f, m, n*, die Angaben *auch* und *meist*. Alles Übrige ist in normaler Schrift gedruckt.

9. Verwendung der Zeichen

Zusätzlich zur in den Punkten 2. – 7. erläuterten Zeichenverwendung kommen im Wörterbuch noch folgende Verwendungsweisen der runden und eckigen Klammern sowie des Schrägstriches vor:

9.1 Runde Klammern schließen außer grammatischen Angaben und Erläuterungen zur Bedeutung beliebige fakultative Bestandteile des Stichwortes und der Bedeutungsangabe ein:

pját(k)e *f* (-ß) Ferse …;
schtór(e)m *m* (schtórmen *od* schtóremß) Sturm;
gój̇e(te) *f* (-ß) Nichtjüdin …;
grúse(we)n (ver)laden …;
óprejdn* … ~ *(zwischn sich)* vereinbaren, verabreden …;
schpiln … ~ *(sich) in epeß* etw. spielen (Spiel) …;
zúkiln: ~ *sich* sich (leicht) erkälten.

Beim Stichwort kann auf diese Weise auch fakultative Varianz der Laute *s* und *sh* ausgedrückt werden, z. B. in den Stichwörtern *blonds(h)en, hris(h)en, ros(h)inke*.

9.2 In eckigen Klammern stehen außer fakultativen Bestandteilen in runde Klammern eingeschlossener grammatischer Angaben (s. 4.2.4.5, 4.2.5 und 4.4.1), austauschbare Teile des jiddischen Ansatzes und die ihnen entsprechenden Teile der deutschen Übersetzung. Dies betrifft insbesondere auch das Äquivalenzpaar *epeß – etw.*:

ójßglozn: ~ *di ojgn af emezn [epeß]* jdn. [etw.] anstieren;
óprufn ... *gut [schlecht] ~ sich wegn emezn* gut [schlecht] von jdm. sprechen ...;

gejn ... *ß'gejt a regn [schnej]* es regnet [schneit] ...

9.3 Der Schrägstrich trennt, abgesehen von fakultativen Verbalformen (4.4.1), Varianten von Komponenten jiddischer Beispiele:

kuk ... *a ~ ton/chapn/gebn* einen Blick werfen;
pßak ... *hobn/chapn a mießn ~* ein elendes Ende nehmen.

10. Abkürzungsverzeichnis

A	Akkusativ	*N*	Nominativ
Adj	Adjektiv	*od*	oder
Adv	Adverb	*Pl*	Plural
best.	bestimmt	*Plt*	Pluraletantum
D	Dativ	*prädAdj*	prädikatives Adjektiv
etw.	etwas	*Präp*	Präposition
f	feminin	*Pron*	Pronomen
Interj	Interjektion	s.	siehe
intr	intransitiv	scherzh.	scherzhaft
iron.	ironisch	*se*	semitisch
jd.	jemand	*Sg*	Singular
jdm.	jemandem	*Sgt*	Singularetantum
jdn.	jemanden	*sl*	slawisch
jds.	jemandes	*tr*	transitiv
jidd.	jiddisch	*umg*	umgangssprachlich
jüd.	jüdisch	*V*	Verkleinerungsform
Konj	Konjunktion	vgl.	vergleiche
m	maskulin	*w*	weibliche Ableitung
n	neutral		

A

a **1** (unbestimmter Artikel bei konsonantischem Anlaut des folgenden Wortes) ein, eine, ein; (steht auch nach unbestimmtem Pron. *ejner, ejne, ejnß* bzw. *epeß* und Possessivpron.); *ejner ~ bakanter, epeß ~ bakanter* ein (gewisser) Bekannter; *majner ~ frajnt* ein Freund von mir; *sajnß ~ kind* eines seiner Kinder; *~ ßach* viel **2** etwa; *~ zen teg* etwa zehn Tage **3** pro; *hundert kilometer ~ scho* hundert Kilometer pro Stunde

abashúr *m* (-n) Lampenschirm

abdikírn abdanken

abí, ábi irgend <*sl*>; *~ a(n)* irgendeiner; *~ wen* irgendwann; *~ wer* irgendwer; *~ woß* irgendwas; *~ wu* irgendwo

abórt *m* (-n) Schwangerschaftsunterbrechung

áchdeß *n* Einigkeit, Übereinstimmung; Einmaligkeit <*se*>

ácher: *~ hamájße* hinterher <*se*>

achíle *f* Essen (scherzh.) <*se*>

áchl(e)n essen (scherzh.) <*se*>

achrájeß *n* Verantwortung <*se*>; *nemen af sich doß ~* die Verantwortung übernehmen

áchser *m* (achsórim) grausamer Mensch <*se*>

achsórisch grausam <*se*>

achsórjeß *n* (-n) Grausamkeit <*se*>

achßánje *f* (-ß) Gasthof, Herberge <*se*>

acht *f* Aufmerksamkeit; *haltn in ~* erwägen, bedenken; *lejgn ~ af emezn [epeß]* jdn. [etw.] beachten; *nemen in ~* beachten; *wendn emeznß ~ af emezn [epeß]* jds. Aufmerksamkeit auf jdn. [etw.] lenken

acht acht; *~e* acht Uhr; *der ~er* der achte

áchtgebung *f* Be(ob)achtung

achtnß achtens

áchtung *f* Achtung; *~ gebn* achtgeben

achúz außer <*se*>; *~ dem* außerdem

áchzet: *der ~er* der achtzehnte

áchzik achtzig; *der ~ßter* der achtzigste

achzn achtzehn; *der ~ter* der achtzehnte

adájem bis heute <*se*>

adánk *Präp* dank; *~ sajner hilf* dank seiner Hilfe

ád(e)rabe im Gegenteil <*se*>

aderúf *m* (-n) Anzahlung

adéß *n* Odessa; *lebn wi got in ~* leben wie Gott in Frankreich

adhájem, ad(h)ajóm = adájem

ádlfroj *f* (-en) Edelfrau

ádlman *m* (-lajt) Edelmann

adójni mein Herr (Anrede) <*se*>; *~ mejlech* Herr König; *~ porez* gnädiger Herr

adréß *m* (-n) Adresse; *af emeznß ~* an jds. Adresse

adrójf *m* (-n) Anzahlung

adúrch hindurch, vorbei

aerodróm *m* (-en) Flugplatz

aeroplán *m* (-en) Flugzeug

aeropórt *m* (-n) Flughafen

af auf, an; *~n andern tog* am anderen Tag; *~ der want* an der Wand, an die Wand; *lign ~ der sun* in der Sonne liegen; *~ der driter scho* in der dritten Stunde; *~n zofn* im Norden; *~ zofn* nach Norden; *nemen ~ hitung* in Verwahrung nehmen; *zetejln ~ draj* in drei Teile teilen; *kejflen ~ zen* mit zehn multiplizieren; *zeschnajdn ~ schtiker* in Stücke zerschneiden; *awekforn ~ zwej chadoschim* für zwei Monate wegfahren; *a wojnung ~ finf parschojn* eine Wohnung für fünf Personen; *kojfn bicher ~ hundert rubl* für hundert Rubel Bücher kaufen; *lebn ~n gehalt* vom Gehalt leben; *abonírn sich ~ a zajtung* eine Zeitung abonnieren; *er is ~ drajßik jor elter fun ir* er ist dreißig Jahre älter als sie; *farkojfn ~ der wog* nach Gewicht verkaufen; *~ linkß [rechtß]* nach links [rechts]; *lojfn ~ wiperedkeß* um die Wette laufen;

afdergích

~ *tojt* zu Tode; *schrajbn ~ rejn [schwarz]* ins Reine [Unreine] schreiben
afdergích auf die Schnelle
afdernácht *m* (-n) Abend
afdoßnáj von Neuem
afíle sogar <*se*>; *~ nit* nicht einmal
afírschpring(e)n* hervorspringen
afísch *f* (-n), **afísche** *f* (-ß) Plakat <*sl*>
afßnáj von Neuem
afzelócheß, afzulócheß zum Trotz, zum Ärger <*se*>
afzuríkwegß auf dem Rückweg
ágew *Adv* beiläufig gesagt <*se*>
ágewdik beiläufig <*se*>
agmeß-néfesch *n* Kummer, Herzeleid <*se*>
agóle *f* (-ß) Leichenwagen <*se*>
ágreß *m* (–) Stachelbeere
agúne *f* (-ß) verlassene Ehefrau; Strohwitwe <*se*>
ahéjm nach Hause
ahér- (in unfest zusammengesetzten Verben) her-; *ahérgebn* hergeben; *ahérkumen* herkommen
ahín hin; *~ un zurik* hin und zurück; *~ zuwegß* auf dem Hinweg
ahín- (in unfest zusammengesetzten Verben) hin-; *ahínforn* hinfahren; *ahínton* hinlegen; *ahíntrogn* hintragen
ahínter nach hinten
ahúl- Gesamt- <*sl*>
ahúlem: *ale ~* alle zusammen <*sl*>
ahúlemdik, ahúlne pauschal, in Bausch und Bogen <*sl*>
ahúl-ßume *f* Gesamtsumme <*sl*>
ájer euer, Ihr
ájertwegn: *fun ~* euretwegen, Ihretwegen
ájlenisch *n* Eile
ajln: *~ sich* eilen; *nit geajlt* ohne Eile
ajn: *wißn, wu ~ un wu ojß* Bescheid wissen; *nit wißn, wu ~ un wu ojß* weder aus noch ein wissen
ajn- (in unfest zusammengesetzten Verben) ein-, zu-

ájnbajßn* hineinbeißen; bewältigen; *doß flejsch is nit ajnzubajßn* das Fleisch ist sehr zäh
ájnbetn* dringend bitten
ájnbinder *m* (– *od* -ß) Buchbinder
ájnbindersch *Adj* Buchbinder-; *~er warschtat* Buchbinderwerkstatt
ájnbindn* binden (Buch)
ájnbund *m* (-n) Einband
ájnchasern[1] einsauen <*se*>
ájnchasern[2] sich einprägen, auswendiglernen <*se*>
ájndekn zudecken
ájndreml(e)n einschlummern
ájnfarschtendenisch *n*, **ájnfarschtendikung** *f* Einverständnis
ájnfedem(e)n einfädeln
ájnfeßtikn befestigen
ájnfleschl(e)n in Flaschen füllen
ájngebn* eingeben; *~ in gericht af emezn* jdn. verklagen; *~ sich* gelingen; *ß'hot sich im ajngegebn (zu) gefinen dem weg* es ist ihm gelungen, den Weg zu finden
ájngedart eingetrocknet, eingeschrumpft
ájngefin(e)n* finden, meinen
ájngegeßn aufdringlich
ájngehojkert buckelig, gekrümmt
ájngehorbet buckelig, gekrümmt <*sl*>
ájngelibt verliebt
ájngemachtß *n* (-n) Marmelade
ájngeschpart eigensinnig, stur
ájngesunken: *~ wern* einsinken
ájngetriknt vertrocknet
ájngruntewen: *~ sich* festen Fuß fassen
ájnguß *m* (-n) Meerbusen, Golf, Bucht
ájnhalt *m* Bändigung, Beherrschung
ájnhaltn* bändigen, zurückhalten; *~ dem otem* den Atem anhalten; *~ sich* an sich halten, sich beherrschen
ájnhamewen bändigen, zähmen <*sl*>
ájnher *m* Aufmerksamkeit
ájnhern: *~ sich* aufmerksam zuhören
ájnhitn bewahren
ájnjidischn judaisieren

ájnkarbn einkerben

ájnkejtl(e)n: ~ *emezn di hent* jdm. Handschellen anlegen

ájnklajbn* einsammeln; ~ *di twueß* das Getreide einbringen

ájnkortschen: ~ *sich* zusammenkrümmen <*sl*>

ájnkrizn einritzen

ájnkuk *m* Einblick

ájnkukn: ~ *sich* aufmerksam hinsehen; ~ *sich in epeß* etw. aufmerksam betrachten

ájnkunft *f* Einkommen; *gebn* ~ etwas einbringen

ájnlibn: ~ *sich* sich verlieben

ájnmidn müde machen; ~ *sich* müde werden

ájnnezn nass machen

ájnord(e)n(e)n einrichten, veranstalten; unterbringen

ajnóre *m* (-ß) böser Blick <*se*>; *gebn emezn an* ~ jdm. durch übertriebenes Lob Schaden zufügen; *kejn* ~! toi, toi, toi!

ájnrajbechz *n* (-n) Einreibemittel

ájnrejdenisch *n* Einbildung

ájnrejdn* zu überreden versuchen

ájnreml(e)n einrahmen

ájnrichtn beschmutzen

ájnringl(e)n einkreisen, in Klammern setzen

ájnrojm(e)n: ~ *emezn (a ßod) in ojer* jdm. (ein Geheimnis) ins Ohr raunen

ájnruikn befrieden

ájnsapn einsaugen, absorbieren; ~ *sich* eindringen, absorbiert werden

ájnschaf *m* (-n) Anschaffung

ájnschafn anschaffen, erwerben

ájnschlef(er)n einschläfern

ájnschlißik einschließlich

ájnschpajchlern speichern

ájnschparn: ~ *sich* eigensinnig sein

ájnschpitoln ins Krankenhaus einweisen

ájnschrift *f* (-n) Inschrift

ájnschtajgl(e)n (in einen Käfig) einsperren

ájnschtejn* standhalten (können); ~ *af di fiß* sich auf den Beinen halten können; ~ *afn ort* den Platz behaupten können; ~ *ba emezn* bei jdm. Wohnung nehmen

ájnschtel *m* (-n) Einsatz (beim Spiel); Einstellung, Haltung

ájnschtelenisch *n* (-n) Einsatz, Risiko

ájnschteler *m* (–) tollkühner Bursche

ájnschteln festsetzen, einrichten, anordnen; ~ *diplomatische baziungen* diplomatische Beziehungen aufnehmen; ~ *sich* bestätigt werden, in Kraft treten

ájnschtilechz *n* (-n) Beruhigungsmittel

ájnschtiln zur Ruhe bringen; ~ *sich* zur Ruhe kommen

ájnschtim(e)n zustimmen, einverstanden sein

ájnschtimik einverstanden

ájnschtoch *m* (-n) Einstich

ájnschtubikn zähmen, domestizieren

ájnse *m*, **ájnseenisch** *n* Nachsicht

ájnsezn einsperren, einkerkern

ájnsizn*: *nit kenen* ~ es sitzend nicht mehr aushalten können

ájnsubrewen einpauken <*sl*>

ájntajnen: ~ *mit emezn* jdm. gut zureden

ájnwejkn einweichen

ájnwend *m* (-n) Einwand

ájnzam *m* (-en) Absperrung; Eindämmung

ájnzam(e)n zügeln, in Zaum halten; einzäunen

ájnzojm(e)n bezähmen

ájnzol *m* (-n) Einzahlung

ajs *n* Eis

ájs-jam *m* Eismeer <*se*>

ájs-krem *m* Speiseeis

ájs-lichtl *n* (-ech) Eiszapfen

ajsn *n* Eisen

ájsnbrech *m* Schrott

ájsnwarg *n Sgt* Eisenwaren

ájter *m* (-ß) Euter

akéjde *f* Opfer, Martyrium <*se*>; ~*ß-jiz-chok* die Opferung Isaaks

áker *m* (-ß) Pflug

áker-ajsn *m* (–) Pflugschar

ákerman *m* (ákerlajt) Ackerbauer

akompanemént *m* (-n) (musikalische) Begleitung

akompanírn begleiten (auf einem Instrument)

akompanjátor *m* (akompanjatórn) Begleiter (auf einem Instrument)

akópe *f* (-ß) = okóp

akóre *f* (-ß) unfruchtbare Frau <*se*>

akórscht erst einmal; *gib mir ~ doß buch, wel ich dir wajsn* gib mir erst einmal das Buch, dann werde ich es dir zeigen; *sol er ~ kumen, weln wir sen* mag er erst einmal kommen, dann werden wir sehen

akschn *m* (akschónim) *w* **-te** starrköpfiger Mensch, Dickkopf <*se*>

akschóneß *n* Starrköpfigkeit <*se*>

akschóneßdik, akschónisch starrköpfig <*se*>

akßl *m* (-en) Schulter; *zukn mit di ~en* die Achseln zucken; *~ zu ~* Schulter an Schulter

aktjór *m* (-n) Schauspieler <*sl*>

aktríße *f* (-ß) Schauspielerin <*sl*>

akúle *f* (-ß) Hai <*sl*>

akuschérje *f* Geburtshilfe <*sl*>

akuschérke *f* (-ß) Hebamme <*sl*>

akuschór *m* (-n) Geburtshelfer <*sl*>

akuschoreráj *f* Geburtshilfe <*sl*>

akuschórke *f* (-ß) Hebamme <*sl*>

aláchßn *m* (-ß) Diagonale <*se*>

alár(e)m ↑ aljárm

albóm *m* (-en) Album <*sl*>

al-chét *m* Bußgebet am Jom Kippur <*se*>; *schlogn sich ~* bereuen

ále (*D, A* álemen) alle

álef *m* od *f* (-n) Aleph (erster Buchstabe des hebr. Alphabets) <*se*>; *fun ~ bis tof* von A bis Z; *onhejbn fun ~* ganz von vorne anfangen; *nit kenen kejn ~* Analphabet sein

alef-béjß *m* (hebr.) Alphabet <*se*>; ~*-émeß* Binsenwahrheit; ~*-ßéjder* alphabetische Reihenfolge

aléjn allein; selbst

aléjngemacht selbst gefertigt

aléjnherschung *f* Selbstherrschaft

alemáj warum <*se*>

alemól immer

aljárm *m* Alarm; *ufhejbn an ~* Alarm schlagen

álker *m* (-ß) Zimmer <*sl*>

álmen *m* (-ß) Witwer <*se*>

álmer *m* (-ß) Schrank

almóne *f* (-ß) Witwe <*se*>; *wern an ~* verwitwen

al(-)pi *Präp* gemäß, entsprechend <*se*>

alt (élter) alt

áltwarg *n Sgt* altes Zeug

alúsje *f* (-ß) Anspielung <*sl*>

álwelt *f* Weltall

alz **1** *Pron* (*D* auch alem[en]) alles; *ß'is noch alemen* es ist alles vorbei **2** immer; *~ noch* noch immer; *~ beßer* immer besser

alzdíng alles

alzéjne (der/die) gleiche

alzéjnß *prädAdj* gleichgültig, egal; *doß is mir ~* das ist mir egal

alzwéjßer *m* (– *od* -ß) *w* **-ke, -(i)n** Besserwisser

am = nam

ambár *m* (-n) Speicher <*sl*>

ambaßáde *f* (-ß) Botschaft

ambaßádor *m* (ambaßadórn) Botschafter

amerázeß *n* Ignoranz <*se*>

amerázim ↑ amórez

amerázisch ignorant <*se*>

amól einmal, einst

amórez *m* (amerázim) Ignorant <*se*>

ámpern: ~ *sich* sich streiten

ámpernisch *n* Streit

amßtl *m* (-en) Amsel

amúdim ↑ ómed
amunízje *f* Munition <*sl*>
an (unbestimmter Artikel bei vokalischem Anlaut des folgenden Wortes) ein, eine
análís *m* (-n) Analyse <*sl*>
anánd(er) einander; *lebn* ~ nebeneinander; *gich noch* ~ Schlag auf Schlag
anándik gegenseitig
ándere andere
ándersch anders
anekdót *m* (-n) Anekdote <*sl*>
anérechdik annähernd <*se*>
aníder nieder
aníder- (in unfest zusammengesetzten Verben) nieder-
ani-májmen *m* (-ß) Credo <*se*>
anít sonst, andernfalls
aníweß *n*, **anówe** *f* Demut, Bescheidenheit <*se*>
anówim ↑ ónew
anschtált *m* (-n) Einrichtung
ant- (in fest zusammengesetzten Verben) ent-
antárktik *m od f* Antarktis
antdrémlt: ~ *wern* einnicken
antkégener *m* (-ß) Gegenstück
antkégn 1 *Adv* gegenüber, entgegen; *rejdn* ~ widersprechen 2 *Präp* gegenüber, vis-à-vis; im Vergleich zu
antkégn- (in unfest zusammengesetzten Verben) entgegen-
antkégndik gegenteilig
antkégnkum(e)n* entgegenkommen, einen Gefallen tun; *mit woß ken ich ajch* ~? was kann ich für Sie tun?
antkégnschteln entgegensetzen; ~ *sich* sich widersetzen; *epeß is nit antkégnzuschteln* sich etw. ist unwiderstehlich
antképn enthaupten
antláj *m* (-en) entliehener Gegenstand
antlájen* entleihen, ausleihen
antlójf *m* (-n) Flucht

antplékn enthüllen, offenbaren; ~ *sich* ans Licht kommen
antrín(e)n* entrinnen, fliehen
antrínung *f* Flucht; Zuflucht; *gefinen* ~ Zuflucht finden
antrúnen: ~ *wern* entrinnen, fliehen
an(t)schlófn: ~ *wern* einschlafen
an(t)schwígn: ~ *wern* verstummen
antwékn erwecken, erregen
anú na los; ~ *pruw nor!* na los, versuch doch!
anúßim ↑ óneß
apetrópeß *m* (apetrópßim) *w* **-te** Vormund <*se*>
apetrópßeß *n* Vormundschaft <*se*>
apikójreß *m* (apikórßim) Gottloser, Ketzer <*se*>
apikórßeß *n* Ketzerei <*se*>
aplodißméntn *Pl* Beifall <*sl*>
apónem *Adv* offenbar, offensichtlich <*se*> ↑ pónem
aptéjk *f* (-n) Apotheke
aptéjker *m* (– *od* -ß) Apotheker
aptéjkkrom *f* (-en) Apotheke
aptéjkl *n* (-ech) Hausapotheke, Verbandskasten
aptéjkwarg *n Sgt* Medikamente
arájn herein, hinein; ~! herein!
arájn- herein-, hinein-
arájnblik *m* (-n) Einblick
arájnbrech *m* (-n) Einbruch(diebstahl)
arájnbrecher *m* (– *od* -ß) *w* **-ke** Einbrecher
arájnbrechn* einbrechen
arájnchapn hastig hinunterschlingen <*sl*>; ~ *sich* sich einschleichen, herein-, hineinschleichen
arájndring(e)n* eindringen
arájndringler *m* (– *od* -ß) *w* **-ke** Eindringling
arájndrung *m* (-en) Eindringen
arájnfaln* hineinfallen; hereinfallen (getäuscht werden); ~ *emezn in di hent* jdm. in die Hände fallen; ~ *in schlof* in

Schlaf fallen; ~ *in jiesch* in Verzweiflung geraten; ~ *in an umglik* ins Unglück geraten; ~ *in gefangenschaft* in Gefangenschaft geraten

arájnfir *m* (-n) Einführung
arájnfirung *f* Einfuhr, Import
arájnflechtn* einflechten (ins Gespräch)
arájnfor *m* (-n) Einfahrt
arájngang *m* (-en *od* -geng) Eingang, Eintritt; ~ *farwert!* Eintritt verboten!; *kejn* ~ kein Zutritt!
arájnganwe(ne)n: ~ *sich* sich herein-, hineinschleichen <se>
arájngejer: *er is dort an ofter* ~ er ist dort ein häufiger Gast
arájngejn* herein-, hineingehen, -kommen, eingehen; ~ *in baschtand fun der regirung* in die Regierung eintreten; ~ *in emeznß lage* sich in jds. Lage versetzen
arájngißn* hineingießen; ~ *sich* (hin)einströmen, -fließen
arájnklajbn***:** ~ *sich* sich herein-, hineinbegeben
arájnklapn einschlagen (Nägel)
arájnknakn knallen, kleben, runterhauen; ~ *emezn a patsch* jdm. eine kleben
arájnkum *m* (-en) Hereinkommen; Auftritt (im Theater)
arájnlebn: ~ *sich* sich einleben
arájnlosn: ~ *sich in protim* auf Einzelheiten eingehen
arájnmarsch *m* (-n) Einmarsch
arájnmisch *m* (-n) Einmischung
arájnnarn herein-, hineinlocken; ~ *emezn in a paßtke* jdn. in eine Falle locken; ~ *sich in emeznß zutroj* sich in jds. Vertrauen einschleichen
arájnnem *m* (-en) Fassungsvermögen, Volumen
arájnnem(e)n* umfassen, enthalten
arájnnemik umfassend, geräumig
arájnpoßt *f* Eingangspost
arájnrajßn***:** ~ *sich* herein-, hineinstürmen

arájnschparn einklemmen, einzwängen; ~ *sich* sich herein-, hineinzwängen
arájnschteln hineinstellen; ~ *a wort* ein Wort einwerfen
arájnschtupn herein-, hineinstoßen; ~ *sich* eindringen
arájntajtschn hineindeuten
arájntret *m* Eintritt
arájntrogn* herein-, hineintragen, eintragen; einbringen; ~ *a forschlog* einen Vorschlag einbringen
arámisch aramäisch
árbeß *m* (–) Erbse; *klepn sich wi (an)* ~ *in want* keine Bedeutung haben
árbeßl *n* (-ech) einzelne Erbse
árbet *f* (-n); *firn an* ~ eine Arbeit leisten; *a gut schtikl* ~ eine schöne Arbeit; *a tog* ~ ein Tagewerk; *on* ~ arbeitslos
árbeter *m* (–) *w* **-(i)n** Arbeiter
árbeter-klaß *m* Arbeiterklasse
árbetorer *m* (-ß) Arbeiter
árbetor(i)n *f* (-ß) Arbeiterin
árbetsam arbeitsam
árbet(ß)kraft *f Sgt* Arbeitskraft, Arbeitskräfte
árbet(ß)los arbeitslos
árbetßman *m* (árbetßlajt *od* árbeterlajt) Arbeitsmann
árbetßmentsch *m* (-n) arbeitender Mensch, Werktätiger
árbetßort *n* (-erter) Arbeitsplatz
árbet-zetéjlung *f* Arbeitsteilung
arbl *m* (–) Ärmel; *lachn sich in* ~ sich ins Fäustchen lachen; *eßn fun* ~ von der Hand in den Mund leben; *schitn fun* ~ aus den Ärmeln schütteln
árbldik *Adj* mit Ärmeln
arbús *m* (-n) Wassermelone
archángl *m* (-en) Erzengel <sl>
archíw *m* (-n) Archiv <sl>
aréjlim ↑ orl
arendátor *m* (arendatórn) Pächter
arénde *f* (-ß) Pacht; *nemen in* ~ pachten; *(op)gebn in* ~ verpachten

arénde-opzol *m* Pachtgeld
arendírn pachten
arendór *m* (-n) Pächter
aríber darüber, herüber, hinüber; ~ *un* ~ mehr als genug
aríber- (in unfest zusammengesetzten Verben) über-, um-
aríberfir *m* Transport
aríberfli *m* (-en) Überflug
aríberfor *m* (-n) Überfahrt
aríbergang *m* (-en *od* -geng) Übergang; Überquerung
aríbergejn* überqueren; vergehen
aríbergißn*: ~ *sich* darüberfließen; ~ *sich iber epeß* etw. überfluten
aríberglitschn: ~ *sich* darüber(hin)schlittern
aríberklajbn*: ~ *sich* umziehen (in eine andere Wohnung)
aríberschtajgn* übersteigen
aríberwakßn* hinüberwachsen; *der konflikt is aribergewakßn in a milchome* der Konflikt ist in einen Krieg hinübergewachsen; *der sun is aribergewakßn dem tatn* der Sohn ist größer geworden als der Vater
arícheß-jómim langes Leben (als Wunsch) <se>
árktik *m od f* Arktis
arméj *f* (-en) Armee
arn stören; *eß art mich nit* es stört mich nicht
arójf- = arúf-
arójneß ↑ orn
arójß heraus, hinaus
arójß- (in unfest zusammengesetzten Verben) aus-, heraus-, hinaus-
arójßbafraj(e)n freimachen; ~ *mitlen* Mittel lockermachen; ~ *sich* frei werden
arójßbakum(e)n* herauskriegen; ~ *sich* sich befreien
arójßbreng(e)n* herausbringen; ~ *emezn funem glajchgewicht [fun di kejlim]* jdn. aus dem Gleichgewicht [aus der Fassung] bringen; ~ *emezn funem geduld* jdn. die Geduld verlieren lassen
arójßchanfe(ne)n erschmeicheln
arójßchap *m* (-n) taktlose Äußerung
arójßchapn an sich reißen <*sl*>; ~ *sich* sich heraus-, hinausschleichen; ~ *sich mit epeß* mit etw. herausplatzen, etw. ausquatschen; *ß'hot sich ba im arojßgechapt an umbatracht wort* ihm ist ein unbedachtes Wort entschlüpft
arójßdrej(e)n herausdrehen, herausschrauben; ~ *sich* sich herauswinden (aus einer schwierigen Lage); ausweichend antworten; ~ *sich funem klap* dem Schlag ausweichen
arójßdrejerisch ausweichend (Antwort)
arójßdring(e)n* folgern, ableiten
arójßfaler *m* (– *od* -ß) *w* **-ke** vorzeitig von der Schule Abgehender, Aussteiger
arójßfaln* heraus-, hinausfallen; ausscheiden; aussteigen (aus der Gesellschaft); ~ *fun der schpil* aus dem Spiel ausscheiden
arójßfirn heraus-, hinausführen; ~ *doß militer* die Truppen abziehen; ~ *fun baschtand fun epeß* aus etw. ausschließen (aus einem Gremium, einer Organisation); ~ *a formul(e)* eine Formel ableiten; ~ *funem geduld* die Geduld verlieren lassen
arójßflejz *m* (-n) Ausfluss
arójßflejzn herausfließen, -strömen
arójßfli *m* (-en) Abflug; Schwärmen (der Bienen)
arójßfli(e)n* abfliegen; ~ *funem kop/sikorn* entfallen
arójßfoder *m* (-n) Herausforderung
arójßforn* abfahren
arójßgang *m* (-geng) Ausgang; Auftritt (im Theater); ~-*tog* freier Tag; ~-*klejd* Ausgehkleid
arójßgebn* herausgeben, ausliefern; (Produktion) liefern; publizieren; verraten

arójßgejn* herauskommen, aussteigen; *~ fun geduld* die Geduld verlieren; *~ fun druk* im Druck erscheinen; *~ fun emezn* von jdm. abstammen; *~ funem ßtroj* aus dem Glied treten; *der tajch gejt arojß fun die bregeß* der Fluss tritt über die Ufer

arójßglitschn: *sich* herausgleiten; sich leise davonmachen; *~ fun di hent* den Händen entgleiten

arójßgrobn* ausgraben; *~ fun kejwer* exhumieren

arójßhejb *m* (-n) Hervorhebung

arójßhejbn* hervorheben, betonen

arójßkalupen herausklauben <*sl*>

arójßklajbn*: *~ sich* sich fortmachen; ausziehen (aus der Wohnung)

arójßlos *m* (-n) **1** Ausstoß (Produktion) **2** Absolventenjahrgang

arójßlosn* heraus-, hinauslassen; ausbilden (bis zum Abschluss); abfeuern (Geschoss); publizieren; *~ fun di hent* aus den Händen lassen

arójßlosnik *m* (-eß) Absolvent

arójßmeschalejechn hinausbefördern <*se*>

arójßnarn ergaunern

arójßnem(e)n* herausnehmen; *~ a flek* einen Fleck beseitigen; *a finzternisch – chotsch di ojgn arojßzunemen* es ist stockfinster

arójßpekl(e)n fortschaffen, verfrachten

arójßpoßt *f* Ausgangspost

arójßrajßn* herausreißen; *~ sich* herausstürzen; sich losreißen; *~ epeß ba emezn* jdm. etw. entreißen; *~ a zon* einen Zahn ziehen; *ba im is nit arojßzurajßn kejn wort* ihm ist kein Wort zu entlocken; *fun ir brußt rajßt sich arojß a krechz* ihrer Brust entringt sich ein Stöhnen

arójßred *m* (-n) Aussprache

arójßrejdn* aussprechen

arójßruferisch herausfordernd

arójßrufn* hervorrufen; *~ a dokter* den Arzt holen; *~ dem schiler zum towl* den Schüler zur Tafel rufen; *~ emezn durchn telefon* jdn. telefonisch herbeordern; *~ emezn in gericht* jdn. vor Gericht zitieren; *~ emezn af a zwejkamf* jdn. zum Duell auffordern; *~ sich* sich bereitfinden

arójßruk- Schub-, Schiebe-

arójßrukn herausziehen (Schublade); *~ a baschuldikung* eine Anschuldigung vorbringen; *~ a tesiß* eine These aufstellen; *~ a forschlog* einen Vorschlag unterbreiten; *~ emeznß kandidatur* jdn. als Kandidaten aufstellen/vorschlagen; *arojßgerukt sajn* vorstehen, abstehen

arójßschikn abschicken

arójßschitn*: *~ sich* herausströmen, hinausströmen (von einer Menschenmenge)

arójßschlogn* herausschlagen; *~ di tir* die Tür einschlagen; *~ di narische gedanken fun emeznß kop, ~ dem nar fun emezn* jdm. die Flausen austreiben; *~ sich fun di kojcheß* von Kräften kommen; *~ sich fun der nojt* sich aus der Not befreien; *~ sich epeß funem kop* sich etw. aus dem Kopf schlagen

arójßschtar(z)n heraus-, hervorragen

arójßschteln heraus-, hinausstellen, aufstellen (als Wache); *~ emeznß kandidatur* jdn. als Kandidaten aufstellen/vorschlagen

arójßschwim(e)n* auftauchen

arójßsezn anlanden, an Land bringen; herausschlagen (von Rauch, Flammen); *~ di tir* die Tür einschlagen

arójßsog *m* (-n) Äußerung

arójßsogn äußern; *~ emezn in di ojgn dem ganzn emeß* jdm. die ganze Wahrheit ins Gesicht sagen; *~ sich* sich äußern; *~ sich far [kegn] epeß* sich für [gegen] etw. aussprechen

arójßsuchn ausfindig machen

arójßtrajbn* vertreiben; ~ *emezn fun (der) schul* jdn. von der Schule verweisen; ~ *dem rejech fun epeß* den Geruch von etw. beseitigen

arójßtret *m* (-n) Auftreten (als Redner), Auftritt (im Theater); Austritt (aus einer Organisation)

arójßtretn* auftreten; austreten (aus einer Organisation); ~ *in marsch* sich auf den Marsch begeben

arójßtrogn* heraus-, hinaustragen; ~ *a baschluß/baschtimung* eine Entscheidung fällen, einen Beschluss fassen; ~ *an ajndruk [an iberzajgung]* einen Eindruck [eine Überzeugung] gewinnen; ~ *a dank* den Dank abstatten; ~ *di onmerkungen zum sof artikl* die Anmerkungen am Ende des Aufsatzes bringen

arójßtunk(e)n: ~ *sich* auftauchen

arójßwajs *m* (-n) Zurschaustellung

arójßwajsn* zeigen, zur Schau stellen; ~ *sich* sich erweisen, sich herausstellen; *ß'hot sich arojßgewisn, as ...* es hat sich herausgestellt, dass ...; *er hot sich arojßgewisn far a klugn mentschn* er hat sich als kluger Mensch erwiesen

arójßwarf *m* (-n) Hinauswurf

arójßwarfn* heraus-, hinauswerfen; ~ *epeß afn mark* etw. auf den Markt werfen; ~ *sich afn/mitn paraschut* mit dem Fallschirm abspringen; *arojßgeworfn gelt* hinausgeworfenes Geld; ~ *a fortl* etwas Schönes anrichten

arójßzi *m* (-en) Zurücknahme

arójßzi(e)n* zurückziehen, zurücknehmen

aróp herab, hinab, herunter, hinunter; *mitn kop* ~ mit dem Kopf nach unten; ~ *mitn tajch/tajch-*~ flussabwärts; *schtrom-*~ mit der Strömung

aróp- (in unfest zusammengesetzten Verben) herab-, hinab-, herunter-, hinunter-

arópbreng(e)n* von weit herbringen

arópchap *m* (-n) Schnappschuss <*sl*>

arópchapn knipsen (Foto) <*sl*>

arópfaln* herab-, hinabfallen; ~ *ba sich* den Mut verlieren

arópgang *m* (-en *od* -geng) Abstieg

arópgejn* herunter-, hinuntergehen, aussteigen (aus einem Fahrzeug); ~ *funem sinen* verrückt werden

aróplos *m* (-n) Landung

aróplosn* herab-, hinablassen, senken (Kopf), niederschlagen (die Augen); ~ *di schif (afn waßer)* das Schiff zu Wasser lassen; ~ *dem hunt fun der kejt* den Hund von der Kette lassen; ~ *fun di relfßn* zum Entgleisen bringen; ~ *fun prajs* im Preis mindern; ~ *dem kop* den Kopf hängen lassen (auch übertr.); ~ *sich* herab-, hinabsteigen, landen; ~ *sich tajch-arop* sich den Fluss hinuntertreiben lassen

arópnem(e)n* herab-, herunternehmen; ~ *doß telefon-trajbl* den Hörer abnehmen; ~ *fun emezn di farantwortlechkajt* jdm. die Verantwortung abnehmen; ~ *di tir fun di sawißeß* die Tür aus den Angeln heben; ~ *di geretenisch* die Ernte einbringen; ~ *a kopje funem dokument* von dem Dokument eine Kopie anfertigen; ~ *a moß* Maß nehmen; ~ *di blokade* die Blockade aufheben; ~ *di gemischpetkajt* die Vorstrafe löschen; ~ *a frage funem tog-ßejder* eine Frage von der Tagesordnung absetzen; ~ *a forschlog* einen Vorschlag zurückziehen; ~ *a pjeße funem repertuar* ein Bühnenstück absetzen; ~ *emeznß kandidatur* jds. Kandidatur zurückziehen; ~ *a film* einen Film drehen; ~ *di ßmetene* den Rahm abschöpfen; ~ *emezn fun der arbet* jdn. absetzen; ~ *di wach/dem karaul* die Wache einziehen; ~ *sich* abgehen; sich fotografieren lassen; *di tir hot sich aropgenumen* die Tür ist aus den Angeln gesprungen

aróprajßn* herabreißen; ~ *di maßke fun emezn* jdm. die Maske vom Gesicht reißen
aróprech(e)n(e)n abziehen (eine Summe)
arópschlepn herunterziehen
arópschlogn* herunterschlagen; abschießen; abbringen (vom rechten Weg); ~ *sich* abirren; ~ *sich funem weg* den Weg verlieren; ~ *sich funem derech-hajoscher* auf Abwege geraten
arópschwenk(e)n wegspülen
arópsezn absetzen; ~ *funem tron* entthronen
arópwarfn* herab-, hinabwerfen; stürzen (Regierung, Monarchen); loswerden (überflüssiges Gewicht); ~ *finf kilogram* fünf Kilo abnehmen; ~ *fun sich* abwerfen (Kleidung)
arßenál *m* (-n) Arsenal
artíßt *m* (-n) *w* **-(i)n** *od* **-ke** Schauspieler
artíßtisch schauspielerisch
arúf darauf, herauf, hinauf; ~-*zu* nach oben; *tajch-*~ flussaufwärts; *mit di fiß* ~ mit den Füßen nach oben; ~-*barg* bergauf
arúf- (in unfest zusammengesetzten Verben) auf-, darauf-, herauf-, hinauf-
arúffirn: ~ *dem ßputnik/ßatelit af der orbite* den Satelliten auf die Umlaufbahn bringen
arúfgang *m* (-en *od* -geng) Aufstieg
arúfklajbn*: ~ *sich* hinaufklettern
arúflejgn daraufliegen; auferlegen; ~ *a schtempl af epeß* einer Sache den Stempel aufdrücken
arúfrukn (hinauf)schieben
arúfschwim(e)n* zutage treten
arúfwarfn* daraufwerfen; ~ *af sich* sich überwerfen (Kleidungsstück); ~ *sich af emezn [epeß]* sich auf jdn. [etw.] stürzen
arúfzi(e)n* aufziehen; ~ *af sich* anziehen, anlegen (Kleidung)
arúm *m* Umgebung

arúm *Adv* umher, herum; ~ *un* ~ rings herum
arúm *Präp* um; *di erd drejt sich* ~ *der sun* die Erde dreht sich um die Sonne; ~ *sibn asejger* um sieben Uhr
arúm- (in unfest zusammengesetzten Verben) herum-, umher-, um-; be-
arúmblondshen umherirren <*sl*>
arúmblonken umherstreifen <*sl*>
arúmchapn umarmen, an sich drücken <*sl*>
arúmdrej(e)n: ~ *sich* herumlungern, sinnlos herumsitzen
arúmgartl(e)n umgeben
arúmgebrent versengt
arúmgejn* herumgehen; ~ *a choje/mider* sichtlich krank/müde sein
arúmgepaljet versengt <*sl*>
arúmhawen übereifrig sein, sich überschlagen
arúmhrisen benagen <*sl*>
arúmik umliegend
arúmkukn nachsehen, überprüfen, (von allen Seiten) betrachten; *ejder me kukt sich arum* ehe man sich's versieht
arúmnem(e)n* umarmen
arúmpad(kew)en: ~ *arum emezn* jdm. den Hof machen <*sl*>
arúmred *m* (-n) Erörterung
arúmrejdn* erörtern, besprechen, diskutieren
arúmringl(e)n einkreisen; ~ *sich mit emezn* sich mit jdm. umgeben
arúmscharn: ~ *sich* sich herumtreiben
arúmschlepn: ~ *sich* sich herumtreiben
arúmschljandrewen sich herumtreiben
arúmschmaj(e)n übereifrig sein, sich überschlagen
arúmschmekn beschnüffeln
arúmschnajdn* (ringsherum) beschneiden
arúmtapn betasten
arúmwaschn: ~ *sich* sich waschen
arúmwogl(e)n umherschweifen

arúmzojm(e)n einzäunen
arúnter heruntzer, hinunter
arúre *f* (-ß) Xanthippe, zänkisches Weib <*se*>
arz *n* (-n) Erz
arzibískup *m* (-n) Erzbischof <*sl*>
as *Konj* dass; wenn
asá so ein; solch (auch nachgestellt); *si is ~ schejne* sie ist so schön; *er is nit ~, wi er mejnt* er ist nicht so, wie er meint; *a schpil ~* ein solches Spiel
asch *n* Asche; *machn ~ un porech/rojch fun epeß* etw. in Schutt und Asche legen
ásch-churwe *f* (-ß) Brandstätte <*se*>
aschíreß *n* Reichtum <*se*> ↑*nißáscher, ójscher*
aschírim ↑*ójscher*
áschkenas *n* das mittelalterliche Deutschland; das deutsche Judentum <*se*>
aschkenási *m* (-m) Jüdisch-deutsch bzw. Jiddisch sprechender Jude <*se*>
áschkeneser aschkenasisch <*se*>
aschtéjger zum Beispiel
áschtezl *n* (-ech) Aschenbecher **aséjger** Uhr; *draj ~* drei Uhr
asélcher solch (ein); *sej sajnen ale aselche* sie sind alle so
áseß *n* Frechheit, Unverschämtheit <*se*>; *~-ponem* Frechling, unverschämter Kerl
as'hóre *f* (-ß) Warnung <*se*>
asój so; *punkt ~* ebenso; *~ arúm* also; *~ zi ~* so oder so; *glat ~* einfach so; *~ sich* so la la; *ojb ~* dann, in diesem Falle; *ir wet nit gejn, ojb ~ wel ich alejn gejn* ihr werdet nicht gehen, dann werde ich selbst gehen; *zi is eß take ~?* ist es wirklich so? *un ~ wajter* und so weiter; *~ zu sogn* sozusagen; *~ gerufn* sogenannt; *af ~ fil, ~ wajt* soweit, insofern
asójner so(lch) einer
asójnß so etwas

aßereß-hadíbreß *Plt* Dekalog, Zehn Gebote <*se*>
aßfált *m* Asphalt
aßífe *f* (-ß) Versammlung <*se*>
aßókim ↑*éjßek*
aták *m* (-n), **atáke** *f* (-ß) Angriff; *opschlogn dem/di ~* den Angriff zurückschlagen
atakírn angreifen
atóm *m* (-en) Atom
atómisch Atom-; *~e bómbe* Atombombe; *~e wog* Atomgewicht; *~e elektroßtánzje* Atomkraftwerk
átomnik *m* (-eß), **atómiker** *m* (-ß) Atomforscher
atóre *f* (-ß) Krone <*se*>
-átsch (Suffix zur Bildung verächtlicher Bezeichnungen) <*sl*>; *jungátsch* Flegel; *ferdátsch* Idiot, Esel; *piskátsch* Schreihals
awáde sicher, gewiss <*se*>
awéjde *f* (-ß) Verlust <*se*>
awéjleß *n* Trauer, Trauerfall <*se*> ↑*owl*
awéjre *f* (-ß) Sünde <*se*>
awék weg, fort
awék- (in unfest zusammengesetzten Verben) weg-, fort-
awéklejgn: *~ sich* sich hinlegen
awéklosn*: *~ sich* aufbrechen, sich auf den Weg machen
awékmachn beiseiteschieben, missachten, ignorieren
awékpejgern: *~ noch emezn* sich nach jdm. verzehren <*se*>
awékschteln hinstellen
awéksezn: *~ sich* sich hinsetzen
awékwarfn* wegwerfen; im Stich lassen
áwer *m* Gestank <*se*>
áwerdik stinkend <*se*>
awírn = *hawírn*
áwle *f* (-ß) Unrecht, Übeltat <*se*>
awónim ↑*ewn*
awßtrálje *f* Australien
awßtráljer *m* (–) *w*-**(i)n** Australier
áwto- Auto-, auto-

azínd(er) jetzt
azíreß n Verstopfung, Darmträgheit <se>

B

b- (Präfix, mit dem von semitischen Grundwörtern Adverbien abgeleitet werden) <se>; *baláchßn* diagonal
ba bei, an (bleibt in Verbindung mit bestimmten Verben unübersetzt); *~m weg am Weg*; *~ der schajn fun der lewone* bei Mondschein; *~ gewisse badingungen* unter bestimmten Bedingungen; *~ im is faran a ßach bicher* er hat viele Bücher; *~ mir is nito kejn zajt* ich habe keine Zeit; *betn hilf ~ emezn* jdn. um Hilfe bitten; *me hot ~ im zugeganwet gelt* man hat ihm Geld gestohlen
ba- (in fest zusammengesetzten Verben) be-
bábe f (-ß) hässliches altes Weib, Hexe <sl>
bábele n (-ch) Schmetterling <sl>
babérdikt, babérdlt bärtig
bábnik m (-eß) Weiberheld <sl>
bábßke weibisch, Weiber- <sl>
bachéjnt anmutig <se>
badájt m Bedeutung, Bedeutsamkeit; *epeß nit zugeben kejn ~* einer Sache keine Bedeutung beimessen
badájtful bedeutungsvoll
badájtndik bedeutsam
badánk(ew)en: *~ emezn (A)* sich bei jdm. bedanken
badárfn brauchen
badchn m (badchónim) Hochzeitsspaßmacher <se>
badérfenisch n (-n) Bedürfnis
bading m (-en) Bedingung; *bam ~* unter der Bedingung
badójer m Bedauern
badójern bedauern; *zum ~* leider

baérn ehren
bafál m (-n) Überfall
bafáler m (– od -ß) Angreifer
bafáln* überfallen
baféln (bafójln) befehlen
bafrúchpern befruchten
bagánwe(ne)n bestehlen <se>
bagásh m (-n) Gepäck(stück) <sl>
bagásle(ne)n berauben <se>
bagég(e)n(e)n begegnen; empfangen; *~ a widerschtand* auf Widerstand stoßen; *~ naj-jor* Silvester feiern; *~ sich mit emezn* sich mit jdm. treffen
bagégenisch f (-n) Begegnung
bagéjn*: *~ sich on epeß* ohne etwas auskommen; *~ sich on sajtiker hilf* ohne fremde Hilfe auskommen
bagewéltikn meistern
bagíldn vergolden, goldig schimmern lassen
bagíltn vergolden
bagínen bei Tagesanbruch
bagítikn billigen, gutheißen; düngen
bagítikung f (-en) Dünger
bagléjbt vertrauenswürdig
bagnédikn begnadigen
bagnét m (-n) Bajonett <sl>
bagrénezn begrenzen
bagríßn begrüßen; beglückwünschen; *~ emezn mit epeß* jdm. zu etw. gratulieren; *ich bagríß dich mitn gebojrn-tog* ich gratuliere dir zum Geburtstag
baháltn* verstecken
baháltschinkeß Pl Versteckspiel; *schpiln sich in ~* Versteck spielen
bahárzt beherzt
baháwnt bewandert
bahéftn*: *~ sich* sich anschließen, sich verbinden
bahéltenisch n (-n) Versteck
bahélterlech Pl Versteckspiel; *schpiln sich in ~* Versteck spielen
bahérnert gehörnt
bahógl(e)n überschütten

baj = ba
baj- neben-; *bájprodúkt* Nebenprodukt; *bájtajch* Nebenfluss; *báj-hachnóßeß* Nebeneinkünfte
bajbák *m* (-eß) Steppenmurmeltier; Faulpelz, träger Mensch <*sl*>
bájcher ↑ bojch
bájchl(e)n: ~ *sich* sich blähen
bájdekeß: *schlogn* ~ faulenzen, die Zeit totschlagen
bajdl *n* (-ech) Hütte, Zelt; Wägelchen
bájgelejgt beiliegend, in der Anlage
bájgerels *n* (-n) Nebengleis <*sl*>
báj-kawóne *f* (-ß) Hintergedanke <*se*>
bájkum(e)n* überwinden, besiegen; ~ *epeß (D)* etw. überwinden
bájsach *f* (-n) Nebensache
bájsajik anwesend
bajschn *m* (bajschónim) schüchterner Mensch <*se*>
bájschtejn* widerstehen
bájschtot *f* Vorstadt, Vorort
bájschtotisch Vorort-; *~er zug* Vorortzug
bájseer *m* (–) Augenzeuge
bájßenisch *n* (-n) Jucken
bájßik beißend; bissig
bajßn (gebißn) beißen
bajt *m* (-n) Tausch
bájtajch *m* (-n) Nebenfluss
bájtewdik austauschbar; veränderlich
bajtl *m* (-en), *n* (-ech) Geldbeutel
bájtldik ausgebeult, sackartig (herabhängend)
bajtn (gebítn) wechseln, tauschen; ~ *sich mit epeß* etw. austauschen
bajtsch *f* (-n) Peitsche
bak *f* (-n) *V* **bekl, békele** Backe, Wange
bakén(e)n bekanntmachen; ~ *sich* sich bekanntmachen
baklépn bekleben; dicht besetzen
baklérn überlegen, bedenken
bakn (*auch* gebákn) backen
bakósche *f* (-ß) Bitte, Gesuch <*se*>; ~*-ojgn* flehende Augen

bakúm(e)n* bekommen; ~ *an onwend* Anwendung finden; ~ *sich* zustande kommen, gelingen
bakwém bequem
bal *m* (béler) Ball (Tanzveranstaltung)
bal- (Präfix zur Bezeichnung männlicher Personen nach einem charakteristischen Merkmal) <*se*>; *bal-bóßer* Dickwanst; *bal-chójw* Schuldner
balabótschen quasseln <*sl*>
baláchßn *Adv* diagonal <*se*>
balagán *m* (-en) tolles Durcheinander <*sl*>
balánß *m* (-n) Bilanz <*sl*>
bal-bóßer *m* (bale-bóßer) Dickwanst <*se*>
balcháisch tierisch <*se*>
balcháj *m* (balecháim) Tier <*se*>
bal-chalójmeß *m* (bale-chalójmeß) Träumer <*se*>
balchójw *m* (bale-chójweß) Schuldner <*se*>
bal-chschódim *m* (bale-chschódim) argwöhnischer Mensch <*se*>
bald sofort
bal-díkdek *m* (bale-díkdek) Grammatiker <*se*>
balebátewen wirtschaften, den Haushalt führen <*se*>
balebátisch haushälterisch, wirtschaftlich <*se*>
balebátischkajt *f* Haushalt <*se*>
balebéßl *n* **1** (balebéßlech) Jungverheirateter (scherzh.) **2** (balebátimlech) Kleinbürger <*se*>
balebéßldik kleinbürgerlich <*se*>
balebétschen quasseln <*sl*>
bal(e)bóß *m* (balebátim) Hausherr, Wirt; Besitzer <*se*>; *er is alejn der* ~ er ist der Herr im Hause
bal(e)bóßte *f* (-ß) Hausherrin, Wirtin; Besitzerin <*se*>
balecháim-zichtler *m* (–) Tierzüchter
balecháim-zucht *f* Tierzucht
balégern belagern

balególe *m* (-ß) Fuhrmann <se>
bal(e)gúf *m* (-im) Großbauer, Kulak <se>
baléjdikn beleidigen; ~ *sich* übelnehmen, beleidigt sein
baléjtn begleiten, wegbringen, verabschieden
bal-éjze *m* (bale-éjze) Ratgeber <se>
balemútschen stammeln; trödeln <sl>
balérewdik, balérndik lehrreich
balérnen belehren
bálewen verwöhnen, (ver)hätscheln <sl>
bal-gájwe *m* (bale-gájwe), **balgájwenik** *m* (-eß) überheblicher, hochmütiger Mensch <se>
bal-halwóe *m* (bale-halwóe) Geldverleiher <se>
bal-hamzóe *m* (bale-hamzóe), **bal-hamzóenik** *m* (-eß) Erfinder, erfinderischer Mensch <se>
bal-haschpóe *m* (bale-haschpóe) einflussreicher Mensch <se>
bal-hashgóche *m* (bale-hashgóche) Aufseher <se>
balík *m* (-eß) Stör <sl>
bal-íwre *m* (bale-íwre) Schreibkundiger <se>
bálje *f* (-ß) Zuber, Waschwanne <sl>
bal-jójwl *m* (bale-jójwl) Jubilar <se>
balkórche notgedrungen, gezwungenermaßen <se>
bal-mekáne *m* (bale-mekáne) Neider <se>
bal-melóche *m* (-ß) Handwerker <se>
bal-mójech *m* kluger Kopf <se>
bal-mójfeß *m* (bale-mófßim) Wundertäter <se>
bal-múm *m* (balemúmim) Krüppel <se>
baln *m* (balónim) Interessent, Liebhaber; einer, der zu etw. Lust hat <se>; *sajn a ~ zu wißn* gern wissen wollen; *sajn a knaper ~* wenig Lust haben
bal-nizóchn *m* (bale-nizójneß) Sieger <se>
balójnen auszeichnen
balóneß *n* Lust (zu etwas) <se>

bal-rachmóneß *m* (bale-rachmóneß) mitleidiger Mensch <se>
bal-ßímche *m* (bale-ßímcheß) Gastgeber <se>
baltójwe *m* (bale-tójwe) Wohltäter <se>
baltójwenik *m* (-eß) Wohltäter (iron.) <se>
bal-tschúwe *m* (bale-tschúwe) Büßer <se>
bal-twíe *m* (bale-twíe) Kläger <se>
balwán *m* (-eß) *w* **-ke** Trottel, Idiot <sl>
balwánßke trottelhaft, idiotisch <sl>
bal-wikúech *m* (bale-wikúech) diskussionsfreudiger Mensch <se>
bal-zdóke *m* (bale-zdóke) Wohltäter <se>
bamérklech bemerkbar
bamérk-werdik bemerkenswert
bamí(e)n: ~ *sich* sich bemühen
bamíßtikn düngen
ban *f* Eisenbahn; ~-*onschit* Bahndamm
banáj(e)n in Gebrauch nehmen, einweihen; erneuern
banájung *f* Erneuerung
banánd nebeneinander, zusammen, daneben
banárischn: ~ *sich* sich zum Narren machen, einen Fehler begehen
band[1] *m* (bénd[er]) Band (Buch)
band[2] *f* (bénder) Band, Streifen
bandásh *m* (-n) Verband, Bandage <sl>
baném(e)n* begreifen; ausplündern
banémenisch *n* Besessenheit
bang: ~ *ton* leidtun
banízn = banúzn
bank[1] *f od m* (-en) Bank (Kreditinstitut)
bank[2] *f* (benk) Bank, Stuhl; *oplejgn/farzien in der langer ~ arajn* auf die lange Bank schieben
bánke *f* (-ß) Konserven-, Einmachglas; Schröpfkopf <sl>; *schteln emezn ~ß* jdm. Schröpfköpfe ansetzen; *helfn wi a tojtn ~ß* absolut keinen Sinn mehr haben
banúg(e)n(e)n: ~ *sich* sich begnügen

banúmen besessen

banúzn: ~ *sich mit epeß* etw. benutzen; *krum* ~ missbrauchen

bapátschken schmutzig machen <*sl*>

bapíntl(e)n punktieren (hebr. Buchstaben mit diakritischen Zeichen versehen)

bapúzn schmücken

bar *f* (-n) Birne

barabán *m* (-en) Trommel <*sl*>

barabánewen trommeln <*sl*>

barabán(sch)tschik *m* (-eß) Trommler <*sl*>

barábewen berauben <*sl*>

barán *m* (-eß) Widder <*sl*>

baránke *f* (-ß) Schaffell; Lenkrad (*umg*) <*sl*>

bardáß *m* (-n) intelligenter Mensch <*se*>

baréchtikn rechtfertigen

baré(j)dewdik redselig

baré(j)dn* klatschen; ~ *emezn* über jdn. klatschen

báremharzik barmherzig, mitleidig

barg *m* (berg) Berg

barícheßdik ausführlich, wortreich <*se*>

barím *m* (-en) Prahlerei

barím(e)n: ~ *sich* prahlen

barímer *m* (– *od* -ß) *w*-**ke** Prahler

barmásl *m* (-ß) Glückspilz <*se*>

bármenen *m* (-ß) Leiche <*se*>

bar-mízwe **1** *f* Erreichen des 13. Lebensjahres, wodurch ein jüd. Junge vollwertiges Glied der Gemeinde wird **2** *m* (-ß) Junge im Alter von 13 Jahren <*se*>; *wern* ~ im Alter von 13 Jahren vollwertiges Glied der Gemeinde werden

bar-mízwe-bócher *m* (-im) = bar-mízwe²

b(a)rójges **1** *prädAdj* zornig, böse <*se*>; ~ *sajn af epeß* auf etw. zornig sein; über etw. schmollen **2** *m* Spannung, Verstimmung <*se*>

b(a)rójgeslech ein wenig ärgerlich, verstimmt <*se*>

barót: *af gotß* ~ aufs Geratewohl; *iberlosn af gotß* ~ dem Zufall überlassen

barscht *f* (-n) Bürste

bar-Bámche *m* (-ß) Autorität, Experte <*se*>

barút ruhig, friedlich

basálzn* salzen

basámdn mit Sand bestreuen

bascháf *m* Schöpfung; Erschaffung; *sint welt-* ~ seit Erschaffung der Welt

bascháfn* (er)schaffen

baschájmperlech, baschájnperlech offensichtlich

baschéfenisch *f od n* (-n) Geschöpf

baschéfer *m* Schöpfer

baschéjdn deuten, erklären

baschéjn(e)n verschönen

baschénk(e)n* ausstatten (mit Gaben)

baschérn bestimmen (das Schicksal)

baschlíßn* beschließen; ~ *ba sich* sich entschließen

baschmírechz *n* (-n) Brotaufstrich

baschrájbik deskriptiv

baschrájbn* beschreiben; *epeß is nit zu* ~ etw. ist unbeschreiblich

baschtán *m* (-eß) Melonen-, Kürbisfeld <*sl*>

baschtánd *m* Zusammensetzung; *persón-* ~ Personal; *ofizérn-* ~ Offizierskorps; *profeßórn- un lerer-* ~ Lehrkörper; *der* ~ *funem farbrech* Tatbestand

baschtátn unterbringen

baschtéjn* einwilligen; ~ *fun epeß* aus etw. bestehen

baschtróflech strafbar

baschúchn beschuhen, mit Schuhwerk versehen

basézn: ~ *sich* sich ansiedeln, sich niederlassen; ~ *di kale* die Braut während der Hochzeitszeremonie zu einem symbolischen Thron führen

basójfn besoffen

basórgn versorgen, ausrüsten

baß *m* (béßer) Bass

baßéjn *m* (-en) Bassin, Becken <*sl*>

baßjechíde *f* (-ß) einzige Tochter <*se*>

báßkol *n* (-n) göttliche Stimme, Stimme von oben <*se*>
baßmálke *f* (-ß) Prinzessin <*se*>
baß-mízwe *f* (-ß) **1** Mädchen im Alter von 12 Jahren **2** Feier aus Anlass der Erreichung des 12. Lebensjahrs <*se*>
basúchn durchsuchen
basúnder besonders
batájt *m* (-n) Bedeutung, Sinn
batájtlech bedeutungstragend
batájtn bedeuten
batámt schmackhaft <*se*>
batápn befühlen, betätscheln
bataréje *f* (-ß) Batterie <*sl*>
bátlen *m* (batlónim) unpraktischer Mensch <*se*>
batóg *Adv* am Tage
batógik *Adj* Tage(s)-
batrácht *m* Überlegung; *nemen in* ~ in Betracht ziehen
batráchtn überlegen, bedenken
batréfn* ausmachen, betragen (eine Geldsumme)
bawájbt verheiratet (Mann)
bawájsn* zeigen; schaffen, zustande bringen; *me bawájst nit arumzukukn* sich im Handumdrehen; ~ *sich* sich zeigen, erscheinen, zum Vorschein kommen
bawákßn behaart
bawáschn* umspülen; ~ *sich mit trern* in Tränen zerfließen
bawílikn geruhen
bawl *m* Baumwolle
báwli *m* (-m) Babylonier <*se*> ↑ bowl
bawóf(e)n(e)n bewaffnen
bawór(e)n(e)n sichern; ~ *sich* sich vergewissern
bawúßt bekannt
bawúßtsajn *n* Bewusstsein; *bis farlirn doß* ~ bis zum Umfallen
bawúßtsinik bewusst
bazí(e)n*: ~ *sich* sich verhalten
bchójre *f* Erstgeburt <*se*>; *opgebn emezn (D) di* ~ jdn. bevorzugen

bchor *m* (bchójrim) Erstgeborener <*se*>
be- (Präfix, mit dem von semitischen Grundwörtern Adverbien oder nur prädikativ gebrauchte Adjektive gebildet werden); *beémeß* wirklich, wahrlich; *begilúfn* angeheitert
bébecheß *Pl* Sack und Pack
bebl *n* (-ech) Böhnlein <*sl*>
bechéjn daher, also <*se*>
bechínem *Adv* umsonst, kostenlos <*se*>
bechipósn *Adv* übereilt, auf die Schnelle <*se*>
bechóze-chínem *Adv* spottbillig <*se*>
bechúsch *Adv* klar, deutlich <*se*> ↑ chusch
bedáleß: *schteln* ~ in Armut bringen, verarmen lassen <*se*>
bedéje: ~ *hobn* beabsichtigen <*se*>
béder¹ *m* (-ß) Bad(edien)er
béder² ↑ bod
bediéwed *Adv* hinterher, im nachhinein <*se*>
b(e)díl(-h)adál *prädAdj* mittellos, ruiniert <*se*>; *schteln* ~ ruinieren
beémeß *Adv* wirklich, wahrlich <*se*>
beérech *Adv* ungefähr <*se*>
beézem *Adv* im Grunde, eigentlich <*se*>
beféjresch *Adv* ausdrücklich <*se*>
befúmbéj *Adv* öffentlich <*se*>
béged *m od n* (bgódim) Kleidungsstück <*se*>
begíle-rósch *Adv* barhäuptig <*se*>
begilúfn *prädAdj* angeheitert <*se*>
behadróge *Adv* allmählich, nach und nach <*se*>
behalwóe *Adv* leihweise <*se*>
beharchówe *Adv* auf großem Fuße (leben) <*se*>
behéjme *f* (-ß) Rind, Kuh <*se*>; *~ß auch* Vieh
behéjmisch Kuh-; *~e ojgn* Kuhaugen
behéjmischkajt *f* Viecherei
behéßkem *Adv* gemäß, in Übereinstimmung <*se*>; ~ *dermit* demgemäß
behóle *f* Wirren, Tumult <*se*>

béjde beide; *in ~ faln* in beiden Fällen; *unds [ajch] bejdn* uns [euch] beiden
béjdemer ↑ bójdem
bejechójleß *prädAdj* imstande <*se*>
bejg *m* (-n) Biegung
béjgewdik, béjgik biegsam, flexibel
bejgl *m* (–) Bagel
bejgn* biegen, beugen; *~ sich* sich beugen
bejn *m* (-er) *V* **bejndl** Knochen, Gräte; *er is der tate mit di ~er* er ist seinem Vater wie aus dem Gesicht geschnitten
bejndl *n* (-ech) Knöchelchen; *~ech* Knöchelchen; Spielwürfel
béjnerdik knochig
bejn-(h)aschmóscheß *m* (-n) Dämmerung <*se*>
bejs böse
béjsern: *~ sich* sich ärgern; *~ sich af emezn* sich über jdn. ärgern, jdm. böse sein
béjsminik bösartig (Geschwulst)
bejß *Präp* während <*se*>
bejß-hakíß *m* (-n), **bejß-hakíße** *m* (-ß) Abtritt <*se*>
bejß-hakwóreß *m od n* (-n) jüd. Friedhof <*se*> ↑ kéjwer
bejß-hamígdesch *m* der Tempel in Jerusalem <*se*>
bejß-májße währenddessen; in flagranti <*se*>
béjswukß *m* (bösartige) Geschwulst
béjswukßik bösartig (Geschwulst)
béjze *f* (béjzim) Hoden <*se*>
béken blöken <*sl*>
bekésche *f* (-ß) jüd. Kaftan
bekíeß *n* Sachkenntnis <*se*> ↑ bóke, bóki
bekíim ↑ bóke, bóki
bekíwn *Adv* eigens, absichtlich <*se*>
bekízer *Adv* kurz, in Kürze
bekójech *prädAdj* imstande <*se*>
bekówed *prädAdj* ehrenhaft, in Ehren, angesehen <*se*>; *~ halten emezn* jdn. in Ehren halten

bekówedik angesehen, geehrt, Ehren-
beláchesch mit leiser Stimme <*se*>
béler ↑ bal
beleß-bréjre *Adv* notgedrungen <*se*>
bélfer *m* (-ß) Hilfslehrer in der Chederschule
belí- ohne <*se*>
beli-schum-ßófek ohne jeden Zweifel <*se*>
beli-ßófek ohne Zweifel <*se*>
bélme *f* (-ß) grauer Star <*sl*>; *wi a ~ in ojg* wie ein Dorn im Auge
belóschn: *~ nekíe* verhüllend; *~ níßter* auf hebräisch (wörtlich: in geheimer Sprache) <*se*>
bematóne *Adv* als Geschenk <*se*>
bemájle *Adv* sowieso, von selbst, folglich, naturgemäß <*se*>
beméschech im Verlaufe <*se*>
ben *m* (bónim) Sohn (im Namen *Sgt*) <*se*>; *jankew ~ jizchok* Jakob, der Sohn Isaaks
ben-dór *m* (bnej-dor) Zeitgenosse <*se*> ↑ dor
benegéje *Präp* in Bezug auf <*se*>
benímeßdik höflich <*se*>
ben-ír *m* (bnej-ír) aus derselben Stadt stammend <*se*>
ben-jißróel *m* (bnej-jißróel) Israelit, Sohn Israels <*se*>
ben-jóchid *m* (bnej-jechídim) einziger Sohn <*se*>
bénk(e)n sich sehnen; *~ ahejm* Heimweh haben
bénkenisch *n* Sehnsucht
benkl *n* (-ech) Stuhl
bénkschaft *f* = bénkenisch
ben-méjlech *m* (bnej-melóchim) Prinz <*se*>
ben-ódem *m* (bnej-ódem) Mensch <*se*>
ben-tójre *m* (bnej-tójre) jüd. Gelehrter <*se*>
béntschlicht *Pl* Sabbatkerzen, Festtagskerzen
bentschn segnen

béntschung *f* Segen
ber *m* (-n) *w* **-iche** Bär; *wajßer* ~ Eisbär
b(e)réjschiß- Ur-, ur- <*se*>; ~-*wald* Urwald
beré se *f* (-ß) Birke <*sl*>
bérger *m* (– *od* -ß) Bergarbeiter
bergeráj *n* Bergbau
bérisch: ~*e tójwe* Bärendienst
bérje *m od f* (-ß) tüchtiger Mensch <*se*>; *sajn a* ~ *af epeß* etw. gut verstehen, beherrschen
bérjesch geschickt, gewandt
berlóge *f* (-ß) Bärenhöhle <*sl*>
berósch *Adv* an der Spitze (einer Delegation, Regierung usw.) <*se*>
bes *m* Flieder <*sl*>
bés-bojm *m* (-bejmer) Fliederbusch
besbúschnik *m* (-eß) *w* **-nize** schamloser Mensch <*se*>
beschájte *Adv* seinerzeit <*se*>
beschäß *Präp* während <*se*>; ~-*májße* währenddessen
beschéfe *Adv* im Überfluss <*se*>
beschólem *Adv* in Frieden <*se*>
beschum-ójfn: ~ *nit* durchaus nicht, auf keine Weise <*se*>
beschútfeß *Adv* gemeinsam (etw. besitzen) <*se*>
besdjétnize *f* (-ß) kinderlose Frau <*sl*>
besdn *n* (-ß) rabbinisches Gericht <*se*>
bésem *m* (-er *od* -[e]ß) Besen
bésemen: ~ *sich* sich mit Birkenzweigen schlagen (in der Sauna)
besil-(h)asól *Adv* spottbillig
bes-kolírik fliederfarben
beßachákl *Adv* alles zusammen (Summe) <*se*>
beß-álmen *m* (-ß) Friedhof <*se*>
béßer ↑ baß
béßer ↑ gut
beß-médresch *m od n* (bote-medróschim) Synagoge <*se*>
beßód *Adv* geheim, im Vertrauen <*se*>; ~-*ßójdeß* ganz geheim; *haltn* ~ geheimhalten
beß-ójlem *m od n* (-ß) Friedhof <*se*> **bet** *n* (-n) Bett
betéwe *Adv* von Natur <*se*> **bétgewant** *n* Bettzeug
bétl(e)n betteln
bétler *m* (– *od* -ß) *w* **-ke** Bettler
betn (gebétn) bitten
betóeß *Adv* irrtümlich <*se*>
bgódim ↑ béged
bi- = be-
bichdéj so dass <*se*>; ~ *zu* um zu
bícherdik *Adj* Buch- (in Stil u. Sprache)
bíchernize *f* (-ß) Blaustrumpf **bichlál** *Adv* überhaupt <*se*>
bíchldik = bícherdik
bichójleß = bejechójleß
bichwójdoj uweázmoj höchstselbst, in (höchst)eigener Person <*se*>
bídewen in Armut leben <*sl*>
bídne arm, elend, unglücklich <*sl*>
biesch ↑ búsche, mewújesch; *schteln in* ~ beschämen
bifrát *Adv* im Besonderen <*se*>
bifréßje *Adv* öffentlich <*se*>
bignéjwe *Adv* verstohlen, heimlich <*se*>
bik *m* (-eß) Stier <*sl*>
bikß *f* (-n) Gewehr
bilbl *m* (bilbúlim) Verleumdung <*se*>
bilbúlnik *m* (-eß) Verleumder <*se*>
bílcher *Komparativ* vorzuziehen
bild *n* (-er) Bild
bílderisch bildhaft; malerisch
bilét *m* (-n) Fahrkarte, Fahrschein <*sl*>
biln (gebílt *od* gebúln) bellen
bin *f* (-en) Biene
bindn (gebúndn) binden
bineráj *f* Bienenzucht, Imkerei **bínjen** *m* (binjónim) Bau, Gebäude <*se*> **binókl** *m* (-en) Fernglas <*sl*>
bintl Bündel
bírgerschaft *f* Staatsbürgerschaft
bírshe *f* (-ß) Börse <*sl*>
bis *Präp* bis (zu); vor; ~ *aher* bisher; ~*n hojs* bis zum Haus; ~ *hajntikn tog* bis

zum heutigen Tage; ~ *der milchome* vor dem Kriege
bisahérik bisherig
bischchéjneß *Adv* in der Nachbarschaft, nebenan <*se*>; ~ *mit epeß* neben etw.
bischléjmeß *Adv* perfekt, nach allen Regeln der Kunst <*se*>
bis-íztik bisherig
bisójen *m* Schande, Scham <*se*>; *ß'is emezn (D) a* ~ jd. schämt sich
bíßele, bißl: *a* ~ ein wenig
bíßlechwajs *Adv* allmählich
bítele *n* (-ch) Babywanne
bitl *m* Verachtung, Geringschätzung <*se*>
bitóchn *m* Vertrauen <*se*> ↑ haftóche
bjußt *m* (-n) Büste <*sl*>
bkíeß = bekíeß
bkím ↑ bóke, bóki
blajbn (is geblíbn) bleiben
blájen bleiern
blájer *m* (-ß) Bleistift
blánk(e)n glänzen
bléch(e)n blechern; ~*er dach* Blechdach
bléserl *n* (-ech) Pusteblume
bli: *(a mejdl) in fuln* ~ (ein Mädchen) in der Blüte der Jahre
blí(e)n blühen
blind blind; ~ *geßl* Sackgasse
blíndelech *Pl* Blindekuh; *schpiln sich in* ~ Blindekuh spielen
blischtsch *m* Glanz <*sl*>
blíschtschen glänzen, funkeln <*sl*>
blíz-poßt *f* E-Mail
blíz-schleßl *n* (-ech) Reißverschluss
blo(j) (blow-) blau; *a* ~*wer sok* Blaustrumpf
bloknót *m* (-n) Notizblock <*sl*>
blónds(h)en irren, irregehen <*sl*>; ~*de sump-fajerlech* Irrlichter
blónken herumirren <*sl*>
blosn (geblósn) blasen, wehen; ~ *sich* wichtig tun; schmollen; ~ *fun sich* eingebildet sein
blós-sak *m* (-sek) Blasebalg

blóte *f* Sumpf, Schlamm; Straßendreck <*sl*>; ~*!* Quatsch!; *machn emezn mit der* ~ *glajch* jdn. durch den Dreck ziehen
blótik schlammig, sumpfig; dreckig <*sl*>
blówlech bläulich
blum *f* (-en) *V* **bliml** Blume, Blüte
blúmenschtojb *m* Blütenstaub
blut *n* Blut; *fun epeß gejt* ~ etw. blutet; *schpajen mit* ~ Blut spucken; *ejgn* ~ *un flejsch* eigen Fleisch und Blut; ~ *un milch* wie Milch und Blut; *doß* ~ *wert farkilt in di odern* das Blut erstarrt in den Adern; *ß'rint/ß'gißt sich doß* ~ *funem harzn* das Herz blutet; *kalje machn emezn doß* ~ jdm. das Leben schwer machen, jdn. sehr ärgern; *bis* ~ blutig (kratzen, schlagen); *ajnsapn sich in* ~ *un flejsch* in Fleisch und Blut übergehen; *(aruf)nemen af sich* ~ *un flejsch* konkrete Gestalt annehmen
blútik blutig; ~ *farintereßirt* brennend interessiert; ~ *balejdikn* bis aufs Blut beleidigen
blútikn bluten
blútlosung *f* Aderlass
bnej- ↑
bnej-báiß *Pl* Hausgenossen, Familienmitglieder <*se*>
bob *m* (-eß) Bohne <*sl*>
bóbe *f* (*D meist* bóben; -ß) Großmutter <*sl*>
bobe-májße *f* (-ß) Ammenmärchen <*sl/se*>
bóbenju *f* Großmütterchen (Anrede) <*sl*>
bóbeschi *f* (-ß) Großmütterchen <*sl*>
bóbeze *f* (-ß) altes Weib, alte Hexe <*sl*>
bócher *m* (-im) *w* **-te** Junggeselle, Bursche <*se*>
bocheréz *m* (-eß) großer, kräftiger Bursche <*se*>
bócherwajs *Adv* als Junggeselle
bod *f* (béder) Bad; *(awek)firn emezn in* ~ *(arajn)* jdn. anführen, hereinlegen
bodn: ~ *(sich)* baden

bojch *m* (bájcher) Bauch; ~-*wejtik* Bauchschmerzen
bojd *f* (-n) Planwagen, Hütte
bójdek: ~ *sajn* untersuchen <*se*>
bójdem *m* (-ß *od* béjdemer) Dachboden
bój(e)n bauen
bójer[1] *m* (–) Bauarbeiter, Erbauer
bójer[2] *m* (-ß) Drillbohrer
bójern bohren
bojgn *m* (-ß) Bogen
bójlet hervorstehend, hervorgewölbt <*se*>
bojm *m* (béjmer) Baum
bojml *m* Speiseöl; *arojßkumen wi* ~ *afn waßer* ans Licht kommen
bójne *f* (-ß) Schlachthaus <*sl*>
bójre(-ójlem) *m* Schöpfer (der Welt) <*se*>
bójrer *m* (-im) Schiedsrichter, Vermittler <*se*>
bok *m* (bek) Bock
bóke, bóki *m* (b[e]kíim) Experte, Sachverständiger <*se*>
bómbl(e)n baumeln
bónder *m* (-ß) Böttcher <*sl*>
bónim ↑ ben
bord *f* (berd) *V* **berdl** Bart
bor(e)ch(h)ábe *m* (-ß) Willkommensgruß <*se*>
bor(e)ch(h)abó! *Interj* herzlich willkommen!
bor(e)ch(h)aschém Gott sei Dank!
bóren: ~ *sich* ringen <*sl*>
bórosde *f* (-ß), **bórosne** *f* (-ß) Furche <*sl*>
bort *m* (-n) Bord (Schiff)
bortn *m* (-ß) Ufer, Strand
bórweß barfuß
boßják *m* (-eß) Vagabund <*sl*>
boßer-wedóm *m* (-ß) Sterblicher <*se*>
bote-medróschim ↑ beß-medrésch
botl *prädAdj* ungültig, unerheblich <*se*>
bótschan *m* (botscháneß) Storch <*sl*>
bowl *n* Babel <*se*> ↑ báwli
brak *m* Ausschuss (Produkt) <*sl*>
bréchewdik, bréchik brüchig; zerbrechlich

brechn (gebróchn) brechen (*tr*); ~ *di hent* die Hände ringen; ~ *sich dem mojech af epeß* sich den Kopf über etw. zerbrechen; ~ *sich* brechen (*intr*)
breg (-eß *od* -n) Ufer; Grenze <*sl*>; ~ *jam* Meeresufer; ~ *tajch* Flussufer
bréglos uferlos; grenzenlos <*sl*>
bréjre *f* (-ß) Wahl <*se*>
brejt breit, weit
bréjtbejn(erd)ik breitknochig
bréjtharzik weitherzig
bréjtlech etwas breit
brem *f* (-en) Augenbraue; *kukn fun unter di ~en* finster dreinschauen
bren *m* Höhepunkt; *di arbet is in fuln* ~ die Arbeit ist in vollem Gange
brén(e)n brennen
bréng(e)n (gebrácht) bringen; ~ *zu epeß* zu etw. führen; ~ *zu rejd* zur Sprache bringen
bret *f* (-er) Brett; *schteln af ejn* ~ auf eine Stufe stellen
bríder-kejwer *m* (-kworim) Gemeinschaftsgrab <*se*>
brídern: ~ *sich* sich verbrüdern
bríe Geschöpf
brik *f* (-n) Brücke
bríke(we)n nach hinten ausschlagen <*sl*>
briln *Plt* Brille
brínemer ↑ brúnem
briß *m*, **briß-míle** *f* Beschneidungsfeier <*se*>
bríßlene *f* (-ß) Preiselbeere <*sl*>
briw *m* Brief
broch: *a* ~ *ton* (einmal) brechen
bróche *f* Segensspruch <*se*>
brod *m* Furt <*sl*>
brodjáge *m* (-ß) Vagabund <*sl*>
brójges = b(a)rójges
brojs *f* (-n) Brauerei
brojt *n* Brot; Getreide; ~- *un gebék-artikln* Backwaren
brójtnize *f* (-ß) Brotkasten
brójtwarg *n Sgt* Backwaren

bróne *f* (-ß) Egge <sl>
brónewen eggen <sl>
bronfn *m* (-ß) Branntwein, Schnaps; *trajbn* ~ Schnaps brennen
brósnewen furchen <sl>
brotn (gebrótn) braten
browárnje *f* (-ß) Brauerei <sl>
brud *m* Dreck, Schmutz <sl>
brúder *m* (bríder) Bruder
brúderke *m,* **brúder-lebn** *m* Bruderherz (als Anrede)
brúderl *n* (-ech) Brüderchen
brúderunju *m* Brüderlein (als liebevolle Anrede)
brúdik schmutzig
bruk *m* Straßenpflaster
brukírn pflastern
brúnem *m* (-ß *od* brínemer) Brunnen
brúßnize *f* (-ß) Preiselbeerstrauch <sl>
brußt *f* (-n *od* brißt) Brust
bßómim *Plt* Gewürze, Balsam <se>
bßúle *f* (-ß) Jungfrau <se>
bßúleschaft *f* Jungfräulichkeit <se>
bßúre *f* (-ß) Botschaft, Nachricht <se>
buch: *a* ~ *ton* (einmal kurz) knallen <sl>
buch *m od n* (bícher) Buch
búchen mit der Faust schlagen <sl>
buchhaltérje *f* Buchhaltung <sl>
búchte *f* (-ß) Bucht
budshét *m* (-n) Budget <sl>
buháj *m* (-eß) Stier <sl>
buján *m* (-eß) Krakeeler <sl>
bujánewen krakeelen; toben, wüten <sl>
buk *m* (-n) Buche <sl>
bukn: ~ *sich* sich bücken
bukßír *m* (-n) Schlepper (Schiff) <sl>
búlbe *f* (-ß) Kartoffel <sl>
bulbewáte: ~*e ojgn* hervorquellende Augen <sl>
búlke *f* (-ß) Semmel <sl>
bunt¹ *m* (-n) Bündel
bunt² *m* (-n) Rebellion <sl>
buntár *m* (-n) *w* **-ke** Rebell <sl>
búntewen: ~ *sich* rebellieren <sl>

buntówschtschik *m* (-eß) Rebell <sl>
burán *m* (-en) Schneesturm <sl>
búrek, búrik *m* (-eß) Futterrübe, Zuckerrübe <sl>
burschtín *m* Bernstein <sl>
burshúj *m* (-en) Bourgeois (verächtlich) <sl>
búrtschen knurren, brummen <sl>
búrtschenisch *n* Knurren, Brummen <sl>
búsche *f* Scham, Schamgefühl; Schande, Schmach <se> ↑ bíesch; *ß'is a* ~ *mit a bisojen!* es ist eine Affenschande! *kejn* ~ *un kejn bisojen* keinerlei Schamgefühl
búschedik schändlich <se>
búscheliche *f* (-ß) Störchin <sl>
búschewen wüten, toben <sl>
buschl *m* (-en) Storch <sl>
búsem *m* (-ß) Busen
búsine *f* Holunder <sl>
butón *m* (-en) Knospe <sl>
butschán = bótschan
búzken (mit Hörnern) stoßen <sl>; ~ *sich* stößig sein

ch' = ich
chabár *m Sgt* Bestechung, Bestechungsgeld <sl>
chabárnik *m* (-eß) *w* **-nize** bestechlicher Mensch <sl>
chacháken laut lachen <sl>
chachéjmeß *f* (-n) = chachóme
cháchenisch *n* lautes Gelächter <sl>
chachóme *f* (-ß) gescheite, weise Frau <se> ↑ chóchem
chachómim ↑ chóchem
chadórim ↑ chéjder
chadóschim ↑ chójdesch
chagóeß ↑ chóge
cháje *f* (-ß) Tier <se>
chaje-nogl *m* (-negl) Kralle, Klaue

chájeß *n* Leben <*se*>; *ejn schtikl ~ is mir geblibn* eine Freude ist mir geblieben

chájisch animalisch, tierisch <*se*>

chajúne *f* Lebensunterhalt <*se*>; *zien ~ fun epeß* sich mit etw. seinen Lebensunterhalt verdienen

chákren *m* (chakrónim) Grübler <*se*>

chalát *m* (-n) Schlafrock, Morgenrock; Bademantel <*sl*>

chále *f* (-ß) Challa, Sabbatbrot <*se*>

chálef *m* (chalófim) Schächtmesser <*se*>; *zuschtejn zu emezn mitn ~* jdm. die Pistole auf die Brust setzen

cháleschn einen Schwächeanfall erleiden, in Ohnmacht fallen <*se*> ↑ chalóscheß; *~ noch/zu epeß* sich nach etw. sehnen, etw. sehnlichst wünschen, nach etw. lechzen

chalfn *m* (chalfónim) Geldwechsler <*se*>

chaljäßtre *f* (-ß) Haufe, Schar, Bande

chalófim ↑ chálef

chalóim ↑ chójle

chalójmeß ↑ chólem

chalókim ↑ chéjlek

chalólim ↑ chólel

chalóscheß *n* Ohnmacht, Schwächeanfall <*se*> ↑ cháleschn; *blajbn/faln ~* in Ohnmacht fallen

chaltúre *f* Pfusch, Schluderei; Schund <*sl*>

chaltúrewen pfuschen, schludern <*sl*>

chaltúrne *Adj* Pfusch-, Schluder- <*sl*>

chaltúrnik *m* (-eß) Pfuscher <*sl*>

chalúke *f* Teilung, Verteilung, Aufteilung <*se*> ↑ chéjlek

cham *m* (-en) unverschämter Kerl <*sl*>

chámisch, chámßke unverschämt <*sl*>

chamúlisch = chámisch

chamúlje *m* (-ß) = cham

chanéjfim ↑ chójnef

chánele Hannchen; *~ß ejgelech* Stiefmütterchen (Blume)

chánfe(ne)n schmeicheln <*se*> ↑ chnífe, chójnef

chanífe = chnífe

chanífenik = chnífenik

chanifúschnik *m* (-ß) Speichellecker <*se*>

chánike *m* Chanukka (Tempelweihe, achttägiges Dankfest zum Andenken an die Wiedereinweihung des Tempels durch Judas Makkabäus im Jahre 164 v. u. Z.) <*se*>; *~-lichtl* Chanukkakerze; *~-lomp* Chanukkaleuchter

chanúkeß-habájeß *m* Einweihung eines Gebäudes <*se*>

chap: *a ~ ton* (einmal kurz) zugreifen <*sl*>; *a ~ ton sich far epeß* (schnell) zu etw. greifen

chápenisch *n* Eile, Hast <*sl*>

chap-láp *Adv* auf die Schnelle, Hals über Kopf

chapn fangen, fassen, greifen, packen, nehmen; tun <*sl*>; *~ sich* sich beeilen, hasten; anbeißen (vom Fisch); *~ sich zu epeß* sich an etw. heranmachen, sich über etw. hermachen; *~dik* eilig, hastig; *chap(t) nit!* nicht so schnell!

charákter *m* (-ß *od* charaktérn) Charakter

charómim ↑ chéjrem

charóte *f* Reue <*se*>; *~ hobn af epeß* etw. bereuen; *krign ~* zu bereuen beginnen

chárpe *f* Schande; Scham <*se*>

cháschcheß *n* Finsternis <*se*>

cháser *m* (chaséjrim) *w* **-te** Schwein <*se*>; *~-hor Pl* Schweinsborsten

chaseráj *f* Schweinerei <*se*>

cháserl *n* **1** (chaséjrimlech) Ferkel **2** Ziegenpeter; *jám-~* Meerschweinchen <*se*>

chásersch Schweine-, schweinisch <*se*>

chasn *m* (chasónim) Kantor (in der Synagoge) <*se*>

chaßánim ↑ choßn

cháßene *f* (-ß) Hochzeit <*se*> ↑ choßn, mechútn, mißchátn; *~ hobn emezn* jdn. heiraten; *~ machn emezn* jdn. verheiraten; *prawen ~* Hochzeit feiern;

opschpiln emezn (D) a ~ jdm. eine Szene machen

cháßene-gehát verheiratet

cháßme(ne)n unterzeichnen *<se>* ↑ chóßem, chójßem, chßíme

chaß-wecholíle! Gott bewahre! Das sei ferne! *<se>*

chaß-weschólem! Gott behüte! *<se>*

cháte *f* (-ß) Hütte *<sl>*

chatóim ↑ chet

chatóimlech ↑ chetl

cháwer *m* (chawéjrim) *w* **-te** Genosse, Kamerad, Gefährte, Freund *<se>*

cháwer: ~ *sich* befreundet sein *<se>*

cháwerschaft *f* Freundschaft *<se>*

chawrúße *f* (-ß) Gesellschaft, Kumpanei *<se>*; *zulib* ~ zur Gesellschaft (mittun); *sajn in a* ~ *fun emezn* sich mit jdm. zusammentun

chéfz(j)eß *Pl* Flausen *<se>*

chéjder *m* (chadórim) Zimmer; jüd. Elementarschule *<se>*

chéjder-jingl *n* (-ech) Schuljunge; Anfänger

chéjfez *m* (chféjzim) Gegenstand *<se>*

chéjlek *m* (chalókim) Teil *<se>* ↑ chalúke, chílek

chéjlew *m od n* Talg; Abschmierfett *<se>*

chejn *m* Anmut *<se>*

chéjndl(e)n: ~ *sich* schön tun *<se>*

chéjnewdik anmutig *<se>*

chéjn-pintl *n* (-ech) Muttermal

chéjrem *m* (-ß *od* ch[a]rómim) Bann, Ausschluss (aus der jüd. Gemeinde) *<se>* ↑ máchrem; *(arájn)lejgn in* ~ in den Bann tun; *aruflejgn af emezn a* ~ jdn. mit dem Bann belegen

chéjschek *m* Lust *<se>*; *hobn* ~ *zu epeß* Lust zu etw. haben

chéschewer ↑ chóschew

chéshb(e)n(e)n rechnen *<se>*

cheshbn *m* (cheshbójneß) Rechnung *<se>*; *machn emezn dem* ~ jdm. vorrechnen

cheshwn *m* Cheschwan, zweiter Monat des jüd. Kalenders (Oktober–November)

chéßed *m* (chßódim) Gnade, Gunst *<se>*; *ton mit emezn (a)* ~ jdm. eine Gunst erweisen; *genißn fun emeznß chßodim* bei jdm. in Gunst stehen

cheßrójneß = chißórn

chet *m* (chatóim) Sünde *<se>*

chetl *n* (chatóimlech) lässliche Sünde *<se>*

chewráje *f* (-ß) Gesellschaft, Freundeskreis *<se>* ↑ cháwer

chéwre *f* Verein, Gesellschaft; die Leute *<se>* ↑ cháwer

chéwre-kadísche *f* jüd. Beerdigungsverein *<se>*

chéwre-man *m* (-lajt) (guter) Kamerad *<se>*

chféjzim ↑ chéjfez

chíber *m* (chibúrim) Addition *<se>*

chíchenisch *n* (-n) Gekicher *<sl>*

chichíken kichern *<sl>*

chídesch *m od n* (chidúschim) wundersame Sache; Überraschung *<se>*; *ß'is kejn* ~ *nit* es ist kein Wunder; *fardróßiker* ~ Bestürzung; *doß is schojn a klejner* ~ darüber wundert sich niemand mehr; *af chiduschim* hervorragend, ausgezeichnet

chídeschdik wunderlich *<se>*

chídeschn: ~ *sich* sich wundern *<se>*

chíeß *n* Vergnügen *<se>*; *ßara* ~*!* welche Wohltat!

chíken kichern *<sl>*

chílek *m* (chilúkim) Unterschied; Division *<se>* ↑ chalúke, chéjlek

chílel *m* (chilúlim) Lästerung, Frevel *<se>* ↑ mechálel

chilel-hakójdesch *m* Lästerung, Frevel *<se>*

chilel-haschém *m* Gotteslästerung *<se>*

chilel-schábeß *m* Entweihung des Sabbats *<se>*

chilúke-déjeß *Pl* Meinungsverschiedenheiten <*se*> ↑ chalúke, chéjlek, chílek

chinéser *m* (–) Chinese

chíßer *m* Subtraktion <*se*>

chißórn *m* (cheßrójneß) Mangel, Defekt <*se*>; *moralischer* ~ Laster

chitrák *m* (-eß) *w* **-átschke** Schlaukopf <*sl*>

chítre schlau <*sl*>

chkíre *f* Grübelei <*se*> ↑ chákren

chkíren: ~ *sich* grübeln <*se*>

chlam *m* Plunder <*sl*>

chlebn *Interj* gewiss, Ehrenwort!

chlip *m* Schluchzen <*sl*>

chlípen schluchzen <*sl*>

chljóben schlürfen <*sl*>

chljúpen, chljúßken glucksen <*sl*>

chlop *m* (-eß) Grobian <*sl*>

chmáre *f* (-ß) (düstere) Wolke <*sl*>

chmárne düster, trüb (Wetter) <*sl*>

chmúren runzeln, verziehen <*sl*>; ~ *di bremen* die Brauen hochziehen; ~ *sich* eine finstere Miene machen

chmúrne düster (Gesicht) <*sl*>

chnífe *f* Schmeichelei, Heuchelei <*se*> ↑ chánfe(ne)n, chójnef

chnífedik schmeichlerisch <*se*>

chnífenik *m* (-eß) *w* **-nize** Schmeichler <*se*>

chníken lamentieren <*sl*>

chóchem *m* (chachómim) Weiser <*se*> ↑ chachóme; ~ *ejner!* Idiot!

chóchme *f* Weisheit; witzige Bemerkung <*se*>; *a* ~*!* wie schlau! (iron.) *on* ~ im Ernst

chóchme(ne)n witzeln

chóchmeß-hajád *f* Wahrsagen aus der Hand <*se*>

chochótschen laut lachen <*sl*>

chóge *f* (-ß *od* chagóeß) nicht jüdischer Feiertag <*se*>

chójdesch *m* (chadóschim) Monat <*se*>

chójle *m* (chalóim) Kranker, Patient <*se*>; ~-*meßúkn* Todkranker

chójmer *m* Fleisch, Körperlichkeit <*se*>

chójnef *m* (chónfim *od* chanéjfim) *w* **-te** Schmeichler <*se*> ↑ chánfe(ne)n, chnífe

chójschech *m* Finsternis; Trauer <*se*>; ~-*mizraim* ägyptische Finsternis

chójsched: ~ *sajn* verdächtigen <*se*> ↑ chschad

chójsek *m* Spott <*se*>; *fun* ~ *wegn* zum Spott; ~ *machn fun emezn* jdn. verspotten

chójsek-macher *m* (–) *w* **-(i)n** Spötter <*se*>

chójsekn spotten <*se*>

chójsekton *m* spöttischer Ton

chójßem *m* (-ß) Siegel <*se*> ↑ cháßme(ne)n, chóßem, chßíme

chojw *m* **1** Pflicht <*se*> ↑ hißchájweß, mechájew, mechújew **2** Schuld <*se*>; *farbodn sajn in* ~*eß* bis über die Ohren in Schulden stecken

chólel *m* (-ß *od* chalólim) Hohlraum <*se*>

chóleldik hohl <*se*>

chólem *m* (chalójmeß) Traum <*se*>; *sen a* ~ träumen; *sen emezn [epeß] in* ~ von jdm. [etw.] träumen

chólem(e)n träumen <*se*>; ~ *sich* im Traum erscheinen

cholíle! *Interj* Gott bewahre! <*se*>

choljére *f* Cholera <*sl*>

chóljewe *f* (-ß) Stiefelschaft <*sl*>

chómet *m* (-n) Kumt <*sl*>

chómez *m od n* Sauerteig <*se*>

chómezdik gesäuert <*se*>

chónfim ↑ chójnef

chópkem-lópkem *Adv* auf die Schnelle, oberflächlich

chópte *f* (-ß) Bande

chorchl *m* Röcheln <*sl*>

chórchl(e)n röcheln <*sl*>

chóschew (chéschewer) geehrt, angesehen, geachtet <*se*>

chóßem *m* (chßúmim) Unterzeichner <*se*> ↑ cháßme(ne)n, chójßem, chßíme

choßer-déje *prädAdj* verrückt <*se*>

choßer-déjenik *m* (-ß) *w* **-nize** Verrückter <*se*>
chóßid *m* (chßídim) Chasside <*se*>
choßn *m* (chaßánim) Bräutigam <*se*> ↑ cháßene, mechútn, mißchátn
choßn-bócher *m* (-in) junger Mann im heiratsfähigen Alter <*se*>
choßn-kále *Pl* Brautpaar; *wern ~ sich verloben; wern ojß ~ sich entloben*
chotsch **1** *Konj* obwohl <*sl*>; *er hot gearbet, ~ er is gewen a chojle* er hat gearbeitet, obwohl er krank war **2** *Partikel* sogar, wenigstens; *~ hajntikn tog* sogar heute; *sol er gewen ~ a wort ojßrejdn* hätte er wenigstens ein Wort gesagt
chótschbi wenigstens <*sl*>; *sogt ~ ejn wort* sagt wenigstens ein Wort
chózef *m* (chzúfim) schamloser Mann <*se*> ↑ chúzpe, chzúfe
chrejn *m* Meerrettich <*sl*>
chr(j)úken grunzen <*sl*>
chrómim ↑ chéjrem
chrómtschen knirschen <*sl*>
chrópen schnarchen <*sl*>
chschad *m* (chschódim) Verdacht, Argwohn <*se*> ↑ chójsched; *hobn a ~ af emezn* jdn. verdächtigen; *sajn unter a ~* unter einem Verdacht stehen; *mit ~* argwöhnisch
chschádful argwöhnisch <*se*>
chschíweß *n* Gewicht, Bedeutung <*se*>
chschódim ↑ chschad
chschódimdik argwöhnisch <*se*>
chßídeß *n* Chassidismus <*se*>
chßídim ↑ chóßid
chßíme *f* (-ß) Unterschrift <*se*> ↑ cháßme(ne)n, chójßem, chóßem; *mit/unter a ~* gegen Unterschrift
chßódim ↑ chéßed
chßúmim ↑ chóßem
chúche-utlúle: *machn fun emezn ~* jdn. lächerlich/zum Gespött machen <*se*>
chuligán *m* (-eß) Rowdy <*sl*>
chuliganeráj *f* Rowdytum <*sl*>

chuligánewen sich wie ein Rowdy benehmen <*sl*>
chúljen sich austoben, ein ausschweifendes Leben führen <*sl*>
chúmesch *m* (chumóschim) Pentateuch <*se*>
chúpe *f* (-ß) Traubaldachin; Heiratszeremonie <*se*>; *schteln a ~* heiraten; *firn zu der ~* (sein Kind) verheiraten
chúpe-kidúschn *Pl*, **chúpe-wekdúschn** *Pl* Trauung <*se*>; *geben ~* trauen; *nemen ~* sich trauen lassen
churbn *m* (churbóneß) Zerstörung, Trümmer <*se*>
chúrwe *f* (-ß) (baufällige) Hütte, Ruine <*se*>
chusch *m* (chúschim) Gefühl, Sinn <*se*>; *di finf ~im* die fünf Sinne
chúschem schwachsinnig <*se*>
chusch-hamíschesch *m* Tastsinn <*se*>
chusch-haríe *m* Gesichtssinn <*se*> ↑ ríe
chusch-haschmíe *m* Gehör(sinn) <*se*> ↑ schmíe
chusch-hatám *m* Geschmackssinn <*se*> ↑ tam[1]
chusch-horéjech *m* Geruchssinn <*se*> ↑ réjech
chúsch(imd)ik sinnlich <*se*>
chúsch-organ *m* (-en) Sinnesorgan
chúter *m* (-ß) Einzelgehöft <*sl*>
chut-haschédre *m* Rückgrat <*se*>
chúzpe *f* Frechheit, Unverschämtheit <*se*> ↑ chózef, chzúfe
chúzpenik *m* (-eß) *w* **-nize** unverschämter Mensch <*se*>
chwálje *f* (-ß) Welle, Woge <*sl*>
chwálje-brécher *m* (-ß) Wellenbrecher
chwáljedik wellig <*sl*>
chwáljen: *~ sich* wogen <*sl*>
chwat *m* (-n) *w* **-ke** gewandter Mensch <*sl*>
chwátisch flink, gewandt
chwóren kränkeln <*sl*>
chzoß *m* Mitternacht (poetisch) <*se*>

chzúfe *f* (-ß) schamlose Frau <*se*> ↑ chózef, chúzpe
chzúfim ↑ chózef

dach *m* (décher) Dach
dáchkeß *n* Bedürftigkeit <*se*>
dáchschpiz *m* (-n) Giebel
dáfke *Adv* gerade, just
dájen *m* (dajónim) Gemeinderichter <*se*>
dájge *f* (-ß) Besorgnis, Sorge <*se*>
dájgen sich sorgen <*se*>
dajn dein
dajnt: *fun ~ wegen* deinetwegen
dajtsch deutsch
dajtsch **1** *m* (-n) Deutscher **2** *n* Deutsch
dájtschisch deutsch
dájtschke *f* (-ß) Deutsche
daled-ámeß *Plt* die eigenen vier Wände <*se*>; *opschlißn sich in di ~* sich einigeln
dáleß *m* Armut, Elend <*se*>; *der ~ fajft im in ale winkelech* er ist arm wie eine Kirchenmaus
dámbe *f* (-ß) Damm, Deich <*sl*>
dáme *f* (-ß) Dame
dámisch damenhaft
dámke *f* (-ß) Dame (beim Damespiel) <*sl*>
dámßke *Adj* Damen- <*sl*>
dám-ßojne *m* (-ßonim) Todfeind <*se*>
dank *m* (-en) Dank; *a ~!* danke! *ful mit ~* dankerfüllt
dánk(e)n danken; *nito far woß zu ~* nichts zu danken
dar dürr, mager; *~ un kwar* abgezehrt, hager
darfn (er darf) müssen, brauchen; *wi eß darf zu sajn* wie es sich gehört
dársch(e)n(e)n predigen *se* ↑ drósche
dáschek *m* (-eß) Mützendach <*sl*>

dátsche *f* (-ß) Wochenendhaus, Wochenendgrundstück <*sl*>; *af ~* auf dem Wochenendgrundstück
dáwn(e)n beten; *~ majrew* das Abendgebet verrichten
déchen hauchen <*sl*>
déje *f* (-ß) Autorität, Einfluss; Meinung, Ansicht <*se*>; *sajn gring af der ~, hobn a gringe ~* leichtsinnig sein; *schlogn sich mit der ~* zögern
déjshe *f* (-ß) Backtrog <*sl*>
dek *m* (-n) Grund (vom Gewässer), Boden (vom Gefäß)
demb *m* (-n) Eiche <*sl*>
démb(e)n eichen <*sl*>
demlt damals; *fun ~ on* seitdem
démpik feucht
dempn dämpfen, schmoren
déner *m* (–) *w* **-(i)n** Däne
der (bestimmter Artikel, Pron.) der; *ot ~* dieser; *on ~* jener
der- **1** (in fest zusammengesetzten Verben und deren Ableitungen) er-; *derfólg* Erfolg; *derlójbn* erlauben **2** (in Pronominaladverbien) da-; *derbáj* dabei; *deríber* darüber, deswegen
derbárem(e)n: *~ sich af emezn* sich jds. erbarmen
derdúschen erwürgen <*sl*>
dérech *m* (dróchim) Art und Weise <*se*>
derech-érez *m* Respekt <*se*>
derech-hajóscher *m* der rechte Weg, Tugendpfad <*se*>
deréndikn zu Ende bringen
deréßn* auf die Nerven gehen; *nit ~* sich nicht sattessen (können)
derfár darum, deshalb
derfírn hinführen, hinbringen
derfrégn: *~ sich* sich erkundigen
dergébn* hinzufügen; *nit ~* nicht (alles) liefern
dergéjn* (hin)gelangen; herausfinden; *~ zu/bis epeß* etw. erreichen; *~ zu emezn* bei jdm. ankommen (verstanden

werden); *ß'is dergangen derzu, as ...* es ist so weit gekommen, dass ...
dergréjch *m* (-n) Errungenschaft
dergréjchlech erreichbar
dergréjchn (er)reichen, anlangen, gelangen
dergréjchung *f* (-en) Errungenschaft
derhárge(ne)n erschlagen <se>
derhérn hören, vernehmen
derhójbn erhaben
derhójpt *Adv* hauptsächlich <se>
deríber darüber; deshalb
der-íker *Adv* hauptsächlich <se>
derjógn einholen
derklájbn*: ~ *sich* unter Mühe hingelangen
derklérn erklären; ~ *sich in libe* eine Liebeserklärung machen
derkútschen belästigen <sl>
derlájdn: *epeß is zu* ~ etw. ist erträglich
derláng(e)n reichen, erreichen, beschaffen; ~ *zurik* zurückschlagen; ~ *sich/ejner dem andern (D)* austauschen; ~ *sich klep* sich prügeln
derlángerisch schlagfertig
derléjsn erlösen; ~ *an ufgabe* eine Aufgabe lösen
derlójb *m* (-n), **derlójbenisch** *n* (-n) Erlaubnis
derlósbar, derlóslech zulässig
derlósn* zulassen, gestatten; vermuten
dermáchn zu Ende bringen
dermán(e)n, dermón(e)n erinnern; ~ *emezn wegn epeß* jdn. an etw. erinnern (mit Worten); *epeß dermont emezn (D) sajn kindhajt* etw. erinnert jdn. an seine Kindheit; ~ *sich in epeß* sich an etw. erinnern; *epeß dermont sich emezn (D)* etw. kommt jdm. ins Gedächtnis
derné(e)ntern näherbringen; ~ *sich* sich nähern
dérnerdik dornig
dernérn ernähren

derníderikn erniedrigen
derrágs(e)n(e)n erzürnen <se> ↑ b(a)rójges, rúgse; ~ *sich* in Wut geraten
derréjdn*: ~ *sich* sich verständigen (können)
derschlófn*: *nit* ~ nicht ausschlafen
derschlógn* niedergeschlagen machen, deprimieren; ~ *sich* erreichen
derschlógn *Adj* niedergeschlagen, deprimiert
derschrék *m* Schrecken, Furcht
derschréknk* erschrecken (*tr*); ~ *sich* erschrecken (*intr*)
derschtíkenisch *n* (-n) schlechte Luft (im Zimmer)
derschtíkn ersticken (*tr*), unterdrücken (Kritik, Meinung); ~ *sich, derschtikt wern* ersticken (*intr*)
derschtójnt erstaunt
derséenisch *n* (-n) Gespenst
dersén* erblicken; ~ *sich* sichtbar werden
dersógn zu Ende sprechen
dertrénk(e)n ertränken, versenken
dertrógn* ertragen
dertrúnken: ~ *wern* ertrinken
derwáchn (*hot derwácht*) erwachen
derwájl inzwischen
derwájs *m* (-n) Beweis
derwájsik, derwájslech beweiskräftig
derwájsn* beweisen
derwájtern entfernen; aufschieben; ~ *sich* sich entfernen
derwákß(e)n erwachsen
derwákßling *m* (-en) Halbwüchsiger
derwákßnschaft *f* Erwachsenenalter
derwákßung *f* Erwachsenwerden
derwárgn* erwürgen
derwártn erwarten; *nit* ~ *sich* es nicht erwarten können
derwégn*: ~ *sich* wagen
derwégn darüber, diesbezüglich
derwíder *prädAdj* widerwärtig
derwíder *m* (-ß) Widerwille; ~ *zu* Widerwille gegen

derwíßn: (du/er/ir derwíßt sich; derwúßt) ~ *sich erfahren*, in Erfahrung bringen
derzéjln erzählen
derzér(e)n(e)n erzürnen
derzí(e)n* erziehen
derzójgling *m* (-en) Zögling
derzóln zuzahlen
deshúren Dienst haben <*sl*>
deshúrne diensthabend <*sl*>
deshúrstwe *f Sgt* Dienst <*sl*>
díbek *m* (dibúkim) Dämon <*se*>
díbem, díbom: *schteln sich* ~ sich aufbäumen (vom Pferd) <*sl*>
dibúrim *Pl* Worte, Rede <*se*>; *rejdn klore* ~ sich kein Blatt vor den Mund nehmen
dich *m od f* (-n) Oberschenkel
díkdek *m* Grammatik <*se*>
dil *m od f* (-n) Fußboden
díment *m* (-n) Diamant
dímjen *m* Vorstellungskraft, Fantasie <*se*>
dímjendik fantasiebegabt <*se*>
din *m* (-im) Gesetz, bes. Mosaisches Gesetz <*se*>
dine-káschreß *Pl* jüd. Speisegesetze <*se*>
díng(e)n* (gedúngen) mieten; ~ *sich* feilschen
dínger *m* (-ß) Mieter
dínje *f* (-ß) Melone <*sl*>
dinßt *f* **1** *Sgt* Dienst **2** (-n) Dienstmädchen
dínßtik *m* (-n) Dienstag
din-tójre *m od f* (-ß) rabbinische Gerichtsverhandlung <*se*>
din-wechéshbn *m* Abrechnung <*se*>; *monen* ~ *fun emezn* jdn. zur Verantwortung ziehen
díre *f* (-ß) Wohnung <*se*>
díre-gelt *n* Miete
diréktor *m* (direktórn) *w* **-sche** Direktor
dísch(e)l *m* (dischlß *od* díschlen) Deichsel <*sl*>
djégechz *f od n* Teer <*sl*>
dlónje *f* (-ß) Handfläche <*sl*>

dlot *m* (-n), **dlóte** *f* (-ß) = dólete
dno *m* (-en) Grund (vom Gewässer), Boden (vom Gefäß) <*sl*>
do hier
dójchek *m* Mangel <*se*>; *machmeß* ~ *in epeß* infolge Mangels an etw.
dójern dauern
dójfek *m* (-ß) Puls <*se*>
dójreß ↑ dor
dójreß: ~ *sajn* zertreten <*se*>
dókter *m* (doktójrim) *w* **-sche** Arzt
dóktor *m* (doktórn) Doktor (wissenschaftlicher Grad)
dokútschen = derkútschen
dólete *f* (-ß) Meißel <*sl*>
dólje *f* (-ß) Schicksal <*sl*>
dónerschtik *m* (-n) Donnerstag
dor *m* (dójreß) Generation <*se*>
dórem *m* Süden <*se*>; *afn* ~ im Süden; *af* ~ nach Süden; ~-*zu* in südlicher Richtung; *wajter* ~-*zu* weiter südlich
dóremdik südlich <*se*>
dórem-froj *f* (-en) Südländerin
dórem-mentsch *m* (-en) Südländer
dort(n) dort
dósik: *der* ~*er* dieser
doß das
doßáde *f* (-ß) Verdruss <*sl*>
doß-rów *Adv* hauptsächlich, meistens <*se*>
draj drei; ~*e* drei Uhr
drájling *m* (-en) Drilling
drájßik dreißig; *der* ~*ßter* der dreißigste
drájzet: *der* ~*er* der dreizehnte
drajzn dreizehn; *der* ~*ter* der dreizehnte
drap *m* (-n), **drápe** *f* (-ß) Kratzer <*sl*>
drápen kratzen <*sl*>; ~ *sich* klettern, klimmen
drejdl *n* (-ech) Kreisel
dréjele *n* (-ch) Schnörkel
dréj(e)n drehen, wirbeln
dréjenisch *n* (-n) Wirbel
dreml *m* (-en) Nickerchen
dréml(e)n schlummern

drénger ↑ drong
drésch-schtang *f* (-en) Dreschflegel
dríbne (fein) zerkleinert, fein <*sl*>
dríge: *a* ~ *ton* (einmal kurz) mit dem Bein ausschlagen <*sl*>
drígen strampeln, mit den Beinen ausschlagen <*sl*>
dríjeß *Pl* Sülze
driml ↑ dreml
dríng(e)n (gedrúngen) schlussfolgern
drit: *der* ~*r* der dritte
dritl *n* (-ech) Drittel
dróbischkeß *Pl* Eingeweide <*sl*>
dróbne = dríbne
dróchim ↑ dérech
drojb *n* **1** Innereien; Gänse-, Hühnerklein **2** „junges Gemüse" (Kinder) <*sl*>
drojßn *m* das Freie; *fun* ~ von draußen; *in* ~ draußen, im Freien
drójßndik im Freien befindlich; äußerlich
drong *m* (-en *od* -eß *od* dréngger) Knüppel, Stange; langer Kerl <*sl*>
drósche *f* (-ß) Predigt <*se*>
du (*D* dir, *A* dich) du
duchtn: ~ *sich* scheinen; so vorkommen, als ob
dúdke *f* (-ß) Pfeife <*sl*>; *tanzn noch emeznß* ~ nach jds. Pfeife tanzen
dúdl-fojgl *m* (-fejgl) Wiedehopf
dul verwirrt; *machn emezn* ~ *un meschuge* jdn. ganz verrückt machen
dúlenisch *n* Verwirrung
duln verwirren, belästigen
dunáj *m* Donau <*sl*>
dúner *m* (-ß) Donner; *a* ~ *hot mich derschlogn!* o Schreck!
dúnern donnern
durch *Präp* durch
durch- (in unfest zusammengesetzten Verben) durch-, vorbei-
dúrchbliknn: ~ *sich* Blicke wechseln
dúrchdring(e)n* durchdringen; *nit durchzudringen* undurchdringlich

dúrchdringlech durchlässig
dúrchfirn hinüberführen, begleiten; hindurchführen (Eisenbahn, Weg); durchsetzen, durchführen, machen; anlegen (Weg), legen (Rohrlinie); hinfahren, hintransportieren; ~ *mit der hant iber di hor* mit der Hand über die Haare streichen; ~ *in lebn* verwirklichen; ~ *farbaj* vorbeiführen, -fahren, -transportieren
dúrchfor *m* (-n) Durchfahrt
dúrchforer *m* (–) Durchreisender
dúrchforewdik befahrbar
dúrchforn* durchfahren; ~ *farbaj* vorbeifahren; *nit durchzuforn* nicht befahrbar; ~ *sich* ein wenig spazieren fahren
dúrchgefojlt durchgefault; ~ *wern* durchfaulen
dúrchgejewdik begehbar, gangbar
dúrchgejn* (hin)durchgehen, hinübergehen; absolvieren (Lehrgang, Praktikum); ~ *farbaj* vorbeigehen; ~ *dem kontrol* kontrolliert werden; *nit durchzugejn* unpassierbar; ~ *sich* einen Spaziergang machen
dúrchgetrib(e)n durchtrieben
dúrchkuk *m* (-n) Durchsicht, Inspektion
dúrchkum(e)n* durchkommen, auskommen; *wi-(ß)nit-is* ~ *(mit der hojzoe)* mit Mühe über die Runden kommen (mit seinem Geld)
dúrchlebn: *kojm sich* ~ gerade über die Runden kommen
dúrchlos *m* (-n) Auslassung; Versäumen, Nichtbesuchen (von Veranstaltungen)
dúrchlosn* durchlassen; übersehen, versäumen; auslassen (beim Lesen oder Schreiben); ~ *farbaj* vorbeilassen
dúrchlos-schajn *m* (-en) Passierschein
dúrchnischtern durchsuchen
durchójß überall; durchweg
dúrchrajß *m* Durchbruch
dúrchrajßn* durchreißen, durchbrechen (Hindernis); ~ *sich* durchbrechen (*intr*)

dúrchschparn: ~ *sich* sich durchdrängen
dúrchsuch *m* (-n) Durchsuchung
dúschenju mein Liebchen <*sl*>
dúschne schwül <*sl*>
dwójre *f* Deborah <*se*>

E

éf(e)n(e)n (er)öffnen; ~ *sich* sich öffnen, eröffnet werden
éfscher vielleicht; etwa <*se*>
ej *n* (-er) Ei; *epeß hot nit di wert kejn ojßgeblosn* ~ etw. ist absolut wertlos
éjberflach *f* (-n) Oberfläche
éjberschte oberste; *der ~r* der Allerhöchste
éjbik ewig; *der woß lebt* ~ der Ewige
éjcheß *f* Qualität (im philosophischen Sinne) <*se*>
éjde *f* (-ß) Gruppe, Gemeinschaft
éjd(e)l fein, zart; ~ *geredt* gelinde gesagt
éjdem *m* (-[e]ß) Schwiegersohn, Eidam
éjder ehe; denn, als; ~ *ich kum ehe ich komme*; *beßer* ~ *ich* besser als ich; ~ *woß wen* vorerst
éjdeß *m* (–) Zeuge; Zeugnis, Zeugenaussage <*se*>; *arojßschteln emezn far an* ~ jdn. zum Zeugen anrufen; *sogn* ~ *wegn epeß* von etw. zeugen
éjdeßschaft *f* Zeugnis <*se*>
éjdeßte *f* (-ß) Zeugin <*se*>
ejd-ríe *m* (ejdej-ríe) Augenzeuge <*se*>
éjernechtn vorgestern
éjfele *n* (-ch) Baby; Küken <*se*>
éjfern eifersüchtig sein; ~ *doß wajb zum chawer* wegen seiner (der eigenen) Frau auf den Freund eifersüchtig sein
éjflschaft *f* Babyalter
éjflwajs *Adv* im Babyalter
éjgele *n* (-ch) Äuglein; *warfn ~ch* schöne Augen machen
éjg(e)l-hasóhew *m* Goldenes Kalb <*se*>

éjg(e)n eigen, verwandt; *di ~e* die eigenen Leute bzw. Verwandten; *an ~er mentsch* einer von uns
ejgnß eigens
ejgnß *n* Eigentum, Besitz
ejl¹ *f* (-n) Elle
ejl² *m* (-n) Öl
éjlbert *m* (-n) Olive
éjme *f* Schrecken <*se*>
éjmeß-móweß *m od f* Todesangst <*se*>; *zitern* ~ *far emezn [epeß]* große Angst vor jdm. [etw.] haben
ejn ein (Zahlwort); *~era* ein (gewisser); *~era chochem hot gesogt* ein Weiser hat gesagt; *~er alejn* allein; *fun ~ jor* aus einem Jahrgang; *in ~ rej* in einer Reihe; *sajn ~ mejnung* einer Meinung sein; ~ *un der selber* ein und derselbe; *kemfn ~ß af ~ß* Mann gegen Mann kämpfen; *ale bis ~em* bis auf den letzten Mann; *kejn ~er nit* kein einziger
ejne-níre *m* (-ß) Unsichtbarer <*se*>
ejne-níredik unsichtbar
éjnfüßik einbeinig
éjnike einige
éjnikl *n* (-ech) Enkelkind
éjnmol einmal
ejnóre = ajnóre
éjnsajn *n* Einsamkeit
ejn-ßóf *m* Unendlichkeit <*se*>
éjnzajtik gleichzeitig
éjnzikwajs *Adv* einzeln
ejscheß-ísch *f* verheiratete Frau <*se*>
ejsl *m* (-en) *w* -te Esel
éjßek *m od n* (aßókim *od* ejßókim) Angelegenheit <*se*>
éjßekn: ~ *sich* sich beschäftigen <*se*>
éjter *m* (-ß) Eiter
éjwer *m* (éjwrim) Glied, Körperteil <*se*>
éjze *f* (-ß) (guter) Rat <*se*> ↑ *jójez*; *gebn an* ~ raten; *haltn sich an* ~ *mit emezn* sich mit jdm. beraten; *an* ~ *gebn sich mit epeß* mit etw. zurechtkommen
éjze-geber *m* (– *od* -ß) Ratgeber

éjze-haltung *f* (-en) Beratung
éjze(ne)n raten <*se*>; ~ *sich* sich beraten
ek *m* (-n) Schwanz; Ende; ~ *welt* das Ende der Welt; *an ~! * Schluss jetzt! *on an ~* endlos; *machn an ~ zu epeß* mit etw. Schluss machen; *in ale ~n welt* in alle Himmelsrichtungen; *fun ejn ~ bisn andern* von einem Ende zum anderen; *epeß hot kejn ~ nit un kejn ßof nit* etw. will und will kein Ende nehmen; *kejner wet do kejn ~ nit dergejn!* der Teufel mag daraus klug werden!
ékber *m* (-ß) Bohrer
ékbern bohren; ~ *dem mojech* beunruhigen; *ß'ekbert epeß sajn mojech* etw. beunruhigt ihn
ekl *m* Ekel
ékldik ekelhaft
ékl(e)n ekeln; *mich eklt fun epeß* mich ekelt vor etw.
ekn: ~ *sich* enden
eksámen *m* (-ß) Prüfung <*sl*>; *haltn ~ af epeß* eine Prüfung in etw. ablegen; *ojßhaltn ~* eine Prüfung bestehen
ekßkawátor *m* (ekßkawatórn) Bagger <*sl*>
ekßkawátorschtschik *m* (-eß) Baggerführer <*sl*>
ekßkomunikírn exkommunizieren
ekßt extrem; *di ~e rechte* die extrem(st)e Rechte
éle: ~ *nit* sonst; ~ *woß den?* nun aber <*se*>
elektroßtánzje *f* (-ß) Kraftwerk <*sl*>
élel *m* Elul, zwölfter Monat des jüd. Kalenders (August–September)
élewe *Adv* elf Uhr
elf elf; *der ~ter* der elfte
elnt elend; einsam
elnt *f* Elend, Einsamkeit
élter ↑ alt
élter *f* (fortgeschrittenes) Alter; *tife ~* sehr hohes Alter; *af der ~* im hohen Alter
élter-bobe *f* (*D auch* élter-boben; -ß) Urgroßmutter <*sl*>

élter-sejde *m* (*D, A* élter-sejdn; -ß) Urgroßvater <*sl*>
emál *m* Emaille <*sl*>
émer *m* (-ß) Eimer
émeß *m* Wahrheit <*se*> ↑ inderémeßn; *sogn emezn dem ~ in di ojgn* jdm. die Wahrheit ins Gesicht sagen; *dem ~ sogndik/gesogt* um die Wahrheit zu sagen
émeß zwar; allerdings; ~, *er hot gewußt, as* ... er hat zwar gewusst, dass ...; *er is a guter dokter, ~, er is noch jung* er ist ein guter Arzt, allerdings ist er noch jung
émeß(dik) wahr
émezer (*D, A* émezn) jemand
emúne *f* Vertrauen, Glaube <*se*> ↑ májmen
énd-glid *n* (-er) Extremität
éndikn beenden; ~ *sich* enden
éngschaft *f* Enge
éngung *f* (-en) Flaschenhals
énlech ähnlich; ~ *sajn emezn [epeß]* jdm. [einer Sache] ähnlich sein
éntfer *m* (-n) Antwort
éntfern antworten; ~ *schuldik* sich schuldig bekennen
épeß etwas
epl *m* (–) Apfel
er (*D, A* im) er
erd *f* Erde; *gejn in der ~* zum Teufel gehen; *lign in der ~, kajen di ~* leiden; *in der ~ mit im* verdammt soll er sein
érdarbet *f* Bodenbau
érdarbeter *m* (– *od* -ß) Landarbeiter, Bauer; Bodenbauer
érdfarmoger *m* (– *od* -ß) Grundbesitzer
érdglitsch *m* (-n) Erdrutsch
érdisch irdisch
érdkajlech *m* Erdkugel
érdmeßter *m* (– *od* -ß) Landvermesser
érdziternisch *n* (-n) Erdbeben
érech: *an ~* etwa, ungefähr <*se*>
éregajz *f* Eitelkeit, Ruhmsucht
éregajzik eitel

érew *m* Vorabend, Vortag <se>; ~ *jomtew* am Tag vor dem Fest
érewraw *m* Gesindel <se>
érger ↑ schlecht
érgez irgend; ~-*wu* irgendwo; *in* ~ *nit* nirgends
erscht erst; *der* ~*er* der erste
érschtik ursprünglich
érter ↑ ort
érterwajs *Adv* stellenweise, hier und da
eß (*D* im) es
éßedik beißend, ätzend
éßewdik essbar
éßik *m* Essig; *in* ~ *un honik* wie aus dem Ei gepellt
eßn (gegéßn) essen; *nit wißn mit woß men eßt eß* nicht wissen, wie man damit umgehen soll
éßnwarg *n Sgt* Speise
étem(e)n atmen
ewn-bójchn *m* (-ß) Prüfstein <se>
ewn-négef *m* Stein des Anstoßes <se>
éwn-tow *m* (awónim-tójweß) Edelstein <se>
éwjen *m* (ewjójnim) armer Schlucker <se>

fajcht feucht
fájer *m od n* (-n) Feuer; *durch* ~ *un waßer* durch dick und dünn; *schpiln sich mit* ~ mit dem Feuer spielen; *gißn bojml afn* ~ Öl ins Feuer gießen; *tojgn afn* ~ nichts taugen
fájerdik feurig
fájer-gewér *n Sgt* Feuerwaffen
fájerlech feierlich
fájer-lescher *m* (– *od* -ß) Feuerwehrmann
fájern[1] feiern
fájern[2] feuern
fájer-opschtel *m* (-n) Feuereinstellung
fajf *m* (-n) Pfiff; *a* ~ *ton* (einmal) pfeifen
fajfn pfeifen
fajl *f* (-n) Pfeil; ~-*ojß(n)-bójgn* wie ein geölter Blitz
fájlchl *n* (-ech) Veilchen
fájln-bojger *m* (-ß) Bogenschütze
fájln-bojgn *m* (-n) Bogen
fájlntasch *f* (-n) Köcher
fajnt: ~ *hobn* hassen; ~ *krign* zu hassen beginnen
faln (is gefáln) fallen
fálschewen falsch singen od. spielen (auf einem Instrument)
famílje *f* (-ß) Familienname; Familie <sl>
fan *f* (-en) Pfanne
fanánder auseinander, voneinander
fanánder- (in unfest zusammengesetzten Verben) auseinander- ↑ ze-
fanánderarbetn ausarbeiten (Plan, Projekt)
fanánderbasezn: ~ *sich* sich getrennt ansiedeln
fanánderchlípen: ~ *sich* losheulen <sl>
fanánderdrej(e)n in drehende Bewegung versetzen
fanánderfli(e)n* auseinanderfliegen, sich (fliegend) in verschiedene Richtungen entfernen
fanándergenezn: ~ *sich* zu gähnen beginnen
fanándergrenezn (gegeneinander) abgrenzen
fanándergrobn* ausgraben (Archäologie)
fanándergrobungen *Plt* Ausgrabung
fanánderjog *m* Anlauf
fanánderjogn: ~ *sich* Anlauf nehmen
fanánderklajbn* auseinandernehmen, -sortieren; unterscheiden (können); ~ *sich* sich zurechtfinden
fanánderklej(e)n: ~ *sich* auseinandergehen (von Geklebtem)
fanánderlejgn auseinanderlegen; zersetzen; ~ *sich* sich zersetzen
fanánderlejgung *f* Zersetzung, Fäulnis
fanánderlojf *m* Anlauf

fanánderlojfn* : ~ *sich* Anlauf nehmen
fanándertejln austeilen, verteilen
fanándertreger *m* (– *od* -ß) Austräger
fanánderwakßn* in die Breite wachsen
fanánderwikl(e)n entfalten; ~ *a schturmische tetikajt* eine stürmische Tätigkeit entfalten; ~ *sich, fanándergewiklt wern* sich entfalten
fáng(e)n (gefángen) fangen
fantasjór *m* (-n) Fantast, Träumer <*sl*>
far für; vor; an, bei; *nuzlech ~ di kinder* nützlich für die Kinder; *~n hojs* vor dem Haus; *onhaltn sich ~ der porentsche* sich am Geländer festhalten; *onnemen emezn ~ der hant* jdn. bei der Hand / an die Hand nehmen; *nemen sich ~ der arbet* sich an die Arbeit machen; *~n eßn* vor dem Essen
far- **1** (in fest zusammengesetzten Verben) ver- **2** (bei Substantiv und Adjektiv) vor-
farachtógn vor acht Tagen
farajórik vorjährig
farajórn im vergangenen Jahr
farájsikt vereist; ~ *wern* vereisen
farákern unterpflügen
faráksch(e)n(e)n: ~ *sich* hartnäckig, starrköpfig sein
farákschnt hartnäckig, starrköpfig
farán(en) vorhanden; *eß is/sajnen ~* es gibt
farbaháltn* verstecken
farbáj *Präp* vorbei an
farbáj- (in unfest zusammengesetzten Verben) vorbei-
farbájfli *m* (-en) Vorbeiflug
farbájgejer *m* (– *od* -ß) Passant
farbájschoß *m* (-n) Fehlschuss
farbájßechz *n* Imbiss
farbájßn* einen Imbiss einnehmen; ~ *mit epeß* etw. dazu essen (zum Drink)
farbájt *m* (-n) Austausch, Ersatz
farbájtlech austauschbar, ersetzbar
farbájtn austauschen, ersetzen

farbalotírn durchfallen lassen (bei der Wahl) <*sl*>
farbandashírn verbinden (eine Wunde)
farbénk(e)n: ~ *sich* Heimweh, Sehnsucht bekommen
fárber *m* (– *od* -ß) Maler
farbétn* einladen
farbíndler *m* (– *od* -ß) Verbindungsmann
farbíntewen verbinden (Wunde) <*sl*>
farblónds(h)en sich verirren <*sl*>
farblónds(h)et verirrt; ~ *wern* sich verirren
farblótikn verdrecken <*sl*>
farblútikn mit Blut beschmieren
farbn färben, malen
farbój(e)n bebauen
farbótn (farbótn) verbieten
farbrakírn für unbrauchbar erklären <*sl*>
farbréch *m* (-n) Verbrechen
farbrécher *m* (– *od* -ß) *w* **-(i)n, -ke** Verbrecher
farbrécherischkajt *f* Kriminalität
farbréchn*: ~ *emezn di hent (af ahintn)* jdm. die Arme verdrehen
farbréng(e)n* verbringen, die Zeit verbringen; *gut ~ sich* gut amüsieren; ~ *mit emezn* jdm. Gesellschaft leisten; *gejn ~* ausgehen
farbrént leidenschaftlich; verbrannt; ~ *wern* verbrennen
farbrójnt braungebrannt
farbronírn reservieren (Platz) <*sl*>
farbúzken: ~ *(af tojt)* (mit den Hörnern) zu Tode stoßen <*sl*>
farcháleschn ermatten, matt machen <*se*>
farcháleschT bewusstlos <*se*>
farcháper *m* (–) Eroberer
farchápn ergreifen; faszinieren <*sl*>; ~ *mit sich* an sich reißen und mitnehmen
farchásern einstudieren <*se*>
farcháßme(ne)n versiegeln <*se*>
farchídeschn verwundern <*se*>; ~ *sich* sich wundern

farchlínen: ~ *sich* sich verschlucken <*sl*>
farchójschecht schwermütig <*se*>
farchólemt verträumt <*se*>
fardáj(e)n verdauen
fardájget besorgt <*se*>
fardárb *m* Verderbtheit
fardárbn (fardórbn) verderben (moralisch)
fardéchtewen verpichen <*sl*>
fardíng(e)n* vermieten
fardréj(e)n verdrehen, zudrehen
fardróß *m* Ärger, Verdruss
fardúmper *m* (-ß) Schalldämpfer
fardúmpn dämpfen (Schall)
faréjbikn verewigen
faréjnwegß *Adv* gleichzeitig, in einem Weg
faréltertkajt *f* Verjährung
faréndikn beenden; ~ *sich* enden
faréntfer *m* (-n) Rechtfertigung
faréntfern rechtfertigen
farérgern verschlechtern
farfáln verloren, hoffnungslos; unverbesserlich; ~ *wern* verloren gehen; umkommen
farfárbn zumalen
farfáßtn die letzte Mahlzeit vor dem Fasten einnehmen
farféßtikn festmachen; ~ *sich* sich verschanzen
farfír-lichtl *n* (-ech) Irrlicht
farfírn 1 führen; verführen; anknüpfen (Freundschaft, Bekanntschaft, Gespräch) 2 hinschaffen, hintransportieren (mit Fahrzeug) 3 ~ *ba sich* anschaffen
farfléchtn* flechten (Zopf)
farfléjzn überfluten, überschwemmen
farflékn beschmutzen (Ruf)
farfójlt faul; ~ *wern* verfaulen
farfórn* (fahrend) hingelangen; einkehren, absteigen
farfrí *Adv* frühzeitig; ~*er* auch rechtzeitig
farfrírn* einfrieren, einfrosten

farfrójrn gefroren; ~ *wern* gefrieren
farfróßtikt bereit
farfúlkum(e)n vervollkommnen
fargáfn: ~ *sich, fargaft wern* gaffen, staunen
fargánwe(ne)n: ~ *sich* sich einschleichen <*se*>
fargébn* aufgeben (Aufgabe, Rätsel); stellen (Frage); zuweisen
fargéjn* einkehren, kurz besuchen; untergehen (ein Gestirn); ~ *in trogn* schwanger werden; ~ *zu wajt* zu weit gehen; ~ *dem ßojne hintn-arum* in den Rücken des Feindes stoßen, den Feind von hinten angreifen; ~ *sich in gelechter* sich halbtot lachen; ~ *sich in gewejn* bitterlich weinen
fargenígn *m od n* (-ß) Vergnügen
fargesézlechn (gesetzlich) verankern
fargéßenisch *n* Vergessen
fargéßer *m* (–) vergesslicher Mensch
fargéßn (fargéßn) vergessen; ~ *wu emezer is in der welt* die Selbstbeherrschung verlieren; ~ *sich* vergessen; in Vergessenheit geraten
fargéßnitl *n* (-ech) Vergissmeinnicht
fargíblech verzeihlich
fargíchern beschleunigen
fargínen (fargúnen) vergönnen
fargítikn für sich einnehmen
farglájchewdik vergleichbar
farglésert glasig
farglétn glattmachen
farglíwert: ~ *wern* erstarren
farglózn verdrehen (Augen)
fargóßtjewen: ~ *sich* zu lange zu Besuch sein <*sl*>
fargréjt *m Sgt* Vorrat
fargréjtn: ~ *sich* sich vorbereiten; ~ *sich mit epeß* sich mit etw. eindecken
fargríngern erleichtern; ~ *dem wejtik* den Schmerz lindern
fargrúsewen beladen <*sl*>
fargwáldikn, fargwáltikn vergewaltigen

farhák *m* (-n) unerwartetes Hindernis, Sackgasse, toter Punkt
farhákn zuknallen (Deckel, Tür); ~ *sich* festsitzen, klemmen, in eine Sackgasse geraten; stecken bleiben, stocken (beim Sprechen); stehen bleiben (vom Motor)
farháltn anhalten, aufhalten, zurückhalten, verlangsamen; festhalten, festnehmen; ~ *sich* aufgehalten werden; ~ *dem blik* den Blick ruhen lassen
farhámewen hemmen (Entwicklung) <*sl*>
farhártewen (ver)härten, abhärten <*sl*>
farhártewet abgehärtet, robust; abgebrüht, gefühllos; ~ *wern* sich abhärten; gefühllos werden
farhártewetkajt *f,* **farhártung** *f* Abhärtung
farhátjen stauen (Wasser) <*sl*>
farhéchern erhöhen
farhéjmischn zähmen, domestizieren
farhéltenisch *n* (-n) Verhältnis
farhézn zu Tode hetzen
farhíken: ~ *sich* stottern, stammeln <*sl*>
farhílchen = farhlúschen
farhílzert verholzt; ~ *wern* verholzen
farhlúschen übertönen, dämpfen (Schall) <*sl*>
farhójln verhehlen, verschweigen
farhórewet abgearbeitet
farhrísen: ~ *(af tojt)* totbeißen <*sl*>
farhrúsnet: ~ *wern* einsinken <*sl*>
farhúßtn: ~ *sich* stark zu husten beginnen
faríbl *m* (-en) Groll, Missgunst; *hobn* ~ *af emezn* jdm. übel wollen; *hob [hot] kejn* ~ *nit* nimm [nehmt] es nicht übel
farintereßírn Interesse erwecken; ~ *sich* sich zu interessieren beginnen
farintrigírn sehr stark interessieren
farípescht verstunken <*se*> ↑ípesch
farjíescht verzweifelt <*se*>
farjíngern verjüngen
farjóßemt verwaist <*se*>; ~ *wern* verwaisen

farkájchn: ~ *sich* außer Atem geraten
farkájkl(e)n (hin)rollen lassen; ~ *sich* (hin)rollen
farkájlechikn abrunden <*sl*>
farkalemútjen trüben (Wasser) <*sl*>
farkáschern, farkátschen aufkrempeln <*sl*>
farkéjtl(e)n anketten
farkém *m* (-en) Frisur
farkém(e)n kämmen, frisieren
farkérewen haltmachen, einkehren; einbiegen
farkért umgekehrt, im Gegenteil
farkílechz *n* (-n) Erkältung
farkíln abkühlen; ~ *sich* sich erkälten
farkíschefn verzaubern <*se*>
farklájbn*: ~ *sich* hingelangen, hingeraten
farklápn zuschlagen (Tür); zunageln
farklém(e)n zusammendrücken; *ba emezn farklemt bam harzn* jdm. wird beklommen ums Herz
farklérn ersinnen; ~ *sich* in Gedanken versinken
farklért in Gedanken versunken
farkljáknet steif <*sl*>
farkljópewen vernieten <*sl*>
farknáß-fingerl *n* (-ech) Verlobungsring
farknáßn verloben <*se*>; ~ *sich, farknáßt wern* sich verloben
farknéchtikn versklaven
farknépl(e)n zuknöpfen
farknípn verknüpfen
farkóchn: ~ *a kasche* sich eine Suppe einbrocken
farkócht verknallt, vernarrt
farkójf *m* (-n) Verkauf
farkójfer *m* (– *od* -ß) *w* -(i)n, -ke Verkäufer
farkójflech verkäuflich
farkójfn verkaufen
farkójft verkauft; (ver)käuflich
farkójtikn beschmutzen
farkórkewen zukorken <*sl*>

farkrím(e)n verziehen (Gesicht); ~ *sich* sich verziehen (vom Gesicht)
farkrípl(e)n entstellen
farkríßtikn christianisieren
farkrízn: ~ *mit di zejn* mit den Zähnen zu knirschen beginnen
farkúkn: ~ *sich af epeß* (wie gebannt) auf etw. starren
farkwétschn zusammendrücken
farlájchtern erleichtern
farlájdn* erdulden, ertragen
farláng *m* (-en) Verlangen
farláten zuflicken <sl>
farlégern: ~ *sich* liegen bleiben (Ware)
farléjgn (ein)stecken, legen; gründen, den Grundstein legen; ~ *a schtot* den Grundstein zu einer Stadt legen
farléjk(e)n(e)n verleugnen; *nit zu* ~ unleugbar
farléndn zerstören
farlérn(e)n einstudieren
farléschn* löschen; *farlóschn wern* erlöschen
farlígn*: ~ *sich* zu lange liegen bleiben
farlígnern: ~ *sich* das Blaue vom Himmel herunter lügen
farlírn (farlójrn) verlieren; ~ *sich* sich verlieren; in Verlegenheit geraten
farlójbt gepriesen
farlójfn*: ~ *farfrier* vorauseilen; ~ *emezn dem weg* jdn. überrunden
farlójrn verlegen, verwirrt
farlóslech verlässlich
farlósn* verlassen, vernachlässigen; ~ *sich a bord* sich einen Bart wachsen lassen
farmáchn zumachen, versperren; ~ *sich* sich schließen, zugehen
farmáschke(ne)n verpfänden <se>
farmäßern verpfeifen <se>
farmátern ermüden (bis zu äußerster Erschöpfung)
farméglech vermögend, wohlhabend
farmékn ausstreichen
farmeréshen (zu)stopfen (Loch im Gewebe) <sl>
farméßt *m* (-n) Wettbewerb
farméßtn*: ~ *sich* sich messen, wetteifern; sich vermessen, wagen
farmíeßn vermiesen <se>
farmilchómedik *Adj* Vorkriegs- <se>
farmíldern mildern
farmíschn hineinziehen (in eine Angelegenheit)
farmíschpetn verurteilen <se>
farmíßtikn verunreinigen
fármitog *m* (-n) Vormittag
farmógn besitzen
farmóren fertig machen (Hitze) <sl>; *di hiz hot mich farmoret* die Hitze machte mich fertig; ~ *mit hunger* aushungern
farmoreschchójret schwermütig <se>
farmútschen fertig machen; abquälen <sl>; ~ *(af tojt)* zu Tode quälen
farnácht *m* (-n) Abend; ~*-zu* gegen Abend
farnácht *Adv* am Abend
farnáchtlech gegen Abend
farnánt berüchtigt
farnárechz *n* (-n) Köder
farnárn verlocken, verleiten; ~ *emezn in a paßtke* jdn. in eine Falle locken
farném *m* (-en) Umfang
farném(e)n* einnehmen, besetzen; festnehmen; ~ *sich* sich beschäftigen; ~ *sich af linkß [rechtß]* links [rechts] abbiegen
farnémik umfänglich
farnépl(e)n vernebeln; trüben (Tränen); ~ *sich* sich trüben
farnézn nass machen
farníz *m* Verbrauch
farnízn verbrauchen
farnúdjen aufs äußerste langweilen <sl>
farnúmen beschäftigt
farórem(e)n arm machen
farpájnikn zu Tode quälen
farpák(ewe)n verpacken, einpacken
farpaméléchn verlangsamen <sl>

farpárechz *n* Teeaufguss <*sl*>
farpáren brühen <*sl*>
farpátschken beschmieren, beschmutzen <*sl*>
farplóntern verwechseln, durcheinanderbringen <*sl*>; ~ *sich* durcheinandergeraten
farpóret (stark) beschäftigt <*sl*>
farpóschetern vereinfachen <*se*>
farpráwechz *n* Würze <*sl*>
farpráwen würzen <*sl*>
farpréßn glattbügeln
farprópn verkorken
farpúz *m* Schmuck
farpúzn schmücken
farrájbn* verreiben; ~ *dem injen* die Sache vertuschen
farrájßn* (mit einem Ruck) hochreißen; ~ *dem kop / di nos* eingebildet sein; ~ *sich* vor Hochmut überschnappen
farréch(e)n(e)n anrechnen; eingliedern; ~ *far/wi emezn [epeß]* für jdn. [etw.] halten; ~ *in schtat* fest anstellen
farréjchern (an)rauchen
farréjdn*: ~ *di zejn(er)* durch Quasseln verrückt machen; ~ *sich* die Zeit verquatschen
farréjtl(e)n: ~ *sich* erröten
farrekomendírn empfehlen; ~ *sich gut* sich von der besten Seite zeigen
farríchtn reparieren; *nit zu* ~ irreparabel
farríßn eingebildet, hochmütig
farrójdefn fertigmachen, zur Strecke bringen (Person) <*se*>
farróschtschinen ansetzen (Teig mit Sauerteig) <*sl*>
farrúfn einladen
farrúker *m* (-ß) Riegel
farrúkl *n* (-ech) kleiner Riegel
farrúkn hineinschieben; verriegeln; ~ *sich auch* sich verkriechen
farscháfn verschaffen, zufügen; ~ *emezn jeßurim* jdm. Leid zufügen
farschájt frech

farschákre(ne)n: ~ *sich* das Blaue vom Himmel herunter lügen <*se*>
farschárfn zuspitzen (Frage)
farschárzn aufkrempeln; aufwerfen (Lippen)
farschéjdn verschieden
farschéjdnminik verschiedenartig
farschéltn* verfluchen
farschém(e)n beschämen; ~ *sich* verlegen werden, sich schämen
farschémt berühmt <*se*>
farschénern beschönigen
farschifrírn chiffrieren, verschlüsseln
farschíkern 1 berauschen 2 vertrinken <*se*>
farschíkn verbannen, in die Verbannung schicken
farschíltn = farschéltn
farschítn* zuschütten, aufschütten
farschláflechkajt *f* Krankenstand
farschláft geschwächt, krank; ~ *wern* krank werden
farschléfern einschläfern
farschlépn einschleppen; hinausziehen, in die Länge ziehen; ~ *sich* hinausgezögert werden
farschlógn* einschlagen (Nagel), zuschlagen (Tür), zunageln; ~ *a gol* ein Tor schießn
farschmájet geschäftig
farschmírn verschmieren; vertuschen
farschmólzewen beschmieren (mit Öl oder Fett)
farschmúz(ik)n verschmutzen
farschnájdn vernichten
farschnélern beschleunigen
farschnízn spitzen (Bleistift)
farschnóln zuschnallen
farschnúrewen verschnüren <*sl*>
farschpárn einsperren
farschpétikn: ~ *(sich)* zu spät kommen; ~ *af a scho* eine Stunde zu spät kommen
farschpíljen zuknöpfen <*sl*>

farschpíln verlieren
farschpízikn anspitzen
farschpíztkajt *f* Zuspitzung
farschpórn ersparen
farschpréjtn verbreiten
farschprízn bespritzen
farschrájbn* einschreiben; notieren; ~ *sich* sich eintragen; heiraten; ~ *sich afn schtern* sich hinter die Ohren schreiben
farschrójfn festschrauben
farschtájft steif
farschtárkn verstärken
farschtéchl *n* (-ech) Splitter (den man sich eingezogen hat)
farschtéchn*: ~ *sich a finger* sich etw. in den Finger einziehen
farschtéjn* verstehen
farschtéjnen steinigen
farschtéker *m* (-ß), **farschtékl** *n* (-ech) Stöpsel
farschtékn (ein)stecken; ~ *emezn in gartl* jdn. in den Sack stecken
farschtéln decken, abschirmen; zustellen; verkleiden; ~ *sich* sich verkleiden; sich abschirmen
farschténdenisch *n* Verständnis
farschténdlech verständlich
farschtíkt stickig; unterdrückt
farschtílt: ~ *wern* still werden, verstummen
farschtójb(ik)n staubig machen; ~ *sich* einstauben
farschtójßn* mit schmerzhaften Stößen traktieren
farschtópn zustopfen; ~ *emezn doß mojl* jdm. das Maul stopfen
farschtrájchn* ausstreichen
farschtrájkn Streik ausrufen
farschtúmpikn stumpf machen
farschtúmt stumm; ~ *wern* verstummen
farschtúnken stinkend
farschtúpn hineinstoßen

farschúldikn: ~ *sich* sich schuldig machen; ~ *sich (ant)kegn emezn* jdm. Unrecht tun
farschúldiktkajt *f* Verschuldung
farschwárzn schwärzen; ~ *emezn di jorn* jdm. das Leben schwer machen
farschwéndn verschwenden; veruntreuen
farschwérikn erschweren
farschwérn*: ~ *sich* geloben
farschwíndl(e)n 1 veruntreuen **2** *emezn (D) farschwindlt* jdm. wird schwindlig
farschwúndn: ~ *wern* verschwinden
farsé *m* (-en) Versehen
farséenisch *n* (-n) Gespenst
farséj *m* Aussaat
farséj(e)n säen
farséjm(e)n säumen
farsén* übersehen, nicht beachten
farséßn: ~ *wern* sitzen bleiben, keinen Mann finden
farsézn pflanzen
farshávert verrostet <*sl*>; ~ *wern* rosten
farshmúren zukneifen (Augen) <*sl*>; ~ *sich* die Augen zukneifen
farsídn* zu kochen beginnen
farsínk(e)n: ~ *sich* sich vertiefen
farsízn*: ~ *sich* über Gebühr lange sitzen, sitzen bleiben (unverheiratet bleiben); ~ *lang zugáßt / in geßt* zu lange zu Besuch sein
farsógn vermachen (durch Testament); ~ *a zentn (zu ton epeß)* geloben (etw. nicht zu tun)
farsórgerisch fürsorglich
farß *m* (-n) Farce
farßachákl(e)n zusammenfassen, verallgemeinern <*se*>
farßámen vergiften <*se*>
farßápen: ~ *sich* außer Atem geraten <*sl*>
farßárfen verbrennen <*se*>; *farßárfete erd* verbrannte Erde

farßekrétewen zur Geheimsache machen ⟨sl⟩

farßkában: ~ *sich a finger* sich etw. in den Finger einziehen ⟨sl⟩

farßópet außer Atem, keuchend ⟨sl⟩

farßówet trüb (vom Auge) ⟨sl⟩

farßtrachírn versichern (durch Versicherungsabschluss) ⟨sl⟩

farßtrígewen lose (an)heften ⟨sl⟩

farsúchn kosten

farsúmpikt sumpfig; ~ *wern* versumpfen

fartáchlewen verlieren; verschwenden ⟨se⟩

fartájen verstecken ⟨sl⟩

fartájtschn übersetzen (insbesondere aus dem Hebräischen ins Jiddische)

fártech *m od n* (-er) Schürze

fartéjdikn verteidigen

fártik fertig; reif

fartílikn vertilgen, ausrotten

fartóg *Adv* gegen Morgen, im Morgengrauen

fartógik morgendlich

fartójbn übertönen

fartón stark beschäftigt; ~ *in der arbet* in die Arbeit vertieft

fartópl(e)n verdoppeln

fartóptschen tottreten ⟨sl⟩

fartormasírn, fartormosírn bremsen ⟨sl⟩

fartráchtn ausdenken, konzipieren; ~ *sich* nachdenklich werden

fartrájbn* vertreiben; eintreiben

fartrénk(e)n* überschwemmen

fartrért tränenfeucht

fartríkenisch *f* (-n) Dürre

fartríknt vertrocknet; ~ *wern* vertrocknen

fartrínk(e)n* vertrinken; dazu trinken; ~ *di refue mit waßer* die Arznei mit Wasser nehmen

fartrógn* verschlagen; vorbeitragen; ertragen

fartróg(e)n *Adv* geistesabwesend

fartrójlech vertrauenswürdig, glaubwürdig

fartschépen anstoßen, streifen ⟨sl⟩; ~ *mitn fuß dem tepech* mit dem Fuß an den Teppich stoßen; ~ *sich* hängen bleiben, sich verfitzen

farúmern betrüben

farwájln unterhalten, amüsieren; ~ *sich* sich amüsieren

farwákß(e)n zugewachsen; ~ *wern* zuwachsen

farwálgern vollstopfen

farwárfn* werfen; ~ *di nez* das Netz auswerfen; ~ *emezn (bis ibern kop) mit arbet* jdn. (bis über den Kopf) mit Arbeit eindecken; ~ *a fuß iber a fuß* ein Bein über das andere schlagen; *der gojrl hot im farworfn zu unds in schtot* das Schicksal hat ihn in unsere Stadt verschlagen

farwéjchern mildern

farwéjchn erweichen, palatalisieren

farwéln: *emezn (D) farwilt sich* jd. möchte

farwér *m* (-n) Verbot

farwerbírn anwerben

farwérn verbieten

farwígn in Schlaf wiegen

farwíkl(e)n einwickeln

farwíldet verwildert (Garten)

farwíldewet verwildert (Tier); ~ *wern* verwildern

farwíschn verwischen, vertuschen

farwjánet verwelkt ⟨sl⟩; ~ *wern* verwelken

farwóglt (irgendwohin) verschlagen

farwólknt bewölkt; ~ *wern* sich bewölken

farwórf(e)n abgelegen

farwóß warum

farwúnd(ik)n verwunden

farwúndlech verwundbar

farzájtik, farzájtisch einstig

farzám(e)n einzäunen

farzéjch(e)n(e)n skizzieren

farzí(e)n* festziehen, zuziehen; hinauszögern; bedecken (Wolken); ~ *sich* sich hinziehen, sich hinauszögern; einen

Zug tun (beim Rauchen); *farzojgn wern* sich zusammenziehen (Wunde); sich bedecken (mit Wolken)
farzírewen zustopfen (Loch im Gewebe)
farzúkn totbeißen
farzwítet verschimmelt <*sl*>; ~ *wern* schimmeln; zu blühen beginnen (von stehendem Gewässer)
faß *n od f* (féßer) Fass; *rejdn fun der pußter* ~ aufschneiden, faseln
faßólje *f* (-ß) Bohne <*sl*>
faßtríge *f* (-ß) Heftfaden <*sl*>
fatschéjle *f* (-ß) Kopftuch
fédem ↑ fódem
féder   **1** *f* (-n) Vogelfeder, Sprungfeder; *arajngejn in di* ~*n* reich werden   **2** *f* (-ß) Schreibfeder
féderschte vordere, Vorder-; ~ *fiß* Vorderbeine; ~ *rod* Vorderrad
féfer *m* Pfeffer; *wu der schwarzer* ~ *wakßt* am Ende der Welt
féjgele *n* (-ch) Vögelchen; Häkchen (Zeichen zum Abhaken)
fejglsch *Adj* Vogel-
fel *f* (-n) *V* **felchl** Fell
feln fehlen; ~ *sich* verschwinden
féner ↑ fon
ferd *n* (–) Pferd; *a geschenkt* ~ *kukt men nit in di zejn* einem geschenkten Gaul schaut man nicht ins Maul; ~*ß fuß podkeweß an ejnikl* scherzhafte Bezeichnung für einen entfernten Verwandten
ferdátsch *m* (-n) Vieh, Ochse, Esel, Idiot
ferdl *n* (-ech) Pferdchen; Steckenpferd (Hobby)
férdisch *Adj* Pferde-; ~*e zejn(er)* Pferdezähne
ferd-un-wégl *n*, **ferd-un-wógn** *m* Gespann
férme *f* (-ß) Farm <*sl*>
férschke *f* (-ß) Pfirsich
fert: *der* ~*er* der vierte
fertl *n* (-ech) Viertel
fértljorik vierteljährlich

férzet: *der* ~*er* der vierzehnte
férzik vierzig; *der* ~*ßter* der vierzigste
ferzn vierzehn; *der* ~*ter* der vierzehnte
féter *m* (-ß) Onkel
fetß *n* Fett
fiálke *f* (-ß) Veilchen <*sl*>
fi(ch) *n* Vieh
fidl *m* (-en) Geige
fídl(e)n geigen
fílartik vielfältig
filbadájtik mehrdeutig
fílbar empfindlich
filbéndik mehrbändig
fílechz *n* Füllung
filé(j) *m* (-en) Filet
fílewdik empfindlich
filfárbik mehrfarbig
filfásndik mehrphasig
filfélkerdik *Adj* Vielvölker-; ~*e meluche* Vielvölkerstaat
filgórndik mehrstöckig
filjórik mehrjährig
filkínderdik kinderreich
filkolírt mehrfarbig
filládjndik leidgeprüft
filmiljónik *Adj* Millionen-; ~*e schtot* Millionenstadt
fílminik vielfältig
filmírn filmen
filmólik mehrfach
filn[1] fühlen
filn[2] füllen
filnazionál multinational
filschpráchik mehrsprachig
filschtókik mehrstöckig
filschtúfik mehrstufig
fíltejlik mehrteilig
filtiráshke *f* (-ß) Betriebs- bzw. Lokalzeitung mit höherer Auflage <*sl*>
filtráfik mehrsilbig
filwájbernik *m* (-eß) Polygamist
filzdódimdik multilateral <*se*>
filzíferdik mehrstellig
filzólik zahlreich

filzúsogndik vielversprechend
fín(e)f fünf
fínewe fünf Uhr
finft: *der ~er* der fünfte
fínger *m* (–) Finger, Zeh; *grober ~* Daumen, großer Zeh; *grojßer/langer/ mitlßter ~* Mittelfinger; *kukn zwischn/ durch di ~* ein Auge zudrücken; *nit arajnton kejn ~ in kalt waßer, nit a klap ton a ~ on a ~* keinen Finger rühren; *kenen/wißn af di ~* wie seine Westentasche kennen; *ojßsojgn funem ~* aus den Fingern saugen; *bajßn sich di ~* sich in den Arsch beißen wollen (vor Enttäuschung); *gebn emezn iber di ~* jdm. auf die Finger klopfen; *hobn klepike ~* lange Finger machen
fíngerdruk *m* (-n) Fingerabdruck
fíngerl *n* (-ech) Fingerring
finkl *m* Funkeln
fínkl(e)n funkeln
fínzter *Adj* finster
fínzter *f* Finsternis, Dunkelheit
fir vier; *~e* vier Uhr
fírechz *n* Benehmen
firn führen; transportieren (mit Fahrzeug); *~ sich* sich benehmen; *asoj firt sich* so ist es üblich
fírßken prusten <*sl*>
fírwarfn* vorwerfen, zum Vorwurf machen
fisch *m* (–) Fisch; *chapn ~* fischen; *sajn wi a ~ in waßer* sich wie zu Hause fühlen; *chapn di ~ far der nez* das Pferd am Schwanze aufzäumen; *as ß'is nito kejn ~, is hering ojch ~* od. *as ß'is nito kejn ~, is men jojze mit hering* in der Not frisst der Teufel Fliegen
fiskultúr *f* Körperkultur <*sl*>
fíter *n* Futter; *grob ~* Rauhfutter; *saftik ~* Saftfutter
fitsch-náß patschnass
flajßn: *~ sich* sich bemühen
flasch *f* (fléscher/-n) *V* **fleschl** Flasche

fláterl *n* (-ech) Schmetterling
flechtn (geflóchtn) flechten
fleg (Hilfsverb des Iterativpräteritums) *er fleg(t) sogn* er sagte immer
flejsch *n* Fleisch; *doß grobe ~* Arsch
fléjschik fleischig; *nit ~, nit milchik* weder Fisch noch Fleisch
flejt *f* (-n) Flöte
flejzn strömen
fléker ↑ flokn
fli *m* (-en) Flug
flí(e)n (geflójgn) fliegen
flíer *m* (– *od* -ß) Flieger
flig *f* (-n) Fliege; *nit tschepen kejn ~ af der want* keiner Fliege etw. zuleide tun können; *machn fun a ~ a helfand* aus jeder Mücke einen Elefanten machen; *hobn ~n in (der) nos* einen Vogel haben; eingebildet sein; *chapn ~n* Maulaffen feilhalten
fligl *m* (– *od* -en) Flügel; *ophakn emezn di ~* jdm. die Flügel stutzen
flikn rupfen (Geflügel)
flírtewen flirten <*sl*>
flí-schlang *f* (-en) Papierdrache
fljaßk *m* (-n) Ohrfeige <*sl*>
fljáßken ohrfeigen <*sl*>
floj *m* (flej) Floh; *hobn flej in der nos* einen Vogel haben
flojm *f* (-en) Pflaume
flokn *m* (-ß *od* fléker) Pflock; Knüppel
flug: *in ~* auf den ersten Blick, im Nu
flúßfeder *f* (-n) Flosse
fóch(e)n fächeln; *~ mit der neschome* halbtot sein
fócher *m* (-ß) Fächer
fódem *m* (fédem) Faden
fóder- Vorder-
fódern fordern; *~ sich* nötig sein
fóderschte vordere, Vorder-
fojgl *m* (fejgl) *V* **féjgele** Vogel; *nischkosche fun a ~!* ein sauberer Patron!
fojl faul
fojlják *m* (-eß) *w* **-átschke** Faulpelz

fojljákewen faulenzen
fojln: ~ *sich* zu faul sein
fojßt *f* (-n) Faust; *lachn in di ~n* sich ins Fäustchen lachen
fon *f* (-en *od* féner) *V* **fendl** Fahne
fónfen näseln <*sl*>
fonfewáte näselnd <*sl*>
fórberg *Pl od* **fórberg-gegnt** *f* (-n) Vorgebirge
forcht *f* Ehrfurcht
fórgejer *m* (– *od* -ß) Vorgänger
fórhang *m* (-en) Vorhang
fórhanoche *f* (-ß) Voraussetzung, Prämisse <*se*>
foríber vorüber
fórkum(e)n* geschehen
fórlejgn vorschlagen
forn (is geforn) fahren; ~ *rajtndik* reiten
fornt vorn
forójß vorwärts, voran, nach vorn, vor; voraus; *in* ~ im Voraus; *gejn* ~ vorausgehen
forójßgejer *m* (– *od* -ß) Vorläufer
forójßgenumen voreingenommen
forójßik vorausgehend, Vor-; *~er farkojf* Vorverkauf; *~e baschtelung* Vorbestellung
forójßseewdik vorausschauend
forójßsen* voraussehen; vorsehen; ~ *sich* vorauszusehen sein
forójßsog *m* (-n) Voraussage
forójßsogn voraussagen
fórschken schnauben <*sl*>
fórschlog *m* (-n) Vorschlag, Heiratsantrag
fórschtejer *m* (– *od* -ß) Vertreter
fórschtejerschaft *f* Vertretung
fórschtejn* bevorstehen
fórsizer *m* (– *od* -ß) Vorsitzender
fort immerzu; trotzdem, dennoch
fórtke *f* (-ß) Lüftungsklappe im Fenster <*sl*>
fortl *m od n* (-en) Streich, Posse
fórwal-kampanje *f* Wahlkampagne
fóter *m* (-ß) Vater

fóterlech väterlich
fráge *f* 1 (-ß) Frage; *fargebn ~ß* Fragen stellen 2 (fragn) Problem; *politische fragn* politische Fragen
fraj *Adj* frei
fraj *f* Freiheit; *af der* ~ in Freiheit, in freier Wildbahn; *arojßlosn af der* ~ freilassen; *gebn emezn di* ~ jdm. die Freiheit schenken
frájlejdik unverheiratet
frajln *f* (-ß) Fräulein
frajnd; frajnt *m* (–) Freund; Verwandter; *a* ~ *derkent men in nojt* Freunde erkennt man in der Not
frájtik *m* (-n) Freitag
frands *f* (-n *od* frends) Franse
frant *m* (-n) Geck, Stutzer <*sl*>
franzójs *m* (-n) *w* **-(i)n** Franzose
freg *m* (-n) Frage
frégbojgn *m* (-ß) Fragebogen
fregn fragen; ~ *an ejze* um Rat fragen; ~ *kascheß* Fragen stellen
frégzejchn *m* (-ß) Fragezeichen
frejd *f* (-n) Freude; *in ~n* mit Freude
fréjd-farschterer *m* (-ß) Störenfried, Spielverderber
fréßerisch verfressen
freßn (gefréßn) fressen
freßt I froßt
fríer vorher, früher; ~ *far alz* vor allem
fríerdik vormalig
fríling *m* Frühling
frílingdik frühlingshaft, Frühlings-
frímorgn *m* (-ß) Morgen; *~zu* gegen Morgen; *in a schejnem* ~ eines schönen Morgens
frirn (gefró[j]rn) gefrieren
frírpunkt *m* Gefrierpunkt
frírtoj *m* Reif
fríschtik *m* (-n) Frühstück
frisírer *m* (– *od* -ß) Friseur
frisireráj *f* (-en) Friseursalon
froj *f* (-en) Frau
front *m* (-n) Front

fróntler *m* (–) *od* **frontowík** *m* (-eß) Frontsoldat <*sl*>
froßt *m* (freßt) Frost
frúchperdik fruchtbar
fruchtówe *Adj* Frucht-, Obst- <*sl*>; ~ *bejmer* Obstbäume
frum fromm
frumák *m* (-eß) bigotter Mensch
fúfzet: *der ~er* der fünfzehnte
fúfzik fünfzig; *der ~ßter* der fünfzigste
fufzn fünfzehn; *der ~ter* der fünfzehnte
fukß *m* (-n) *w-iche* *V* **fikßl** Fuchs
fúkß(e)n *Adj* Fuchs-
fúkßn-nore *f* (-ß) Fuchsbau <*sl*>
ful voll; *~e lewóne* Vollmond
fúlblech füllig
fúlmacht *f* (-n) Vollmacht; *ibertretn di ~n* seine Vollmachten überschreiten
fúlmechtik bevollmächtigt
fulmetráshik abendfüllend (Film)
fúlrechtik vollberechtigt
fúlwark *m* (-n) Vorwerk <*sl*>
fun von; aus; vor; *ejner ~ a ßach* einer von vielen; *di zajtung ~em erschtn maj* die Zeitung vom ersten Mai; *~ zajt zu zajt* von Zeit zu Zeit; *baherscht ~ gefiln* von Gefühlen beherrscht; *bafrajen ~em ßojne* vom Feind befreien; *arojßnemen ~ keschene* aus der Tasche nehmen; *derwißn sich ~ zajtungen* aus Zeitungen erfahren; *a fingerl ~ gold* ein Ring aus Gold; *schtarbn ~ hunger* vor Hunger sterben; *~em erschtn blik* auf den ersten Blick; *aropnemen doß buch ~em tisch* das Buch vom Tisch nehmen; ~ ... *on* seit; *~ hinter* hinter hervor-; *~ unter* unter hervor-; *arojßkukn ~ hinter der tir* hinter der Tür hervorschauen; *~ untern bet* unter dem Bett hervor
funánder- = fanánder-
fundánen von hier; davon; deswegen
funderwájtnß von Weitem
fundéßtwegn dennoch, trotzdem
fundoßnáj, funßnáj von Neuem

funt *m od n* (-n) Pfund
funwájtnß von Weitem
funwánen von wo, woher
fur *f* (-n) Fuhre; *sajn af ejn ~ mit emezn* in einem Boot mit jdm. sitzen
fúrman *m* (-eß *od* fúrlajt) Fuhrmann
fuß *m* **1** (fiß) *V* **fißl** Fuß; Bein; *schteln sich af di fiß* (wieder) auf die Beine kommen; *schteln af di fiß* (wieder) auf die Beine bringen; *lebn af a brejtn ~* auf großem Fuße leben; *sich oplojfn di fiß* sich die Hacken ablaufen; *faln fun di fiß* sich kaum auf den Beinen halten können; *schteln sich af die ejgene fiß* auf eigenen Füßen stehen; *schteln fiß* abhauen, verduften; *lekn dem schtojb fun emeznß fiß* jdm. in den Hintern kriechen; *ójßzien di fiß* eingehen, krepieren **2** (–) Fuß (Maßeinheit)
fúßgejer *m* (– *od* -ß) Fußgänger
fútbol *m* Fußball
futbolíßt *m* (-n) Fußballer
futbólke *f* (-ß) Fußballdress
fúter *m* (-ß) Pelz; Pelzmantel <*sl*>
fútern *Adj* Pelz-

gábe *m* (gabóim) Vorsteher einer jüd. Einrichtung, bes. einer Synagoge; Gehilfe des Rabbiners <*se*>
gábete *f* (-ß) Frau des Gabe; Vorsteherin einer jüd. Einrichtung <*se*>
gabóeß *n* Amt des Gabe <*se*>
gádlen *m* (gadlónim) arroganter, dünkelhafter Mensch <*se*>
gádleß *n* Arroganz, Dünkel <*se*>
gájeß *n Sgt* die Nichtjuden <*se*> ↑ goj
gájwe *f* Stolz, Hochmut; Ehrgefühl <*se*>; *farbejgn di ~* den Hochmut unterdrücken

gálech *m* (galóchim) christlicher Geistlicher <*se*>

galarét *n* (-n) Gallerte

gam-átem gleichfalls <*se*>

gands *f* (gends) *V* **géndsele** Gans

ganeféz *m* (-n) Langfinger <*se*>

ganéjdn *m* (-ß) Paradies, Garten Eden <*se*>; *a lichtikn ~ sol er hobn* er ruhe in Frieden; *an erdischer ~* das Paradies auf Erden

ganéjwe = gnéjwe

ganéjwisch = gnéjwisch

gánew *m* (ganówim) *w* **-te** Dieb <*se*>

gang *m* (geng) Gang; Zug (im Spiel); Fahrt; *in fuln ~* in voller Fahrt

ganówim-chopte *f* (-ß) Diebesbande <*se*>

gánwe(ne)n stehlen <*se*>; *~ sich* sich davonstehlen, schleichen

ganz ganz

ganzfrí *Adv* früh am Morgen

gánztogik ganztägig

garásh *m* (-n) Garage <*sl*>

garb *m* (-n) Garbe

gárber *m* (-ß) Gerber

garbn gerben

gargéreß: *onnemen emezn far der ~* jdm. die Pistole auf die Brust setzen; *krichn emezn in der ~* jdm. auf den Geist gehen <*se*>

gartl *m* (-en) Gürtel

gáschmieß *n* Materialität, ausschließliches Streben nach irdischen Gütern <*se*>

gáschmießdik irdisch eingestellt <*se*>

gáslen *m* (gaslónim) Räuber <*se*> ↑ gséjle

gásle(ne)n räubern <*se*>

gaslewóje mörderisch <*se* mit *sl* Suffix>

gaslewójßtwe *f* Räuberei <*se* mit *sl* Suffix>

gaslónisch räuberisch, mörderisch <*se*>

gaß *f* (-n) *V* **geßl** Gasse, Straße

gaßt *m* (geßt) Gast; *in geßt* zu Besuch

gátkeß *Pl* Unterhosen <*sl*>

gáwer *m* Geifer

gáwerdik geifernd

gáwern geifern

gáwreß *n* Männlichkeit <*se*> ↑ gwar, gwúre

gebáj *n*, **gebájde** *f* Bau, Struktur

gebékß *n* (-n) Gebäck

gebétechz *n* Polsterung

gebléter *n* Laub

geblímlt geblumt

geblítn *Plt* Blut, Leidenschaften, Temperament

gebn (ich gib, du gißt, er git, mir gibn, ir git, sej gibn; gegébn) geben; (dient auch zur Bildung der semelfaktiven Aktionsart); *~ a kuk* (einmal kurz) hinschauen

gebój *m* (-en) Bau, Gebäude

bójrer *m* (– *od* -ß) Erzeuger (Vater)

gebójrn (gebójrn) gebären

gebójrn *n* Geburt; *fun ~ on* von Geburt an

gebójrn-tog *m* Geburtstag

gebótn (gebótn) gebieten; *wi got hot ~* wie es sich gehört

gebrójch *m* Verbrauch

gebrójcher *m* (–) Verbraucher

gebrójchn verbrauchen

gebúrtikajt *f* Geburtenrate

gedácht: *nit do ~* od. *nit ajch ~* od. *nit far kejn jidn ~* Gott behüte uns; das möge hier/euch nie passieren

gedánk *m* (-en) Gedanke; *ba ale ~en* bei vollem Verstand

gedéchenisch *n* Andenken; *iberlosn noch sich a gut ~* ein gutes Andenken hinterlassen

gedénk(e)n sich erinnern; *~ epeß* sich an etw. erinnern; *~ sich* erinnerlich sein

gedérem *Plt* Eingeweide, Gedärm

gedícht dicht

gedíchtenisch *f* (-n) Dickicht

gedójer *m* Dauer

gedójern dauern

gedúld *n* Geduld

geféln (is geféln), *geféln wern* gefallen

gefílechz *n* (-en) Füllung

gefín(e)n (gefúnen) finden; ~ *sich* sich befinden
gefínß *n* (-n) Fund
gefrír *n* Reif
gefrójrn gefroren; ~ *wern* frieren
gegílt vergoldet
geglíwert gallertartig
gegnt *f* (-n) Gebiet (Verwaltungseinheit in der Sowjetunion)
gégntlech *Adj* Gebiets-
gehénem *m* Hölle <se>
gehérik gehörig; zuständig
gehílz *n* Holz
gehórchik, gehórchsam gehorsam
gejég *n* Jagd; ~ *noch hosn* Hasenjagd
gejn (mir géjen, sej géjen; is gegángen/gegán) gehen, kommen; stattfinden, im Gange sein; verwendet werden; *ß'gejt a regn [schnej]* es regnet [schneit]; *ß'is gegangen doß tojsnt najnhundert sibezete jor* es war im Jahre 1917; *ß'gejt im doß zente jor* er wird 10 Jahre alt; *di klajen gejen af hodewen doß fi* die Kleie wird als Viehfutter verwendet; ~ *kegn emeznß wiln* sich jdm. widersetzen; ~ *mit epeß* etw. setzen (Figur im Schachspiel), etw. ausspielen (Kartenspiel); ~ *mit der malke* die Dame ziehen; ~ *mit der tojs* das As ausspielen; *ß'gejt a rejd wegn dem* es geht darum, die Rede ist davon
géjresch *m* (gejrúschim) Vertreibung <se>
géjrim ↑ ger
gekéchz *n* Gekochtes, Essen; *kochn sich an ejgn* ~ sich sein eigenes Süppchen kochen
gekrájslt kraus, gekräuselt
gel gelb
gélblech gelblich
gelchl *n* (-ech) Dotter
geléchter *n* Gelächter; *sajn a* ~ lächerlich sein; *ojßschißn mit a* ~ loslachen; *a* ~ *in a sajt* Scherz beiseite; *wern zu (lajtisch)* ~ zur Zielscheibe des Spottes werden; *ß'gejt im ni(sch)t kejn* ~ *afn harzn* ihm ist nicht zum Lachen zumute
geléger *n* (-ß) Lager, Liegestätte
gelérnt gelehrt; *~er* Gelehrter
gelíng(e)n (is gelúngen) gelingen
gelínkt linkshändig
gelítener *m* (-ne) Leidtragender
gelt *n* (-n *od* -er) Geld; *far kejn schum* ~ *ni(sch)t* nicht für Geld und gute Worte; *sajn ba* ~ bei Kasse sein
gelúech *m* (glúchim) Jude, der sich entgegen dem mosaischen Gesetz den Bart abrasiert hat <se>
gemách: *losn* ~ in Ruhe lassen
gémbe *f* (-ß) Kinn <sl>
gemélk *n* (-n) Milchertrag
gemíschpetkajt *f* Vorstrafe <se>
gemólt in der Vorstellung bestehend; *kenen* ~ *sajn* vorstellbar sein; *kenen gring* ~ *sajn* wahrscheinlich sein
gemóre *f* (-ß) Talmud <se>
genár: *hobn doß* ~ *fun emezn* jdn. hereinlegen
génds(e)n *Adj* Gänse-; *~e schmalz* Gänseschmalz
géndsern: *~e hojt* Gänsehaut
géndsn-fíßlech *Pl* Gänsefüßchen (Anführungsstriche)
genés(e)n gesund; ~ *wern* genesen
génez *m* (-n) Gähnen; *gebn a geschmakn* ~ genüsslich gähnen
génezn gähnen
genít erfahren
genítn: ~ *sich* üben
genítschaft *f* Erfahrung
genítung *f* (-en) Übung
genízt gebraucht
genój genau
geójnim ↑ góen
gepílder *m od n* Lärm
ger *m* (géjrim) *w* **-te** zum Judentum Übergetretener <se> ↑ gíer, megájer
gerám = gerójm

gerángl *n* (-en) Ringen, Kampf
gerécht: ~ *sajn* recht haben; *gebn* ~ recht geben
geréchtik gerecht
gerétenisch *f od n* Ernte
gerímpl *n* Lärm, Getöse
gerójm geräumig, weit; geraum (Zeit)
gerótn (is gerótn) gelingen; geraten
gerscht *m* (-n) Gerstenkorn (auch im Auge); ~*n* Gerstenkörner; Gerste
gérschtele *n* (-ch) Gerstenkörnchen
gérscht(e)n *Adj* Gersten-, aus Gerste; ~*e grojpn* Gerstengrieß
gerschtndl *n* (-ech) Gerstenkörnchen
gértner ↑ gortn
gerúß = gruß
geschánk *m* (-en) Geschenk
geschéenisch *f od n* (-n) Ereignis
geschén (sej geschéen; is geschén) geschehen
geschlég *n* (-n) Schlägerei
geschmák schmackhaft
geschmélz *n* (-n) Legierung
geschríft(ß) *n* (-n) Geschriebenes
geschtójgn: *nit* ~ *nit geflojgn* erstunken und erlogen
geschtrójchlt: ~ *wern* straucheln
geschtúplt pockennarbig
geschwéßterkind = schwéßterkind
geschwílechz *n* (-n) Geschwulst
geség(e)n(e)n: ~ *sich (mit emezn)* sich (von jdm.) verabschieden
geséß *n* (-n) Gesäß; Sitz
geséz *n* (-n) Gesetz; *ojßern/michuz dem* ~ außerhalb des Gesetzes; *schteln michuz dem* ~ ächten
gesínd *n* (-er) Familie
géßke *f* (-ß), **geßl** *n* (-ech) Gässchen
gesúnt (gesínter) gesund; *saj [sajt]* ~ mach's [macht's] gut; *saj [sajt] mir/unds derwajl* ~ bis später; ~ *solßtu [solt ir] sajn!* Menschenskind!
gesúnt *n* Gesundheit; *zu* ~*!* Gesundheit! Wohl bekomms! Zum Wohl! *wi filt ir sich in* ~*?* wie geht es Ihnen gesundheitlich? *a* ~ *zu dir [ajch]!* Gott befohlen! Leb [Lebt] wohl!
gesunterhéjt: *schrajb* ~*!* schreib, so viel du willst! *gej [gejt]* od. *for [fort]* ~*!* glückliche/gute Reise!
get *m* (-n) Ehescheidung <*se*>
géter ↑ got
get(i)n *f* (-ß) Göttin
getn scheiden <*sl*>; ~ *sich* sich scheiden lassen
getráj treu
getrájschaft *f* Treue
getránk *n* (-en) Getränk
getrój(e)n vertrauen; *nit* ~ misstrauen
geúle *f* Erlösung ↑ gójel
gewánt *n* Tuchstoff
gewélb *n* **1** (-n) Gewölbe **2** (-n *od* -er) Laden
gewéltikn herrschen
gewéndt abhängig; ~ *sajn in emezn* von jdm. abhängen
gewés(e)n ehemalig
gewér *n Sgt* Waffen
gewét *n* (-n) Wette; *gejn in* ~ *mit emezn* mit jdm. wetten
gewíkß *n* (-n) Pflanze
gewíkßik hochgewachsen
gewíld *n* Wild
gewín(e)n (gewúnen) gewinnen; zur Welt bringen; ~ *ba emezn* gegen jdn. gewinnen
gewíner(i)n *f* (-ß) Wöchnerin
gewínß *n* (-n) Gewinn; *doß grojße* ~ das große Los
gewíßer *n* Hochwasser
gewójnschaft *f* (-n) Gewohnheit
gewójnt gewohnt
gewójre, gewór: ~ *wern* bemerken, erfahren
gewúntsch(e)n erwünscht
gezájg *n* Werkzeug
gezélt *n* (-n) Zelt
gíber *m* (gibójrim) Held, Recke <*se*>

gíberisch, gibójrisch reckenhaft <se>
gich schnell
gídef m (gidúfim) Lästerung <se>
gíer m Übertritt zum Judentum <se> ↑ ger, megájer
gile-arójeß n Blutschande <se>
gíltik gültig; ~ sajn gelten
giltn (gególtn) gelten; glücken
gimnasíßt m (-n) w -**ke** Gymnasiast <sl>
gíngold n Feingold
gißn (gególßn) gießen; ~ sich sich ergießen, fließen
glajch Adj gleich; gerade, eben; gleichmäßig; ~ sajn zu epeß gleich sein mit etw.; nit hobn zu sich kejn ~n nicht seinesgleichen haben; rejdn wi mit sajnß a ~n wie mit seinesgleichen sprechen; a ~er entfer eine direkte Antwort
glajch Adv gleich, sofort
glajchákßldik gleichschenklig (Dreieck)
glájchbadajtik gleichbedeutend
glájchgilt m Gleichgültigkeit
glájchgiltik gleichgültig; ~ zu epeß gleichgültig gegenüber etw.
glájchhajt f Gleichberechtigung
glájchkajt f Gleichheit
glájchminik gleichartig
glájchmoßik gleichmäßig
glajchn (geglíchn) vergleichen; ~ zu epeß mit etw. vergleichen
glájchwertl n (-ech) Redensart
glanzn glänzen
glat glatt; ~ asoj (sich), ~ in der welt arajn einfach so, ins Blaue
gléjbechz n Aberglaube
glejbn glauben; ~ in epeß an etw. glauben
gléker ↑ glok
gléser[1] m (– od -ß) Glaser
gléser[2] ↑ glos
glesl n (-ech) Gläschen; sajn untern ~ angeheitert sein
gletn streicheln

glíd-(ge)schweßterkind n (-er) Großneffe od. Großnichte von Großvater od. Großmutter; mir sajnen ~er unsere Väter sind Cousins bzw. unsere Mütter sind Cousinen bzw. sein [ihr] Vater und meine Mutter bzw. mein Vater und seine [ihre] Mutter sind Cousin und Cousine
glikn glücken; emezn (D) glikt in epeß jd. hat bei etw. Glück
glitsch m (-n) glitschiger Boden; Eisbahn
glítscher m (-ß) Schlittschuh, Kufe
glítschlojfer m (-ß) Schlittschuhläufer
glitschn: ~ sich Schlittschuh laufen
glíwer m (-ß) Starre, Steifheit, Gallerte; ~ fun tojt Totenstarre
glojbn m Glauben
glok m (-n od gléker) V **glekl** Glocke
glos n od f (gléser) V **glesl** Glas
glóswarg n Sgt Glaswaren
glozn glotzen, stieren
glúchim ↑ gelúech
glußt m, **glúßtenisch** n Begehren
glußtn begehren; wifl doß harz glußt so viel das Herz begehrt; emezn (D) glußt jd. hat das dringende Verlangen
gmileß-chéßed m od n (~-chßódim) Wohltat; zinsloses Darlehen <se>
gmóre = gemóre
gnéjwe f (-ß) Diebstahl; Diebesgut <se> ↑ gánew
gnéjweß-ufkojfer m (-ß) Hehler
gnéjwisch diebisch; verstohlen <se>
gob f (-n) Gabe
góen m (geójnim) Genie <se>; emezer is ni(sch)t kejn ~ jd. ist kein großes Licht
gógern schnattern
gogótschen schnattern (Gänse) <sl>
goj m (gójim) Nichtjude <se> ↑ gájeß
gójder m (-ß) Doppelkinn
gójel m (-im od gojálim) Erlöser, Erretter <se> ↑ geúle
góje(te) f (-ß) Nichtjüdin <se>
gójisch nicht jüdisch <se>

gójlem *m* (gojlómim) Golem; schwerfälliger Mensch <*se*>; *schtejn wi a lejmener* ~ wie ein Ölgötze dastehen

gójlemdik roh; schwerfällig <*se*>

gojml *m* jüd. Dankgebet, das nach Errettung aus großer Gefahr gesprochen wird <*se*>; *bentschn* ~ den Gojml sprechen

gójrem *m* (górmim) Erreger, Verursacher <*se*>; ~ *sajn* verursachen, zur Folge haben

gojrl *m* (gojróleß) Schicksal <*se*>

gójser: ~ *sajn* verfügen, anordnen (meist Unangenehmes) <*se*> ↑gséjre

gójßeß *m* (-im) Sterbender <*se*> ↑gßíße

gójßeßn im Sterben liegen <*se*>

gójwer: ~ *sajn* besiegen, überwinden <*se*> ↑gwar, gwúre

gol *m* (-n) Tor (Sport)

gol kahl; rein, lauter

gólel *n* Galiläa <*se*>

góleß *m od n* Exil, Diaspora <*se*>; *oprichtn* ~ im Exil leben

gólmeßer *m* (-ß) Rasiermesser

gólmeßerl *n* (-ech) Rasierklinge

goln rasieren <*sl*>

gómbe = gémbe

góner *m* (-ß) Gänserich

gónern schnattern, gackern

gópelech: *zenemen emezn af* ~ jdn. durchhecheln

gopl *m* (-en) Gabel

gopl-léfl, gopl-méßer *Pl* Besteck

gor ganz; *af der* ~*er welt* auf der ganzen Welt; ~ *doß gelt* das ganze Geld; *in* ~ *der schtub* im ganzen Haus; ~ *asoj?* ist das so! ~*!* auf keinen Fall! ~-~ ganz und gar (äußerst); *bis* ~ äußerst

góresch *m* (grúschim) geschiedener Mann <*se*> ↑grúsche

gorgl *m* (-en) Gurgel, Kehle

górgl(e)n gurgeln

górgl-knop *m*, **górgl-kop** *m V* **gergl** Kehlkopf

górkich *f* (-n) Suppenküche

gorn *m* (-ß) Geschoss, Stockwerk

górni(sch)t nicht; *wi kejnmol* ~ als ob nichts passiert wäre

górni(sch)t *Pron* nichts; *machn zu* ~ schmähen; bagatellisieren; zunichte machen

górni(sch)t *m* (-n) Null, Nichts; Nichtsnutz

górnischt-schebe-nischt, górnit-schebe-górnit nicht das Geringste

górnischt-schebe-nischt *m*, **górnit-schebe-górnit** *m* eine vollständige Null

gortn *m* (gértner/-ß) *V* **gertl** Garten

górtnwarg *n Sgt* Gemüse

górtschize *f* Senf <*sl*>

got *m* (géter) Gott; ~ *zu danken, danken/adank* ~ Gott sei Dank; ~ *majner!* mein Gott! *bahit* ~, ~ *bahit* Gott bewahre/behüte; *hobn* ~ *in harzn* barmherzig sein; *on* ~ *in harzn* skrupellos; *wi* ~ *is dir lib!* um Gottes willen! ~ *is mit dir [ajch]?* was ist los mit dir [euch]?

gráblje *f* (-ß) Harke <*sl*>

grábljewen harken <*sl*>

graf *m* (-n) Graf

gráfik *m* (-eß) Fahr-, Zeitplan <*sl*>; *lojt dem* ~ nach Fahrplan

grafínje *f* (-ß) Gräfin <*sl*>

grajs *m* (-n) Versehen, Schreibfehler

grajs-gró(j) völlig ergraut

grajsl *n* (-ech) Locke

grájsl(e)n: ~ *sich* sich kräuseln

grám(e)n reimen

gram-schtrám *m* Knittelvers

grámotne des Lesens und Schreibens kundig <*sl*>

gréber ↑grob

grejß *f* (-n) Größe, Dimension

grejßn: ~ *sich* prahlen

grejt bereit; fertig

grejtn fertigmachen, vorbereiten

gréjtkajt *f* Bereitschaft

grénde: *firn di* ~ das Sagen haben
grénez *f od m* (-n) Grenze
gréneznː ~ *(sich)* grenzen
grepz *m* (-n) Rülpser
grepzn rülpsen
gréser ↑ gros
gréßer ↑ grojß
gret *n* Wäsche
gríbeneß *Plt* Grieben
gríber ↑ grub
gríke *f* Buchweizen ‹sl›
grík(e)n *Adj* Buchweizen-
grilzn knirschen, misstönend klingen
grímpl(e)n klimpern (auf Saiteninstrument)
grin grün
grín-choge *f* Pfingsten ‹se›
gring leicht
grinß *n* (-n), **grínwarg** *n Sgt* Gemüse
grisóte *f* Kummer ‹sl›
gríwe *f* (-ß) Mähne ‹sl›
griwn *Plt* Grieben
gro (grow-) grau
grob (gréber) grob, dick; *~er finger* Daumen, großer Zeh
gróbajsn *n* (-ß) Hacke
gróblech ziemlich grob
grobn (gegróbn) graben
grobn *m* (-ß) Graben
grod *Adj* gerade, eben
grod *Adv* eben jetzt
gródek *m* (-n) Rechteck
groj grau
grojl *m* Schauder
grójlik entsetzlich, grauenhaft
grojln schaudern; *eß grojlt mir* mich schaudert
grojß (gréßer) groß
grójßhantik groß (von Buchstaben); *~er oß* Großbuchstabe
grójßkajt *f* Größe
grójßkajt-manje *f,* **grójßkajt-meschugáß** *n* Größenwahn
gros *n* (gréser) *V* **gresl** Gras

groschn *m* (-ß) Groschen; *on a* ~ *ba der neschome* ohne einen Groschen/Pfennig in der Tasche
grub 1 *m od f* (gríber) *V* **gribl** Grube; *grobn a* ~ *af emezn* gegen jdn. intrigieren **2** *f* (-n) Bergwerk
grubján *m* (-eß) Grobian ‹sl›
grúntewen grundieren ‹sl›
grúntlejger *m* (– *od* -ß) Begründer
grúsche *f* (-ß) geschiedene Frau ‹se› ↑ góresch
grúschim ↑ góresch
grúse(we)n (ver)laden ‹sl›
grusíner *m* (–) Georgier ‹sl›
grusínke *f* (-ß) Georgierin ‹sl›
gruß *m* (-n) Gruß
gsar *m* (-n) Machtspruch ‹se›
gséjle *f* (-ß) Beute ‹se› ↑ gáslen
gséjre *f* (-ß) (unangenehme) Verfügung ‹se› ↑ gójser
gßíße *f* Agonie, Sterben ‹se› ↑ gójßeß
gßíße-inúim *Pl* Todesqualen ‹se›
gubernátor *m* (gubernatórn) Gouverneur ‹sl›
gubernátorsche *f* (-ß) Gouverneursgattin ‹sl›
gubérnje *f* (-ß) Gouvernement ‹sl›
guf *m* (-n *od* -im) Leib, Körper ‹se›; *mitn* ~ *un der neschome* mit Leib und Seele
gúfe selbst, in eigener Person ‹se›
gúme *f* (-ß) Gummi
gúmen *Adj* Gummi-, aus Gummi
gúmen *m* (-ß) Gaumen
gúmke *f* (-ß) Radiergummi
gúsme *f* (-ß *od* gusmóeß) Übertreibung ‹se› ↑ megásem
gut (béßer) gut; *dermonen emezn zum* ~*n* jds. im Guten gedenken; *(a)* ~ *morgn!* guten Morgen! *(a)* ~*n ownt!* guten Abend! *(a)* ~*e nacht!* gute Nacht! (Abschied) *(a)* ~*n tog!* auf Wiedersehen! *a* ~ *jor!* (Antwort auf alle mit *gut* beginnenden Begrüßungen od. Abschiedsformeln); *a* ~*n schabeß!* Begrüßung am

Sabbath; *a ~e woch!* Wunsch zum Abschluss des Sabbats; *a ~n jomtew!* frohes Fest!

guter-frájnt *m* (gute-frájnt) enger Freund

guter-jíd *m* (gute-jídn) chassidischer Rabbi

gút-minik gutartig <*se*>

gut-schchéjnisch gutnachbarlich <*se*> ↑schchéjneß, schochn

gutß *n* (Hab und) Gut; *ß'wet derfun kejn ~ nit arojßkumen* dabei kommt nichts Gutes heraus

gútßkajt *f* Güte

gúttuik wohltuend

guwernántke *f* (-ß) Gouvernante <*sl*>

gwads *m* Jauche; Pampe

gwald *Subst* **1** *f* Gewalt **2** *m* (-n *od* -eß) Gezeter; *machn a ~* ein Geschrei erheben

gwald! *Interj* Hilfe! *~ geschrign!* um Himmels willen!

gwáldewen zetern, schreien

gwar *m* (-n) Recke, Hüne <*se*> ↑gójwer, gwúre

gwárdje *f* (-ß) Garde <*sl*>

gwárisch reckenhaft, hünenhaft <*se*>

gwieß-éjdeß *m* (-n) Zeugnis, Zeugenaussage <*se*>

gwir *m* (-im) *w* **-([i]n)te** Reicher, Mächtiger, Vornehmer <*se*>

gwul *m* (-n) Grenze; Bereich; *maßeg-~ sajn emezn* jdm. ins Gehege kommen, Konkurrenz machen <*se*>

gwúre *f* (-ß) Kraft, Stärke, Macht; Heldentat <*se*> ↑gójwer, gwar

habún *m* (-eß) Gierschlund <*sl*>

hachbóde *f* (-ß) Bürde, Behinderung <*se*>

hachlóte *f* (-ß) Resolution <*se*>

hachnóe *f* Demut, Unterwürfigkeit <*se*>

hachnóße *f* (-ß) Einkommen, Einnahme <*se*>

hachóne *f* (-ß) Vorbereitung <*se*>

hachróe *f* (-ß) Übergewicht <*se*>

hachróse *f* (-ß) Proklamation <*se*>

hadgósche *f* (-ß) Emphase <*se*>

hadróche *f* Anleitung <*se*> ↑mádrich

hafóchim ↑héjpech

haffóke *f* (-ß) Pause <*se*> ↑máffßek, máfßik

haftóche *f* (-ß) Versicherung, Beteuerung <*se*> ↑bitóchn

hagám obwohl, obgleich <*se*>

hagóde *f* (-ß) am Passahfest verlesene Erzählung des Auszugs aus Ägypten <*se*> ↑máged, mágid

hajbl *n* (-ech) Häubchen; *gebojrn wern in a ~* ein Glückskind sein

hájen: *~ (sich)* zögern

hajnt heute; also, und

hájntzutog heutzutage

hájor heuer, dieses Jahr

hájser ↑hojs[1]

hájske *f* (-ß) Häuschen, Hütte

hak *f* (hek) Axt, Beil; *mit ~-un-pak* mit Sack und Pack

hakchósche *f* (-ß) Absage, Widerrufung <*se*>

hakdóme *f* (-ß) Vorwort <*se*>

halb *Adj* halb; *~ af ~* halbe-halbe; *~e nacht* um Mitternacht; *~e lewóne* Halbmond

halb *f* Hälfte

hálb-durchfirer *m* (-ß) Halbleiter

halbósche *f* (-ß) Kleidung <*se*> ↑lewúsch, málbesch

halds *m* (héldser) *V* **heldsl** Hals; *trejfener ~* Vielfraß; *schwenken dem ~* sich die Kehle anfeuchten; *zuschtejn zu emezn (wi) mit a meßer zum ~* jdm. die Pistole auf die Brust setzen; *rajßn sich afn ~* sich die Kehle aus dem Halse schreien; *sajn sat ibern ~* satt sein bis obenhin; *schemen sich in wajtn ~ arajn* sich zu Tode schämen; *faln emezn afn ~*

jdm. um den Hals fallen; *epeß kricht emezn fun ~* etw. kommt jdm. aus den Ohren; *lojfn af brechn ~-un-nakn* Hals über Kopf davonlaufen

haldsn umarmen

háldstuch *m* (-ticher) Halstuch, Krawatte

halewáj gebe Gott ...!, wenn doch ...! (bei irrealem Wunsch) <*se*>; *~ kumt er!* wenn er doch käme!

halóze *f* (-ß) Witz, Scherz <*se*> ↑ *lez*

haltn (geháltn) halten; *~ in ejn* (mit Inf.) unaufhörlich weitermachen; *~ in ejn schrajbn* immerfort weiterschreiben; *~ ba sich* halten (ein Tier); *~ eksamen* Prüfung ablegen; *~ emezn in di hent* jdn. in der Hand haben; *~ fun emezn [epeß]* etw. von jdm. [etw.] halten; *nit ~ fun emezn [epeß]* von jdm. [etw.] nichts halten; *~ sich* sich (fest)halten; *~ sich ba der mejnung* an der Meinung festhalten

halwóe *f* (-ß) Anleihe, Darlehen <*se*> ↑ *málwe*

hamák *m* (-n *od* -eß) Hängematte <*sl*>

hámewen hemmen <*sl*>

hamójn *m* (-en) Volksmasse, Menge <*se*>

hamójze *f* Segensspruch vor dem Genuss von Brot <*se*>

hamzóe *f* (-ß) Einfall, Idee <*se*>

hamzóedik findig, einfallsreich <*se*>

hándl(e)n handeln; *eß handlt sich wegn epeß* es handelt sich um etw.

hanóche *f* (-ß) Voraussetzung; Zugeständnis; Erlaubnis <*se*>

hanóe *f* (-ß) Freude, Vergnügen <*se*> ↑ *meháne*

hant *f* (hent) Hand, Arm; *~ ba ~* Hand in Hand; *hent in der hejch!* Hände hoch! *mit a brejter ~* großzügig, freigebig; *zulejgn a ~ zu epeß* Hand anlegen; *(arum-) trogn emezn af di hent* jdn. auf Händen tragen; *haltn sich in di hent* sich zusammennehmen; *nemen sich in di hent* sich zusammenreißen; *nemen sich far di hent* sich an den Händen fassen; *mit a kind af di hent* mit einem Kind auf dem Arm; *ojßgejn in emeznß hent* in jds. Armen sterben; *arop di hent!* Hände weg!

hánt-bajtl *m* (-en) Handtasche

hántech *m od n* (-er) Handtuch

hántscherke *f* (-eß) Waschlappen

hántsejgerl *n* (-ech) Armbanduhr

har *m* (-n) Herr, Gebieter

harb herb, streng, rauh

harbßt *m* (-n) Herbst

harchówe *f* (-ß) Bequemlichkeit, Komfort <*se*>

hárge(ne)n töten <*se*> ↑ *hójreg*

haríge *f* (-ß) Massaker <*se*> ↑ *hójreg*

hár(i)nte *f* (-ß) Herrin, Gebieterin

harmát *m* (-n) Kanone <*sl*>

harmónike *f* (-ß) Harmonika

harschóe *f* (-ß) Erlaubnis <*se*>

hart hart; *~ ba epeß* nahe bei etw.

hártewen härten <*sl*>

harúgim ↑ *hójreg*

harz *n* (*D auch* harzn; hérzer) Herz; *mitn ganzn ~* mit ganzem Herzen; *fun tifn ~n* aus tiefstem Herzen; *a brejt ~* ein weites Herz; *emezn is schwer afn ~n* jdm. ist schwer zumute; *ß'rajßt doß ~* es zerreißt das Herz; *doß is im nit zum ~n* das gefällt ihm nicht; *rirn doß ~, onnemen bam ~n* zu Herzen gehen; *afn nichtern ~n* auf nüchternen Magen; *aroprejdn sich fun ~n* sich von der Seele reden; *unterlenen sich doß ~* etw. zu sich nehmen (Imbiss, Erfrischung); *onnemen sich mit ~, machn sich ~* sich ein Herz fassen; *nemen sich zum ~n* sich zu Herzen nehmen; *opeßn sich doß ~* sich grämen; *arajnkrichn emezn in ~n* jdm. auf der Seele knien; *nit hobn kejn ~ zu epeß* etw. nicht übers Herz bringen; *kiln sich doß ~ in epeß* sein Mütchen kühlen an etw.; *schlogn zum ~n* Ekel erregen, anwidern; *hobn a ~ fun a toter* herzlos sein; *wifl ß'~ glußt*

wie viel das Herz begehrt; *hobn a ~ af emezn* einen Rochus auf jdn. haben
hárzenju mein Liebchen
hárzik herzlich
hárz-klapenisch *n* Herzklopfen
hárz-klemenisch *n* Herzbeklemmung
hárz-rajß(nd)ik herzzerreißend
hasbóre *f* (-ß) Erklärung, Erläuterung <*se*> ↑ßwóre
haschém-jißbórech *m* Herrgott <*se*>
haschkófe *f* (-ß) Sicht, Meinung <*se*>
haschmóte *f* (-ß) Versäumnis, Unterlassungssünde <*se*>
haschóre *f* (-ß) Vermutung, Annahme <*se*> ↑ mescháer; *bojn ~ß* Vermutungen anstellen
haschóreß-hanéfesch *m* Unsterblichkeit der Seele <*se*>
haschóweß-awéjde *f* Rückgabe eines Fundgegenstandes <*se*>
haschpóe *f* (-ß) Einfluss <*se*> ↑ maschpíe
haschtóne *f* <*se*> ↑ maschtn; *losn di ~* urinieren
hashbóe *f* Beschwörungsformel <*se*>
hashgóche *f* Aufsicht <*se*> ↑ mashgíech
hashgóche-próteß *f*, **hashgóche-prótiß** *f* Vorsehung <*se*>
hasmóne *f* (-ß) Aufforderung, Vorladung <*se*>
haßchóle *f* (-ß) Initiative, Vorlauf <*se*>
haßkóle *f* jüd. Aufklärung <*se*> ↑ maßkl
haßkóme *f* Zustimmung, Einwilligung <*se*> ↑ máßkim
haßmóde *f* Fleiß, Eifer <*se*> ↑ máßmed, máßmid
haßóge *f* (-ß) Idee <*se*>
haßróe *f* (-ß) Warnung <*se*>
háßtik hastig
hatóke *f* (-ß) Übersetzung <*se*>
hawáje *f* (-ß) Geste; Grimasse <*se*>
hawdóle *f* (-ß) besondere Zeremonie zum Abschluss des Sabbats; dabei verwendete Kerze <*se*> ↑ leháwdl
háwenisch *n* Übereifer, Geschäftigkeit

hawírn hofieren, den Hof machen; umsorgen
háwken bellen <*sl*>
hawólim ↑ hewl
hawóne *f* Verständnis <*se*>
hawóre *f* (-ß) Aussprache des Hebräischen <*se*> ↑ íwre
hazlóche *f* (-ß) Erfolg, Glück, Segen <*se*> ↑ mazlíech, múzlech
hécher ↑ hojch
héchern erhöhen; anheben; *~ di schtim* die Stimme heben
hefkéjreß *n* Willkür <*se*>
héfker *prädAdj* herrenlos; gesetzlos; zügellos; willkürlich <*se*>
héfker *m* Gesetzlosigkeit; Zügellosigkeit; Willkür <*se*>; *losn af ~* im Stich lassen
héfker-hunt *m* (-hint) streunender Hund
héfker-kind *n* (-er) verwahrlostes Kind
héfker-mentsch *m* (-n) menschliches Wrack
héfkernik *m* (-eß) Gesetzesverächter <*se*>
héfker-schif *f* (-n) Wrack
héflech höflich
heft *m* (-n) Heft
heftn (gehóftn) heften; sticken
hej *n* Heu
héjb-kran *m* (-en) Hebekran
hejbn (gehójbn) heben; *~ sich* sich erheben, aufstehen, hochsteigen
hejch *f* Höhe
héjchele *n* (-ch) Heiligtum <*se*>
héjchenisch *f* (-n) Anhöhe
hejchl *m* (-en) Tempel <*se*>
hejchn: *~ sich* sich erheben, emporragen
hejf ↑ hojf
hejl *f* (-n) Höhle
héjlewdik heilbar
hejln heilen, gesund machen; *~ sich* heilen, gesund werden; sich behandeln lassen
hejm *f* (-en) Heim; Heimat; *fun der ~* von zu Hause
héjmland *n* Heimat

héjmlech heimisch

héjpech *m* (hipúchim *od* hafóchim) Gegenstück, Kontrast <*se*>

héjpechdik konträr <*se*>

hejptl *n* (-ech) Kopf (Kohl, Salat)

héjscherik *m* (-n) Heuschrecke

héjserik heiser

heißn (gehéjßn)   **1** heißen, anweisen   **2** heißen, genannt werden; *hejßt eß* so, in diesem Falle, folglich

-héjt (Suffix zur Bildung Zustände bezeichnender Adverbien, wird von Adjektivstämmen abgeleitet, die die Endung *-er* erhalten); *gezwungenerhéjt* gezwungenermaßen; *schikererhéjt* in betrunkenem Zustand

hejwn *Pl* Hefe; *wi af* ~ sprunghaft (ansteigen, anwachsen)

hejzn heizen

hek[1] ↑ hak

hek[2] *m od* ø *od n* Provinznest, Kaff; *ergez in a* ~ wo die Füchse sich gute Nacht sagen; am Ende der Welt

hel hell; *sen epeß in ~e farbn* etw. durch die rosarote Brille sehen

held *m* (-n) Held

héldser ↑ halds

hélfand *m* (-n) *w* **-iche** Elefant

hélfandbejn *m* Elfenbein

helfn (gehólfn) helfen; *geholfn wern* gerettet werden aus Notlage, insbesondere aus schwerer Krankheit

heln: ~ *sich* hell leuchten

hemd *n* (-er) Hemd; *blajbn in ejn* ~, *nit hobn kejn* ~ völlig mittellos dastehen, völlig verarmen

hémschech *m* (hemschéjchim) Fortsetzung <*se*>

héndele *n* (-ch), **hendl** *n* (-ech) Hähnchen

héner ↑ hon

héner-geschleg *n* (-n) Hahnenkampf

hénersch *Adj* Hahnen-

héng(e)n   **1** (hot gehángen) (auf)hängen   **2** (is gehängen) hängen (*intr*); ~ *afn telefon* (ständig) an der Strippe hängen; ~ *inderluftn* in der Luft hängen

hengl *n* (-ech) Traube

hent ↑ hant

hentl *n* (-ech) Händchen; Henkel; Klinke; Griff

héntschke *f* (-ß) Handschuh

héntschke-loschn *n* Gaunersprache <*se*>

heóre *f* (-ß) Fußnote <*se*>

herb *m* (-n) Wappen <*sl*>

hérewdik hörbar

hern (zu)hören, gehorchen; *losn* ~ lehren; *woß lost eß mich* ~*?* was lehrt mich das? ~ *sich* zu hören sein; *woß hert sich najß?* was gibt es Neues?

hérner ↑ horn

hérnerdik gehörnt; *a ~er bok* ein gehörnter Bock, Ziegenbock

hérzer ↑ harz

hések *m* (heséjkim) Verlust, Schaden <*se*>; *gojrem sajn* ~ *emezn* jdm. Schaden zufügen

héßkem *m* Übereinstimmung <*se*> ↑ haßkóme, máßkim

heßófe = hojßófe

héßped *m* (heßpéjdim) Grabrede <*se*> ↑ máßped; *machn a* ~ *far emezn* jdn. lobpreisen

het ganz, sehr; ~*-schpeter* viel später; ~ *wajt* weit weg; ~ *hinter di berg* weit hinter den Bergen; ~ ~ ganz weit weg; ~ *wen* vor langer, langer Zeit

hewl *m* (hawólim) Nichtigkeit <*se*>; ~*-hawólim* Eitelkeit der Eitelkeiten

hezóe = hojzóe

hi hier, in dieser Stadt

híge hiesige

hílchik geräuschvoll, laut

hilchn hallen, erklingen

hílke *f* (-ß) Schlagholz, Tischtennisschläger

himl *m* (-en) Himmel

hin: ~ *un zurik* hin und her

híndele *n* (-ch) Küken

hínersch *Adj* Hühner-
hínk(e)n (gehúnken) hinken
hint ↑ hunt
hínter hinter; ~ *der schtot* außerhalb der Stadt
hínter-chejlek *m* (-chalokim) Hinterteil <se>
híntergeßl *n* (-ech) Seitengasse
hinter-ójgik hinter dem Rücken von jdm. geschehend; in Abwesenheit; *farmischpetn emezn* ~ jdn. in Abwesenheit verurteilen; *endikn dem inſtitut* ~ das Institut im Fernstudium absolvieren; ~*er unterict* Fernstudium
hínter-ójgler *m* (–) *w* **-(i)n** Fernstudent
hínterschte Hinter-; ~ *sajt* Hinterteil; ~ *fiß* Hinterbeine; ~ *rod* Hinterrad
hínterschtotik, hínterschtotisch außerhalb der Stadt gelegen
híntisch hündisch, Hunde-; *hobn a* ~*n chusch-horejech* eine Hundenase haben; ~ *bajdl* Hundehütte
hintn hinten; *fun* ~ von hinten
hintn *m* Hintern, Gesäß
hipsch hübsch (Menge, Zahl)
hípschlech beträchtlich
hiptl = hejptl
hipúchim ↑ héjpech
hirsch *m* (-n) *w* **-iche** Hirsch, Rentier
hírschnherner *Pl* Hirsch-, Rentiergeweih
hírschnmoch *m* Rentiermoos
hírschnzucht *f* Rentierzucht
hirsh *m Sgt* Hirse
hírshen wiehern <sl>
hißchájweß *n* (-n) Verpflichtung <se> ↑ chojw, mechájew, mechújew
hischtápcheß-hanéfesch *n* Gefühlserguss <se>
hißlájweß *n* Begeisterung <se>
hißpájleß *n* Begeisterung <se> ↑ nißpóel; *kelbern* ~ Verzückung, Taumel
hitl *n* (-ech *od* -en) Mütze
hitn (gehit *od* gehitn) hüten, bewahren; ~ *sich* sich hüten, sich vorsehen

hítung *f Sgt* Aufbewahrung, Verwahrung
hiz *f* Hitze, Fieber; *rejdn fun* ~ fantasieren, im Fieber reden; *rejdn mit* ~ voller Eifer sprechen
hizn: ~ *sich* sich ereifern
hlíbe *f* (-ß) Batzen, Brocken <sl>
hníde *f* (-ß) Nisse <sl>
hnoj *m* Mist <sl>
hóber *m od n* Hafer
hóbern *Adj* Hafer-
hobn (ich hob, du hoßt, er hot, mir hobn, ir hot, sej hobn; gehat) haben
hódewen pflegen, aufziehen, züchten <sl>
hódi, hódje genug; es reicht <sl>
hóferdik hoffärtig; zuversichtlich
hogl *m* (-en) Hagel; *eß schit a* ~ es hagelt
hógl(e)n hageln
hojch (hécher) hoch; laut; hochgewachsen
hojchréjder *m* (-ß) Lautsprecher
hójden schwingen, schwenken <sl>; ~ *sich* schwingen, schaukeln (intr.)
hójdlke *f* (-ß) Schaukel <sl>
hojf *m* (-n *od* hejf) *V* **hejfl** Hof
hojfn *m* (-ß) Handvoll, Haufen; *lachn in di* ~*ß* sich ins Fäustchen lachen
hójker *m* (-ß) Höcker
hójkerdik bucklig
hojl nackt, kahl; hohl; *mit di* ~*e hent* mit bloßen Händen
hojpt- Haupt-, haupt-
hójreg *m* (harúgim) Getöteter <se> ↑ hárge(ne)n, haríge
hojs[1] *n* (hájser) *V* **hajsl, hajske** Haus; *gejn iber di hajser* betteln gehen
hojs[2] *m* (-n) Hosenbein; *a por* ~*n* eine Hose
hójsgesind *n* Hausgemeinschaft, Familie
hojsn *Pl* Hose
hojßófe *f* (-ß) Zulage <se> ↑ mójßef
hojt *f* Haut; *krichn fun der* ~ sich abstrampeln; *fun der heler* ~ plötzlich, ohne erkennbaren Grund

hojzóe *f* (-ß) Ausgabe, Kosten ‹*se*›; *arajnbrengen emezn in ~ß* jdm. Kosten verursachen
hóldern kollern
hólóblje *f* (-ß) Deichsel ‹*sl*›
holowéschke *f* (-ß) schwelendes Stück Holz ‹*sl*›
holúben: *~ sich* turteln ‹*sl*›
holúbzeß *Pl* Krautwickel ‹*sl*›
hólzwarg *n Sgt* Bauholz
hómen-tasch *m* (-n) Haman-Tasche (Purim-Gebäck) ‹*se*›
hon *m* (-en *od* héner) Hahn
hónechl *n* (-ech) Hähnchen
hónen-kam *m* (-en) Hahnenkamm
hónen-krej *m* Hahnenschrei
hóner *m* Ehre, Würde; Ehrgefühl, Stolz ‹*sl*›; *onrirn dem ~* die Ehre verletzen; *aweklejn dem ~* den Stolz unterdrücken
hónik *m* Honig
hónor *m* Hochmut ‹*sl*›; *aropsezn emeznß ~* jdm. den Hochmut austreiben
hópken hüpfen ‹*sl*›
hor *f* (–) Haar; *a ~ greßer* ein winziges Stückchen größer; *hengen af a ~* am seidenen Faden hängen
horb *m* (-n) Buckel ‹*sl*›
horbáte bucklig ‹*sl*›
hórchik gehorsam
horepáschnik *m* (-eß) *w* **-nize** schwer Arbeitender ‹*sl*›
horewánje *f* schwere Arbeit ‹*sl*›
hórewen schwer arbeiten ‹*sl*›
horn *n od m* (hérner) Horn; *blosn in ~* das Horn blasen; *onchapn dem okß far di herner* den Stier bei den Hörnern packen
hos *m* (-n) *w* **-iche** *V* **hesl** *od* **hésele** Hase; blinder Passagier; *schißn zwej ~n mit ejn schoß* zwei Fliegen mit einer Klappe schlagen
hóse *f* Frechheit, Unverschämtheit ‹*se*›

hós(e)n *Adj* Hasen-; *~e ojern* Hasenohren
hósn-lip *f* Hasenscharte
hrab *m* (-n) Hainbuche ‹*sl*›
hréblje *f* (-ß) Damm ‹*sl*›
hrétsch(e)n = rétsch(e)n
hrétschke = rétschke
hrís(h)en nagen, knabbern; belästigen ‹*sl*›
hrúbe *f* (-ß) Ofen ‹*sl*›
hrúde *f* (-ß) Haufen ‹*sl*›
hubl *m* (-en) Hobel
húbl(e)n, húblewen hobeln
húdjen, húdshen dröhnen, summen ‹*sl*›
huljáke *m* (-ß) Lebemann, Liederjan ‹*sl*›
huljánke *f* (-ß) Gelage, Orgie ‹*sl*›
húljen sich austoben, zechen ‹*sl*›
húljenisch *n* Schwelgerei ‹*sl*›
hultáisch liederlich, ausschweifend ‹*sl*›
hultáj *m* (-eß) *w* **-ke** Wüstling ‹*sl*›
hultájewen liederliches Leben führen ‹*sl*›
hultájßtwe *f* liederliches, ausschweifendes Leben ‹*sl*›
hun *f* (híner) *V* **híndele, hindl** Huhn, Henne
húndert hundert; *der ~ßter* der hundertste
húnger *m* Hunger; *schtarbn far/fun ~* hungers sterben
húngerik hungrig
hunt *m* (hint) *V* **hintl** Hund; *a kelt – hint zu fartrajbn* eine Hundekälte; *a geschlogener ~* ein geriebener Bursche, nicht von gestern
hurt *m* Herde; Großhandel ‹*sl*›; *in ~* en gros
húrthandl *m* Großhandel
húrtler *m* (-ß) *w* **-ke** Großhändler ‹*sl*›
hurtóm en gros ‹*sl*›
hurtównik *m* (-eß) *w* **-nize** Großhändler ‹*sl*›
hußt *m* Husten
hußtn husten; *~ mit blut* Blut husten
hútschke *f* Kraut (von Knollenfrüchten)

»Bay mir bistu sheyn«. Wie sich das Jiddische über Filme, Musicals und Lieder verbreitet

Mit unheimlicher Komik beginnt der Film »A Serious Man« von 2009 – und ganz jiddisch. Kein Wunder, denn die Coen-Brüder lassen die einleitende Handlung in einem Schtetl der Zeit vor dem Ersten Weltkrieg spielen. Mitten hinein in eine ärmliche, häusliche Winterszene kommt der große, bärtige Traitle Groshkover, ein Dibbuk möglicherweise, also ein vom Geist eines Toten besessener Lebender. Als die Frau des Hauses ein Messer in seinen Körper sticht, geht er lachend in die Nacht hinaus. Schon lange nicht mehr wurde dem Jiddischen so überraschend, eindrucksvoll und breitenwirksam gehuldigt wie in dem für zwei Oscars nominierten und vielfach prämierten Film, den viele Millionen Zuschauer sahen.

Zuvor kam sicherlich dem Musical »Fiddler on the roof« – deutsch »Anatevka« – diese Rolle zu. Mit seinen Zehntausenden von Aufführungen seit 1964 war es äußerst erfolgreich, und zwar schichtenübergreifend. Obwohl es im Libretto nur hie und da jiddische Ausdrücke gibt, machte das Stück neugierig auf den zugrunde liegenden Text: Scholem Alejchems Erzählungen »Tewje, der Milchmann/Milchiger«, die seit den 1890er-Jahren in Jiddisch erschienen waren und weltweit gelesen wurden. Und auch ganz auf Jiddisch feiert das Musical Erfolge, so 2018 in New York.

Ein Kennzeichen des Musicals ist seine besondere Mischung von Themen und Stimmungen. Sie findet sich auch in international erfolgreichen jiddischen Liedern, wo sich Verzweiflung mit Heiterkeit, Witz mit Melancholie, Kleinstadt-Sorgen mit Liebesdingen paaren, und das alles vor dem Hintergrund von Vertreibung und Pogrom. Zur Faszination dieser Songs trägt entscheidend *Klezmer* – selbst ein jiddisches Wort im Deutschen wie auch der längst eingebürgerte *Bagel* – bei, obwohl die Musik keineswegs so traditionell ist, wie viele ihrer Hörer glauben. Wenn Formationen wie »The Klezmatics« das zu Herzen gehende Liebeslied »Di Sapozhkelekh« (»Die Schühlein«, bei Lötzsch wäre das »di ßaposhkelech«) intonieren, machen sie wie Tausende andere Klezmer-Gruppen beste Werbung für das Jiddische. Ihre meist unorthodoxe musikalische Interpretation in wildem Stilmix trägt zur Wirkung der Texte bei.

Manche Sänger jiddischer Lieder weltweit übersehen allerdings, dass diese oft nicht nur schwermütig sind, sondern geradezu im Schatten der Shoah, die jiddisch als *churbn* bezeichnet wird, geschrieben wurden. Das gilt in gewisser Weise sogar für das hochberühmte tragische Lied »doß kelbl«, auch bekannt als »Dona, Dona« des Komponisten Sholom Secunda, Text Aaron Zeitlin. In ihm geht es um »a kelbl«, ein Kälbchen, »gebundn mit a schtrik«, das zur Schlachtbank gefahren wird. Die Symbolik liegt auf der Hand: Das Lied entstand 1940.

Seinen internationalen Erfolg brachten englischsprachige Versionen von Joan Baez und Donovan in den 1960ern. Von Sholom Secunda stammt – zusammen mit Texter Jacob Jacobs – auf der anderen Seite aber auch der schmissige Song mit der jiddischen Titelzeile »Bay mir bistu sheyn« (bzw. »baj mir bißtu schejn«), den er für die Musikkomödie »M'ken lebn nor m'lost nit« (»Man könnte leben, nur man lässt einen nicht«) komponierte. Die Andrew Sisters machten ihn zum Nummer-1-Hit, bis heute unzählige Male gecovert. Heute singen deutsche Kinderchöre zuweilen das im Film »Schindlers Liste« erschütternd klug eingesetzte Loblied der Buchstaben und ihres Lernens »ojfn pripetschik brent a fajerl«.

Der Übergang von solch ohrwurmartigen Liedtexten zu beeindruckenden Gedichten scheint in der jiddischen Sprache ähnlich leicht und fließend wie im Englischen oder Französischen, man denke nur an Meister wie Izik Manger, Lajser Ajchenrand oder die viel bewunderte Rajzel Zychlinski und ihr Liebespoem »di klejder«, in dem sie das Farbspiel ihrer tuschelnden Kleidungsstücke beschreibt und das endet: »opgerukt, basunder in a winkl fun majn schank, / di arbl farworfn iber di akßlen, – / cholemt fun dir majn bloj klejd.« »Beiseite, für sich in einer Schrankecke, / die Ärmel über die Schultern gelegt, / träumt mein blaues Kleid von dir.«

Spätestens der Nobelpreis für Isaac Bashevis Singer im Jahr 1978 stellte den künstlerischen Rang des Jiddischen für alle Welt klar, freilich zu einem Zeitpunkt, als die Nazis Millionen seiner Sprecher getötet hatten.

i: *i ... i* sowohl ... als auch

íber über; an; durch; entlang; wegen; *~n tisch* über dem Tisch; *arbetn ~ a projekt* an einem Projekt arbeiten; *forn ~n land* durch das Land fahren; *gejn ~n schoßej* die Landstraße entlanggehen; *krign sich ~ klejnikajtn* sich wegen Kleinigkeiten streiten; *a tog ~ a tog* einen Tag um den anderen

íber- (in unfest zusammengesetzten Verben) über-, um-, wieder-, ver-; (in denominalen Bildungen) supra-

iberachttóg *Adv* in einer Woche

íberadreßirn mit anderer Adresse versehen

íberajór *Adv* nächstes Jahr

íberakern umpflügen

iberanájß von Neuem, wieder(um)

íberanderschn entstellen, verändern

íberbajßn* durchbeißen; Imbiss einnehmen

íberbajt *m* (-n) Veränderung, Wechsel

íberbajtn* verändern

íberbarech(e)n(e)n umrechnen

íberbasezn umsiedeln

íberbasinikn umdeuten

íberbawof(e)n(e)n wiederaufrüsten

íberbejg *m* (-n) Biegung; Überspitzung

íberbejgn biegen; *~ dem schtekn* übertreiben, überziehen

íberbet *f od n* Federbett, Bettdecke

íberbetn[1] neu beziehen (Bett)

íberbetn[2]***** um Verzeihung bitten; *~ sich* sich aussöhnen; *ich bet iber ajer kowed* mit Verlaub

íberblajbn* übrig bleiben

íberblajbß *m* (-n) Überbleibsel, Relikt

íberbindn* verbinden, zubinden

íberblajbß *n* (-n) Relikt

íberbletern umblättern

íberbodn* zu lange baden

íberboj(e)n umbauen; umstellen; reorganisieren; *~ sich* sich umstellen

íberbrechn* zerbrechen

íberbren(e)n durchbrennen

íberbroch *m* (-n) Bruch, Umbruch

íberchapn abfangen, schnell essen *<sl>*; *~ dem otem* Atem schöpfen; *~ di moß* übertreiben, überziehen; *~ dem hunger* einen Bissen zu sich nehmen

íberchasern wiederholen *<se>*

íberchitrewen überlisten *<sl>*

íberdekn neu decken (Dach)

íberderlejsn nacheinander lösen (alle Aufgaben)

íberderschrek *m* Erschrecken; *far ~* vor Schreck

íberderschrekn* erschrecken (*tr*); *~ sich* erschrecken (*intr*)

íberderzejln weitererzählen, nacherzählen

íberderzi(e)n* umerziehen

íberdrej(e)n umdrehen, zurückdrehen

íberdrukn nachdrucken

íberekßponirn überbelichten

íberentfern überantworten

íberfarbn mit anderem Anstrich versehen

íberfarding(e)n* weitervermieten

íberfarkojfn weiterverkaufen

íberfarsuchn durchprobieren

íberfartejln umverteilen

íber(far)tejlung *f* Umverteilung

íberfirn überführen, versetzen; *~ dem blik* den Blick woandershin richten

íberflanzn umpflanzen

íberfli *m* (-en) Überfliegen; *~ fun di fejgl* Vogelzug

íberformirn umbilden

íberforn* fahrend überqueren

íberfotografirn von Neuem fotografieren

íberfrasirn periphrasieren, umschreiben

íberfregn noch einmal fragen

íberfurem(e)n umformen

íbergeber *m* (-ß) Sender

íbergebirtler *m* (−) Neugeborener

íbergebn* übergeben, zuleiten; in jds. Auftrag mitteilen; senden (im Rundfunk, Fernsehen)
íbergegebn ergeben, treu
íbergeburt *m* Wiedergeburt, Regeneration
íbergejn* überqueren; übergehen; ~ *af an ander arbet* die Arbeitsstelle wechseln; ~ *in angrif* zum Angriff übergehen
íbergenug mehr als genug
íbergetriknt ausgetrocknet; ~ *wern* austrocknen
íbergezajtikt überreif
íbergißn* umgießen
íbergißung *f* (-en) Transfusion
íbergrejtn umschulen
íbergrobn* umgraben
íbergrupirn umgruppieren
íberhakn durchhacken; unterbrechen
íberhaltn* zu lange halten
íberhrisen durchnagen <*sl*>
íberik übrig; unnötig, überflüssig; *doß* ~*e* der Rest
íberjogn überholen
íber-jor *n* (-n) Schaltjahr
íberkaj(e)n durchkauen
íberkejfl(e)n multiplizieren <*sl*>
íberkerenisch *n od f* Umwälzung
íberkern umstürzen, umkippen; ~ *alz mitn kop arop* alles auf den Kopf stellen; ~ *sich* umstürzen (*intr*)
íberkiln unterkühlen
íberklajbn* sichtend auswählen; ~ *in sikorn* (im Gedächtnis) Revue passieren lassen; ~ *sich* umziehen (in andere Wohnung)
íberklern es sich anders überlegen; sich durch den Kopf gehen lassen
íberklign überlisten
íberkochn zu lange kochen lassen; verdauen; ~ *sich* zu lange kochen; verdaut werden; *ß'wet sich* ~ es wird sich beruhigen
íberkowen neu beschlagen (Pferd) <*sl*>
íberkrejzn überqueren; ~ *sich* sich kreuzen
íberkrenk(e)n überstehen (Krankheit); *ale kinder hobn ibergekrenkt af mosln* alle Kinder haben die Masern gehabt
íberkrign*: ~ *sich* in Streit geraten, sich zerstreiten
íberkrim(e)n nachäffen
íberkukn durchsehen, sichten; ~ *sich* Blicke wechseln
íberkuljen: ~ *sich* Purzelbaum schlagen <*sl*>
íberkum(e)n* überstehen; auskommen (mit Mitteln)
íberkwalifizirn umqualifizieren
íberlajdn* durchleiden
íberlebenisch *f* (-n) Aufregung
íberlebn erleben; sich aufregen
íberlebung *f* (-en) Aufregung
íberlejen(e)n (nochmals) durchlesen
íberlejgn umlegen, verlegen; bedecken; ~ *dem dil/di podloge* den Fußboden neu dielen
íberlodn* umladen; überlasten; ~ *sich* sich verlagern
íberlojfn* (laufend) überqueren; überlaufen (zum Gegner)
íberlosn übrig lassen; verlassen
íbermachn ändern, umgestalten, umarbeiten
íbermidn: ~ *sich* übermüdet sein
íbermischn vermischen; durcheinanderbringen
íbermordewen: ~ *sich* sich die Hörner abstoßen <*sl*>
íbermutschen: ~ *sich* sich durchquälen <*sl*>
íbernechtikn übernachten
íbernem(e)n* zu viel nehmen; abschneiden (Weg)
íbernischtern durchwühlen
íberojßfiln übererfüllen
íberojßschtatn umrüsten
íberonschteln anders einstellen (Radio)

íberonschtim(e)n (neu) stimmen (Instrument)
íberpakn vollstopfen
íberplantirn transplantieren
íberplonte(r)n verwechseln, durcheinanderbringen; ~ *sich* durcheinanderkommen *‹sl›*
íberpruwn durchprobieren
íberrajbn* verreiben, zerreiben; ~ *sich, íbergeribn wern* sich durchscheuern
íberrajß *m* (-n) Pause
íberrajßn* unterbrechen; ~ *emezn di rejd* jdm. ins Wort fallen
íberre(j)dn zum Schweigen bringen; zu anderer Meinung bekehren; ~ *mit emezn* mit jdm. sprechen, sich mit jdm. verständigen
íberrien durchwühlen *‹sl›*
íberrufn: ~ *sich* sich gegenseitig zurufen; *epeß ruft sich iber mit epeß* etw. klingt in etw. an
íberrukn verstellen (Zeiger); verschieben, vertagen
íbersalzn* versalzen; übertreiben
íberscharn schüren
íberschazn neu bewerten, umwerten; überschätzen
íberschikn mitschicken, hinschicken; überweisen (Geld usw.)
íberschißn*: ~ *sich* Schüsse wechseln
íberschitn* umschütten; ~ *mit epeß* mit etw. überschütten
íberschlißn* umstellen (Produktion, Telefon)
íberschlofn* durchschlafen (Nacht)
íberschlog *m* (-n) Unterbrechung, Stockung
íberschlogn* unterbrechen; *schlog ni(sch)t iber!* unterbrich mich nicht!
íberschmidn umschmieden; (neu) beschlagen (Pferd)
íberschmueßn sprechen (mit vielen; über vieles) *‹se›*; ~ *sich mit emezn* sich mit jdm. unterhalten

íberschnajdn* durchschneiden; überqueren; ~ *emezn dem weg* jdm. den Weg abschneiden
íberschparn: ~ *emezn* im Streit mit jdm. die Oberhand behalten
íberschpiln (alles) durchspielen; überziehen beim Spielen (einer Rolle)
íberschpizn überlisten
íberschrajber *m* (–) Korrespondent; Abschreiber
íberschrajbn* abschreiben; umschreiben, neu schreiben; ~ *sich* korrespondieren
íberschrekn* erschrecken (*tr*); ~ *sich* erschrecken (*intr*)
íberschtajgn* übertreffen, überbieten
íberschtarkn überwinden
íberschtejn* zu lange stehen (und verderben)
íberschteln verstellen (Zeiger); umstellen (Möbel); ~ *sich* sich anders aufstellen; ~ *sich fun ejn fuß afn andern* von einem Fuß auf den anderen treten
íberschwim(e)n durchschwimmen
íbersegn durchsägen
íbersez *m* Umsteigen
íbersezn umsetzen, transplantieren; übersetzen; umsiedeln; ~ *sich* umsteigen
íberßortirn umsortieren
íberßtrachirer *m* (–) Rückversicherer *‹sl›*
íberßtrachirn: ~ *sich* überängstlich sein und sich rückversichern *‹sl›*
íbertakßirn neu bewerten
íbertaßken an andere Stelle schleppen *‹sl›*
íberton*: ~ *sich* sich umziehen
íbertrachtn sich durch den Kopf gehen lassen
íbertretn* überschreiten
íbertrogn* verlegen (an anderen Ort); ertragen, überstehen (Krankheit)
íberwalgern herumwälzen (auf die andere Seite)

íberwaln *Pl* Neuwahlen
íberwanderer *m* (-) Umsiedler, Übersiedler
íberwandern übersiedeln
íberwarem(e)n überhitzen
íberwarfn* verlegen (an einen anderen Ort); ~ *sich* übergreifen (Feuer); einander zuwerfen; ~ *sich mit werter* Worte austauschen
íberwartn abwarten
íberwaschn* durchwaschen; ~ *emezn di bejndlech* jdn. durchhecheln
íberwegn* überwiegen
íberwejln wiederwählen
íberwink(e)n*: ~ *sich* sich zublinzeln
íberwog *f* Übergewicht
íberzajtik überreif
íberzajtikn überreif werden
íberzejlem(e)n: ~ *sich* sich bekreuzigen <*se*>
íberzejln durchzählen, nachzählen
íberzien*: ~ *sich* umziehen (in eine andere Wohnung)
íberzoln zu viel zahlen
íbl(e)n übel sein; *ß'íblt mich* mir ist übel
ich (*D mir, A mich*) ich; *der ejgener* ~ das eigene Ich
-iche (Suffix zur Bildung von Bezeichnungen weiblicher Personen oder Tiere) <*sl*>; *wólfiche* Wölfin; *góldbergiche* Frau Goldberg
ideál *m* (-n) Ideal
idéj *f* (-en) Idee
idéjisch ideell
íer *m* Ijar, achter Monat des jüd. Kalenders (April–Mai)
íew *m* Hiob <*se*>; *~ß jeßúrim* Leiden; *~ß pßúreß* Hiobsbotschaften
íker *m* Hauptsache <*se*>
imeníneß *Pl* Namenstag <*sl*>
im(j)irze(ha)schém so Gott will <*se*>
ímpet *m* Ungestüm
ímpetik ungestüm
imprése *f* (-ß) Veranstaltung

imschtánd: *sajn* ~ imstande sein
-(i)n (Suffix zur Bildung von Bezeichnungen weiblicher Personen); *lérer(i)n* Lehrerin; *kéch(i)n* Köchin
in in; an; ~ *moßkwe* in Moskau; ~ *schul* in der Schule; *gejn* ~ *schul arajn* in die Schule gehen; *kumen* ~ *schtub arajn* ins Haus kommen; *fufzik kilometer (~) a scho* 50 km in der Stunde; ~ *draj jor arum* drei Jahre später
inderémeß in Wirklichkeit, tatsächlich <*se*> ↑ *émeß*
inderfrí *Adv* am Morgen
inderfrí *m* (-en) Morgen; *ale* ~ jeden Morgen
inderfríik morgendlich
inderhéjm zu Hause
inderlúftn in der Luft
inderwóchn an Wochentagen, nicht am Sabbat
índik *m* (-eß) Truthahn <*sl*>
índitschke *f* (-ß) Truthenne <*sl*>
indsl *m* (-en) Insel
íne *f* (inúim) Folterbank <*se*>
inéjnem zusammen
ínerlech inner, Innen-; *~er handl* Binnenhandel; *~e krankhajtn* innere Krankheiten
ínern-politik *f* Innenpolitik
ín(e)wejnik *Adv* innen, drin; herein, hinein; *fun* ~ von innen
ín(e)wejnik *m* Inneres
ín(e)wejnikßte innere; *~e tir* Innentür
ingánzn ganz und gar
íngber *m* Ingwer
íngewejd *n od Pl* Eingeweide
ingíchn bald
ínjen *m* (injónim) Angelegenheit <*se*>
-ink (Suffix zur Bildung von abgeschwächten Adjektiven); *schmólink* recht schmal; *bló(j)ink* bläulich
inmítn inmitten; ~ *(der) nacht* mitten in der Nacht; ~ *heln tog* am hellichten Tage

inshenjér *m* (–) Ingenieur <sl>
inßpektírn inspizieren
intelektuál *m* (-n) Intellektueller <sl>
interéß *m* (-n) Interesse <sl>
intereßírn interessieren; ~ *sich mit epeß* sich für etw. interessieren
inúim *Pl* Folter <se> ↑*íne*
ípesch *m* Gestank <se>
ir[1] ihr (Possessivpron der 3. Pers. Sg. weibl.)
ir[2] (*D, A* ajch) ihr, Sie
íre *Pl* Personen; *mir sajnen finf* ~ wir sind zu fünft / fünf Personen
irt: *fun* ~ *wegn* ihretwegen
irzn mit dem höflichen Ihr anreden
isdjékenisch *n* Verhöhnung <sl>
isdjékewen: ~ *sich* höhnen <sl>; ~ *sich iber emezn* jdn. verhöhnen
ísche *f* (nóschim) weibliches Wesen <se>
íwre *f* Hebräisch <se> ↑*hawóre*
ízt(er) jetzt

J

jábede *f* (-ß) Denunziation, Verleumdung <sl>
jábednik *m* (-eß) *w* **-nize** Denunziant, Verleumder <sl>
jabósche *f* Festland <se>
jáchße(ne)n = jícheßn
jachßn *m* (jachßónim) Aristokrat, Vornehmer <se> ↑*jícheß, mejúcheß*
jachßóneß *n* vornehme Herkunft <se>
jad-ácheß *Adv* gemeinsam <se>; *sajn mit emezn* ~ mit jdm. gemeinsame Sache machen
jádeschliwe kurzatmig, asthmatisch
jág(e)de *f* (-ß) Beere <sl>
jágel *m* Rentiermoos <sl>
jahúdi *m* (-m) verächtliche Bezeichnung für einen westeuropäischen assimilierten Juden <se>

ják(o)bi als ob <sl>
jákreß *m* Teuerung <se>; *eß is a* ~ *af epeß* etw. ist teuer
jam *m* (-en *od* -im) Meer <se>; *inmitn* ~, *in ofenem* ~ auf offenem Meer; *bam* ~, *afn breg* ~ am Meer; *forn mitn* ~ übers Meer fahren
jám-forndik seefahrend
jám-man *m* (jám-lajt) Matrose
jám-mejdl *n* (-ech) Seejungfrau
jar *m* (-n) steiler Abhang, Schlucht <sl>
jaríd *m* (-n) Jahrmarkt, Messe <se>; *afn himl a* ~ viel Lärm um nichts; *wen in himl wet sajn a* ~ am St. Nimmerleinstag
jarídnik *m* (-eß) Jahrmarktbesucher <se>
járm(e)lke *f* (-ß) Gebetskäppchen
jársche(ne)n erben <se> ↑*jerúsche, jójresch*
jasch *m* Schnaps <se>
jáschtscherke *f* (-ß) Eidechse <sl>
jáßle *f* (-ß) Zahnfleisch <sl>
jat *m* (-n) Bursche, Bengel
játren: ~ *sich* eitern <sl>
jáwen: ~ *sich* kommen, erscheinen, auftauchen <sl>
jechídim ↑*jóchid*
jechídisch individuell <se>
jedíe *f* (-ß) Nachricht <se> ↑*mojdíe*
jéjzer *m* (jezórim) Trieb <se>; ~-*hóre* böser Trieb, Versuchung; ~-*to(j)w* guter Trieb
jekár-hamzíeß *m* (-n) Rarität <se>
jelóle *f* (-ß) Jammergeschrei <se>; *machn* ~*ß* ein Jammergeschrei anstimmen
jéne-welt *f* Jenseits
jenk *m* Stöhnen <sl>
jénk(e)n stöhnen <sl>
jénweltik jenseitig
jeríde *f* (-ß) Verfall <se>
jern (gejójrn) gären
jern: ~ *sich* Geburtstag haben; *mit masl gejert sich!* herzlichen Glückwunsch zum Geburtstag!

jerúsche *f* Erbe, Erbschaft ‹se› ↑járschenen, jójresch; *di idejische* ~ das geistige Erbe; *bakumen epeß be* ~ etw. erben
jerúschedik erblich ‹se›
jeschíwe *f* (-ß) Talmudschule ‹se›
jeschíwe-bocher *m* (-im) Talmudschüler ‹se›
jeßód *m* (jeßójdeß) Fundament, Basis, Grundlage ‹se› ↑mejáßed; *sajn der* ~ *far epeß* einer Sache zugrunde liegen
jeßójme *f* (-ß) Waise ‹se› ↑jóßem
jeßójmim ↑jóßem
jeßójmim-hojs *n* (-hajser) Waisenhaus
jeßúrim *Plt* Leiden ‹se›
jetwíder jedweder
jezieß-neschóme *f* Todeskampf; Sterbebett ‹se›
jezórim ↑jéjzer
jícheß *m* vornehme Abstammung ‹se› ↑jachßn, mejúcheß
jícheßn: ~ *sich* sich etwas auf seine Abstammung einbilden ‹se›
jid *m* (*D, A auch* jidn; -n) Jude; Mensch, Mann; *a* ~ (auch sehr höfliche Anrede); *funwanen kumt a* ~*?* woher kommen Sie? *reb* ~ Herr; *wi ich bin a* ~ so wahr ich hier stehe
jídene *f* (-ß) Jüdin
jídisch jüdisch; jiddisch; *nemen a* ~ *wort in mojl* seine Gebete aufsagen
jídischkajt *f* jüdischer bzw. jiddischer Charakter
jídischke *f* (-ß) Jüdin
jíesch *m* Verzweiflung, Resignation ‹se› ↑mejáesch
jíeschdik verzweifelt ‹se›
jíngere *Adj* Unter-; ~*r komandir* Unterführer
jingl *n* (-ech) Junge, Knabe; ~*-zíngl* Däumling
jinglsch jungenhaft
jínglschaft *f* Knabenalter
jínglwajs *Adv* als Junge, in der Kindheit

jíschew *m* (jischúwim) Siedlung ‹se›
jischew-hadáß *m* Überlegung, Nachdenken ‹se›
jíschewn: ~ *sich* überlegen ‹se› ↑mejáschew
jischúwnik *m* (-eß) *w* **-nize** jüd. Dorfbewohner ‹se›
jíßker-buch *n* (-bicher) Jisker-Buch, Gedenkbuch (zum Gedächtnis an eine ausgelöschte jüdische Gemeinde) ‹se›
jißreéjli *m* (-m) *od f* (-ß) Israeli ‹se›
jißreélisch israelisch ‹se›
jißróel *n* Israel ‹se›
jißróeldik israelisch ‹se›
jo ja; (in best. Kontexten auch) wirklich, tatsächlich; *zwischn* ~ *un nejn* im Nu; *er is* ~ *gegangen* er ist tatsächlich gegangen
jóchid *m* (jechídim) Individuum; Einzelgänger ‹se›
jóder *m* (-n) Kern ‹sl›
jóderdik kernig ‹sl›
jódle *f* (-ß) Fichte ‹sl›
jógenisch *n* Gehetze
jóg-gewet *n* Wettrennen
jogn jagen, hetzen; ~ *sich noch epeß* hinter etw. hersein (um es zu ergattern)
jojch *f* (-n) *V* **jajchl** Brühe, Suppe; Saft
jójez *m* (-im) Ratgeber ‹se› ↑éjze
jójred *m* (jórdim) Verarmter ‹se›
jójresch *m* (jórschim) *w* **-te** Erbe ‹se› ↑jársche(ne)n, jerúsche
jójscher *m* Gerechtigkeit ‹se›
jojwl *m* (-en) Jubeljahr ‹se›; *ejn mol in a* ~ alle Jubeljahre
jójwl(e)n einen (runden) Jahrestag feiern
jójzer *m* Teil der jüd. Feiertagsliturgie ‹se›
jójzreß: *farbajtn di* ~ etwas durcheinanderbringen
jold *m* (-n) Trottel ‹se›
jóldeß *f* (-n) Gebärerin ‹se›
jóldisch einfältig ‹se›
jómern jammern, wehklagen

jom-hadín *m* Tag des jüngsten Gerichts <se>
jom-kíper *m* Versöhnungstag <se>
jómtew *m* (jomtójwim) Feiertag <se>; *a gutn ~!* frohes Fest!
jom-wolájle *Adv* Tag und Nacht
jóntew = jómtew
jor *n* (-n, nach Zahlwort –) Jahr; *hajntikß* ~ dieses Jahr; *ale ~ / woß a ~* jedes Jahr; *a ganz ~* das ganze Jahr; *ß'is fariber draj ~* es sind drei Jahre vergangen; *in ejne ~n sajn mit emezn* gleichaltrig sein mit jdm.; *zu lengere ~(n)* (wird dem Namen einer lebenden Person hinzugefügt, wenn sie zusammen mit einem Verstorbenen genannt wird); *wen ß'gejen ojß di ~n* am Ende aller Tage
jórdim ↑ jójred
jórik jährlich
jórnlang *Adv* jahrelang; *fun ~* seit Jahren
jórschim ↑ jójresch
jórtog *m* Jahrestag
jórzajt *m od f* (-n) Wiederkehr des Todestages
jorzéndlik *m* (-er) Jahrzehnt
jóßem *m* (jeßójmim) Waisenknabe <se> ↑ jeßójme
jung (jínger) jung; *di ~e jorn* die Jugend, das Jugendalter
jungátsch *m* (-eß) Bursche, Kerl; Flegel
jungerhéjt in der Jugend
junger-mán *m* (junge-lájt) junger Mann
júngwarg *n Sgt* junge Leute
jurídisch juristisch

kabák *m* (-n) Kürbis <sl>
kabóle *f* Kabbala; überlieferte Weisheit; Quittung <se>
kaboleß-pónem *m od n* Empfang <se> ↑ mekábl
kaboleß-schábeß *m od n* Empfang des Sabbats (am Freitagabend) <se>
kábren *m* (kabrónim) Totengräber <se> ↑ kéjwer, kwúre, mekáber
kádesch[1] *m od n* (kadéjschim) Totengebet <se>
kádesch[2] *m* (kadéjschim) männlicher Erbe; Person, die das Totengebet spricht <se>
kádmen- Ur- <se>; *~-sind* Erbsünde
kadmójnim *Plt* Urzeiten <se>
kadmójnisch Ur- <se>; *~e zajtn* Urzeiten
kadócheß *n* Fieber; nix <se>
kafakál(e) *m* Fegefeuer <se>
kafé *m* (-en) Kaffeehaus
kaftn *m* (-ß *od* káfteneß) Kaftan
káj(e)n kauen
kájkl(e)n rollen, wickeln
kájlech *m* (-ß) Kugel
kájlechdik rund
kajór *m* Morgendämmerung <se>
kajßn *m* (kajßónim) *w* **-te** jähzorniger Mensch <se>
kalb *n* (kélber) Kalb
kalch *m* Kalk
kále *f* (-ß) Braut <se>
kále-mejdl *f* (-ech), **kále-mojd** *f* (-n) Mädchen im Heiratsalter
kalemútne trüb <sl>
kalendár *m* (-n) Kalender <sl>
kálike *m* (-ß) Krüppel <sl>
kálje *prädAdj* verdorben; ~ *machn* verderben (*tr*); ~ *wern* verderben (*intr*) <se>
kaljúshe = kalúshe
kalt (kélter) kalt; ~ *gewer* Hieb- und Stichwaffen
káltlech kühl
kalúshe *f* (-ß) Pfütze <sl>
káme zahlreiche <se>
kaméje *f* (-ß) Amulett, Talisman <se>
kámerton *m* (-tener) Stimmgabel <sl>
kámeß *n* (-n) Quantität <se>
kamzn *m* (kamzónim), **kamzenjúk** *m* (-eß) Geizhals <se>

kamzóneß *n* Geiz <*se*>
kamzónisch geizig <*se*>
kanárik *m* (-eß) Kanarienvogel <*sl*>
kanát *m* (-n) Seil <*sl*>
kanáwe *f* (-ß) Graben <*sl*>
kant[1] *m od f* (-n) Kante
kant[2] *m* (-n) Region (Verwaltungseinheit in der Sowjetunion)
kántisch Regions-
kántschik *m* (-eß) Peitsche, Knute <*sl*>
kap *m* (-n) Tropfen <*sl*>
kápele, kápetschke *n* (-ch) Tröpfchen <*sl*>; *a* ~ ein ganz klein wenig
kapélje *f* (-ß) (kleine) Musikkapelle
kapeljúsch *m* (-n) Hut <*sl*>
kápen tropfen, tröpfeln <*sl*>
káphon *m* (-hener) Kapaun
kapischón *m* (-en) Kapuze <*sl*>
kapitán *m* (-en) Hauptmann; Kapitän <*sl*>
kapítl *n* (-en) Kapitel
kapjuschón = kapischón
káplize *f* (-ß) Kapelle (Gebäude) <*sl*>
kapójr gegenteilig, umgekehrt <*se*>; *ton epeß* ~ etw. umgekehrt machen
kapóre *f* (-ß) Sühne, Sühneopfer; Sündenbock <*se*>; *sajn di* ~ *far emezn* jdn. abgöttisch lieben; *sajn a* ~ *far emezn* Sündenbock für jdn. sein; *a schejne, rejne* ~! geschieht ihm recht!
kapóre-hindl *n* (-ech) Sündenbock
kapóreß *Pl* Zeremonie des Sühneopfers beim Versöhnungsfest <*se*>; *schlogn* ~ die Sühneopferzeremonie vollziehen; *tojgn af* ~ zu nichts taugen; *darfn epeß af* ~ für etw. keinerlei Verwendung haben
kapót *m* (-n), **kapóte** *f* (-ß) Kaftan <*sl*>
kaprál *m* (-n) Korporal <*sl*>
kaprís *m* (-n) Laune <*sl*>; *prawen* ~*n* launenhaft sein
kaprísne launenhaft <*sl*>
kaprísnewen launenhaft sein <*sl*>
kápter *m* (-ß) Kapuze
kapzn *m* (kapzónim) Habenichts <*se*>

karahód *m* (-n) Reigen <*sl*>
karakúl(e)n *Adj* Karakul-
karantín *m* (-en) Quarantäne(zeit) <*sl*>
karaúl *m* (-n) Wache, Wachmannschaft <*sl*>
karb *m* (-n) Kerbe; *trefn in* ~ *(arajn)* den Nagel auf den Kopf treffen
karbn kerben
karg knapp; geizig; ~*er hunt* Geizkragen
kárgerke *f* (-ß) geizige Frau
kárglech spärlich
kárgschaft *f* Geiz
karjér *m* (-n) Steinbruch; Tagebau <*sl*>
kark *m* (-eß) Nacken <*sl*>
kárlik *m* (-eß) Zwerg <*sl*>
karp *m* (-n) Karpfen <*sl*>
karsch *f* (-n) Kirsche
kartáwen Zäpfchen-R sprechen <*sl*>
kárte *f* (-ß) Landkarte
kartjóshnik *m* (-eß) (leidenschaftlicher) Kartenspieler <*sl*>
kartófl *f od m* **1** (–) Kartoffelpflanze **2** *Sgt* Kartoffeln
kartóflje *f* (-ß) (einzelne) Kartoffel <*sl*>
kartón *m* (-en) Pappe <*sl*>
kartónen *Adj* aus Pappe <*sl*>
kasárme *f* (-ß) Kaserne <*sl*>
kásche[1] *f* (-ß) Frage <*se*>
kásche[2] *f* Brei <*sl*>; *nit losn sich schpajen in der* ~ sich nicht in die Suppe spucken lassen
káschern koscher machen; rechtfertigen <*se*> ↑ kóscher; *der zil kaschert nit di mitlen* der Zweck heiligt nicht die Mittel
káschreß *n* rituelle Reinheit <*se*> ↑ kóscher
kaschtán *m* (-en *od* -eß) Kastanie <*sl*>
kaschtánowe kastanienbraun <*sl*>
kaß *m* Zorn <*se*>; *sajn in* ~ zornig sein; *wern in* ~ in Zorn geraten; *arajnbrengen in* ~ in Wut bringen
kaßír *m* (-n) *w* -**sche** Kassierer <*sl*>
káßke *f* (-ß) Helm <*sl*>

kaßóke schielend <*sl*>; *kukn* ~ schielen
kaßtn *m* (-ß) Kasten
kat[1] *f* (kíteß) Sekte <*se*>
kat[2] *m* (-n) Henker <*sl*>
katájen spazieren fahren (*tr*); ~ *sich* spazieren fahren (*intr*); ~ *sich rajtndik* ausreiten
káter[1] *m* (-ß) Schnupfen
káter[2] *m* (-ß) Kutter <*sl*>
kátewen martern, peinigen <*sl*>
katójl *m* (-n) Katholik
kátorge *f* Kerker, Zuchthaus <*sl*>; *af* ~ im Kerker
katorshán *m* (-eß) *w* **-ke** Zuchthäusler <*sl*>
kátorshne *Adj* Zuchthaus-, Kerker- <*sl*>
kátorshnik *m* (-eß) Zuchthäusler <*sl*>
katóweß *m od n* Spaß, Scherz <*se*>; *af* ~ zum Scherz; *on* ~ im Ernst, ohne Spaß; *trajbn* ~ Spaß machen
kátschen wälzen <*sl*>; ~ *sich* sich wälzen; ~ *sich far gelechter* sich (vor Gelächter) kugeln
kátscher *m* (-ß) Erpel <*sl*>
kátschke *f* (-ß) Ente <*sl*>
katschkewáte: *gejn* ~ watscheln <*sl*>
katschn *m* (kátscheneß) Strunk <*sl*>
kawalér *m* (-n) Kavalier <*sl*>
kawalérisch galant <*sl*>; *sajn* ~ *mit emezn* jdm. den Hof machen
káwe *f* Kaffee <*sl*>
káwene *f* (-ß), **kawn** *m* (-ß) Wassermelone <*sl*>
kawjóchl wenn man so (von Gott) sprechen darf <*se*>
kawóne *f* (-ß) Absicht; Inbrunst <*se*>
kaz *f* (kez) *V* **kézele, kezl** Katze; *lebn zwischn sich wi zwej kez* wie Hund und Katze sein; *kojfn a* ~ *in a sak* die Katze im Sack kaufen; *arojßlosn di* ~ *fun sak* die Katze aus dem Sack lassen
kázew *m* (kazówim) Fleischer <*se*>
kdójschim ↑ kódesch
kdúschndik = kidúschndik

-ke (Suffix zur Bildung von Bezeichnungen weiblicher Personen) <*sl*>; *lérerke* Lehrerin; *schúßterke* Frau des Schusters
kécher *m* (-ß) Koch
kéch(er)ne *f* (-ß), **kéch(i)n** *f* (-ß) Köchin
kedáj lohnend, der Mühe wert <*se*>
kedéj damit <*se*>; ~ *(zu)* um zu; *er hot ongeton di briln,* ~ *beßer (zu) sen* / ~ *er sol beßer sen* er hat die Brille aufgesetzt, um besser zu sehen/damit er besser sehen konnte
kéglje *f* (-ß) Kegel <*sl*>; *schpiln sich in* ~*ß* kegeln
kegn *Präp* gegen
kégner *m* (– *od* -ß) Gegner
kégngesezlech gesetzwidrig
kegníber *Präp* gegenüber
kegníberdik gegenüberliegend
kégn-natírlech widernatürlich
kégnschteln: ~ *sich* sich widersetzen
kégnwog *f* Gegengewicht
kehánim ↑ kój(h)en
kehíle *f* (-ß) jüd. Gemeinde <*se*>
kehúne *f* Priesterwürde <*se*> ↑ kój(h)en
kéje *f* Erbrochenes <*se*>
kejfl *m* **1** Multiplikation **2** (-en) Vielfaches <*se*>
kéjfl(e)n multiplizieren <*se*>
kéjfler *m* (-ß) Multiplikator <*se*>
kéjle *f* (kéjlim) Gefäß, Gerät <*se*>; *arojßgejn fun di kejlim* außer sich geraten; *arojßbrengen fun di kéjlim* aus der Fassung bringen; *a pußte* ~ ein hohler Mensch
kejn *Präp* nach (Richtungsangabe in Bezug auf Ortschaften, Länder, Erdteile); ~ *moskwe* nach Moskau; ~ *pojln* nach Polen; ~ *afrike* nach Afrika
kejn *Negationsartikel* kein; ~ *sach nit* nichts; ~*er nit* niemand
kéjnemßland *n* Niemandsland
kéjnmol (nit) nie
kéjßer *m* (kejßórim *od* kißríim) Kaiser
kejßerínje *f* (-ß) Kaiserin

kejt *f* (-n) Kette
kéjwer *m* (kwórim) Grab <se> ↑kábren, kwúre, mekáber; *(far)trajbn emezn in ~ arajn* jdn. ins Grab bringen
kejwer-jißróel *m* Beerdigung auf einem jüd. Friedhof <se>
kejwer-óweß *m* Elterngrab <se>
kel *f* (-n) Kehle; *linke* ~ Luftröhre
kélbern *Adj* Kalb-; *~ flejsch* Kalbfleisch
kelbn: ~ *sich* kalben
kélew *m* (klówim) Köter <se> ↑kláfte
kelew-schebeklówim *m* Erzschurke <se>
kéler ↑kol
kéler *m* (-n *od* -ß) Keller
kélischek *m* (kélischkeß) Gläschen <sl>
kélner ↑kólner
kélnje[1] *f* (-ß) Kutschbock <sl>
kélnje[2] *f* (-ß) Maurerkelle <sl>
kelt *f* Kälte
keml *m od* n (-en) Kamel
kenéged *Präp* gegen <se>
kenéged *m* (kenégdim) Opponent, Widerpart <se>
kénen (er ken) **1** (gekónt) können **2** (geként) kennen
kéner ↑kon
kéntenisch *n* (-n) Kenntnis
kéntik (er)sichtlich
kepl *n* (-ech) Köpfchen; Schlagzeile; *emezer hot a wojl ~* jd. hat Köpfchen / ist ein Köpfchen
kepn köpfen
kerbl *n* (-ech) Rubel
kérechz *n* Kehricht
kérele *n* (-ch) Körnchen
kérewen steuern <sl>
kern: *er ker arbetn* er dürfte arbeiten
kern *m* (-er *od* -ß) Kern, Korn
kerndl *n* (-ech) Körnchen
kérper *m* (-ß) Körper
késchene *f* (-ß) Tasche (an der Kleidung) <sl>
keschénik *m* (-eß) Taschendieb <sl>
késew *m* (ksówim) Lüge <se>

keßéjder *Adv* hintereinander, ununterbrochen <se>
keßt[1] *f* Unterhalt, den die Eltern der Frau den Jungvermählten gewähren; *eßn ~, sajn af ~* von den Eltern der Frau unterhalten werden
keßt[2] *f* (-n) Kastanie
kéßtnbrojn kastanienbraun
kez ↑kaz
kez *m* Ende (des Exils), Ankunft des Messias <se>
kézele *n* (-ch) Kätzchen
kéz(e)n *Adj* Katzen-; *a ~er sikorn* ein kurzes Gedächtnis
kézisch *Adj* Katzen-
kezl *n* (-ech) Kätzchen
kézl(e)n: ~ *sich* Junge kriegen (Katze)
kfíre *f* Gottlosigkeit <se>
kíbed *m* **1** Bewirtung (Speise) <se> ↑mechábed **2** (kibúdim) Ehrerweisung <se>; *zetejln di kibúdim* Ehre erweisen
kibed-áw = kibed-ów
kibed-éjm *m* Achtung vor der Mutter <se>; *opgebn ~* die Mutter achten
kibed-ów *m* Achtung vor dem Vater <se>; *opgebn ~* den Vater achten
kibed-ow-woéjm *m* Achtung vor den Eltern <se>; *opgebn ~* Vater und Mutter ehren
kibúz *m* (-im) Kibbuz <se>
kídesch *m* Segensspruch, vor allem vor dem Genuss von Wein <se>
kidesch-haschém *m* Märtyrertod <se>
kidesch-lewóne *m* Mondsegen <se>
kidúschndik legitim (Kind) <se>
kidúschn-fingerl *n* (-ech) Trauring
kíem *m* Existenz <se>
kíen, kíisch *Adj* Kuh-; *~e milch* Kuhmilch
kílblech ziemlich kühl
kílkaßtn *m* (-ß), **kílschafe** *f* (-ß) Kühlschrank
kimát fast, beinahe <se>
kímpet *f* Kindbett, Wochenbett

kímpetor(i)n *f* (-ß) Wöchnerin
kind *n* (-er) Kind; ~ *majnß!* mein Kind! *gejn zu* ~ niederkommen (bei einsetzenden Wehen); *~-un-kejt* Kind und Kegel
kíndersch kindlich, kindisch; *bakumen ~n ßejchl* kindisch werden
kindl *n* (kínderlech) Kindchen
kíndwajs *Adv* in der Kindheit, als Kind; *fun ~ on* seit der Kindheit
kíne *f* Neid, Eifersucht <se> ↑ mekáne
kine-ßíne *f* Rivalität <se>
kínig *m* (-n) *w* **-(i)n** König
kínigl *n* (-ech) Kaninchen
kínjen *m* (kinjónim) Errungenschaft, (geistiges) Eigentum <se>
kinshál *m* (-n) Dolch <sl>
kírke *f* (-ß) Spitzhacke <sl>
kíschef *m* (kischúfim) Zauberei <se> ↑ mecháschef; *ton/machn* ~ zaubern, Zauberei treiben
kíschef-macher *m* (– *od* -ß) *w* **-(i)n** Zauberer
kíschefn zaubern <se>
kíschke *f* (-ß) Darm; Schlauch <sl>; *blinde ~* Blinddarm; *grobe ~* Dickdarm; *grode ~* Mastdarm
kischn *n* (-ß) *V* **kíschele** Kissen
kíschren *m* (kischrójneß) Begabung <se>
kíschrendik begabt <se>
kísew *m* (kisúwim) Lüge <se>
kiße-hakówed *m* Thron Gottes <se>
kiße-hamálcheß *m* Königsthron <se>
kíßlew *m* Kislew, dritter Monat des jüd. Kalenders (November–Dezember)
kißríim ↑ kéjßer
kíteß ↑ kat¹
kiwn *m* (-ß) Absicht <se>
kíwndik absichtlich <se>
kízer *m* (kizúrim) kurze Zusammenfassung <se>; *be ~* kurz zusammengefasst
kláfte *f* (-ß) Hündin <se> ↑ kélew
kláfter *m* (–) Klafter (Maß); *lejgn ~* kraulen (schwimmen)

klajbn (geklíbn) sammeln; *~ sich* (mit Inf.) sich anschicken (mit Inf.)
klájen *f* Kleie
klal: *~ nit* überhaupt nicht <se>
klal *m* (klólim) Regel, Gesetz <se>
klang *m* (-en) **1** Klang, Laut; Schall **2** Gerücht
klap *m* (klep) Schlag; *mit ejn ~* auf einen Schlag; *gebn/ton a ~* einen Schlag versetzen; *a ~ ton in (der) tir* an die Tür klopfen
klapn schlagen, klopfen; *emezn klapt a zon in/on a zon* jdm. klappern die Zähne; *~ in (der) tir* an die Tür klopfen; *~ sich (mit di glesłech)* anstoßen (beim Zuprosten)
klapót *m* (-n) Mühe, Bemühung <sl>
klapótful mühsam, mühevoll <sl>
klapótschen: *~ sich* sich bemühen <sl>; *~ sich far emezn* sich um jdn. bemühen
klawísch *m* (-n) Taste <sl>
klej *m* Leim <sl>
klejn (kléner) (zu) klein; *~e trejfßt* schwacher Trost; *der mantl is im (zu) ~* der Mantel ist ihm zu klein; *ejnß kléner funem andern* eines kleiner als das andere; *a ~ß, ober a fajnß* klein, aber fein
kléjnhantik klein (Buchstabe); *~er oß* Kleinbuchstabe
kléjnink (ganz) klein
kléjnschtetldik kleinstädtisch
kléjntirashik *Adj* mit kleiner Auflage (Buch, Zeitschrift)
kléjnwajs *Adv* als Kind; *fun ~ on/uf* seit der Kindheit
kléjnwarg *n Sgt* Kinderschar
kle(j)-sájen *n Sgt* Bewaffnung <se>
klejt *f* (-n) Laden <sl>
klek *m* (-n) Klecks
klekn genügen, ausreichen
klém(e)n beklemmend sein
kléner ↑ klejn
klep ↑ klap
klépalz *n* Alleskleber

klépbild *n* (-er) Abziehbild
klépik klebrig
klépke *f* (-ß) Fassdaube <*sl*>; *ß'felt im a ~ in kop* bei ihm ist eine Schraube locker
klepn kleben; modellieren
klérer ↑ klor
klern denken, überlegen; *~ wegn epeß* über etw. nachdenken
klésmer *m* (– *od* klesmórim) Musikant <*se*>; *~-loschn* Geheimsprache der Klezmer
klétern klettern
kléwer *m* Klee <*sl*>
klíng(e)n (geklúngen) **1** klingen, tönen **2** klingeln, läuten; *~ in telefon* anrufen
klingeráj *f* Geklingel
klíngewdik klangvoll, tönend
kljákße *f* (-ß) Tintenklecks <*sl*>
kljámke *f* (-ß) Türklinke <*sl*>
kljátsche *f* (-ß) Mähre <*sl*>; *mid wi an alte ~* hundemüde
kljeschtsch *m* (-n) Zecke <*sl*>
kljok *m* Mark; *arojßzien ba emezn dem ~ fun di bejner* jdn. fertigmachen
klóger(i)n *f* (-ß) Klageweib
klogn: *~ sich far emezn iber/af emezn [epeß]* sich bei jdm. über jdn. [etw.] beklagen
klójmerscht angeblich <*se*>
klojs *f* (-n) V **klajsl** kleine Synagoge
klójßter *n* (-ß) Kirche
klójßterisch kirchlich
klóle *f* (-ß) Fluch <*se*>; *tojte ~ß* wilde Flüche
klólim ↑ klal
klopót = klapót
klor (klérer) klar, deutlich; *~ un scharf* kurz und klar; *~ wi der tog* sonnenklar
klótsche *f* Werg <*sl*>
klówim ↑ kélew
klug (klíger) klug
klúgschaft *f* Klugheit
klung *m* Klang, Ton; *a ~ ton* (einmal) klingeln, anrufen

knajlchl *n* (-ech) Knäuel; *wi a ~ in halds* einen Kloß im Hals haben
knajpn (geknípn) kneifen
knakn knacken; knarren; knistern; knallen, laut tönen
knákníßl *n* (-ech) Nussknacker; *un ruf mich ~!* mach doch, was du willst!
knaß *m* (knóßim) Geldstrafe <*se*>
knäßmol *m* (-n) Verlobungsfest <*se*>
knejtsch *m* (-n) Runzel, Falte
knejtschn knüllen; runzeln
kneln unterrichten, lehren
knepl *n* (-ech) Knöpfchen; *zunejen di lezte ~ech zu epeß* letzte Hand anlegen
knetn (geknótn *od* geknét) kneten
kni *m od f* (– *od* -eß) Knie; *schtejn af di ~(eß)* knien; *schteln sich af di ~(eß)* niederknien; *sizn ba emezn af di ~(eß)* bei jdm. auf dem Schoß sitzen
knie *f* (-ß) gekaufte Sache, Neuerwerbung <*se*> ↑ kójne
knip: *a ~ ton* (einmal kurz) kneifen
knipl *n* (-ech) Knoten
knojl *m* (-n) Knäuel; *zunojfdrejen sich wi a ~* sich zusammenrollen
knojt *m od f* (-n) **1** Docht **2** Lunte, Zündschnur
knop *m* (knep) Knopf
knópke *f* (-ß) Druckknopf; Klingelknopf; Reißzwecke <*sl*>
knóßim ↑ knaß
knoßp *m* (-n) Knospe
knúfje *f* (-ß) Clique <*se*>
knúnje *f* (-ß) Falschmeldung <*se*>
knup *m* (-n) Knoten
kochánek *m* (-eß) Liebhaber <*sl*>
kochánke *f* (-ß) Geliebte <*sl*>
kóde *f* (-ß) Fettschwanz
kódesch *m* (kdójschim) Märtyrer; Heiliger <*se*> ↑ mekádesch
kodsche-kodóschim *m* das Allerheiligste <*se*>
kófe *f* Kaffee
koftl *n* (-ech) Bluse, Jacke <*sl*>

kójcheß-farheltenisch *n* Kräfteverhältnis

kójdem-kol *Adv* vor allem <*se*>

kójech *m* (kójcheß) Kraft; Gewalt <*se*>; *ba di kojcheß* bei Kräften; *mitn ganzn* ~ mit aller Kraft; *on* ~ kraftlos; *mit* ~ mit Gewalt; *doß is far majne kojcheß* das kann ich bewältigen; *epeß is iber di kojcheß* etw. übersteigt die Kräfte; *onwern di kojcheß, arojßschlogn sich fun di kojcheß* sich verausgaben; *aweklejgn ale kojcheß* alle Kräfte daransetzen

kojech-hadíber *m* Beredtheit, Redegewalt <*se*>

kojech-hadímjen *m* Vorstellungskraft <*se*>

kojech-hagáwre *m* Manneskraft <*se*>

kojech-harschóe *m* Vollmacht <*se*>

kój(h)en *m* (-im, kójhanim *od* kehánim) jüd. Priester im alten Palästina bzw. Nachkomme eines solchen <*se*> ↑kehúne

kój(h)en-gódl *m* (kójhanim/kehánim-gedójlim) Hoherpriester <*se*>

kojl[1] *f* (-n) Kugel <*sl*>

kojl[2] *f* (-n) Kohle; *sizn wi af gliendike/ hejße* ~*n* wie auf Kohlen sitzen

kójle(ne)n töten; schlachten <*sl*>

kójleß ↑kol

kójln-warfer *m* (-ß) Maschinengewehr

kójmen *m* (-ß) Schornstein

kójmenkerer *m* (–) Schornsteinfeger

kójmer *m* (kómrim) christlicher Geistlicher <*se*>

kójne *m* (kójnim) Kunde <*se*> ↑kínjen, kníe

kójrim: *faln* ~ niederknien, zu Boden fallen (zum Zeichen der Unterwerfung) <*se*>

kojsch *m* (-n) *V* **kéjschele, kejschl** Korb <*sl*>

kójße *f* (-ß) Drink <*se*>; *machn/nemen a* ~ einen zur Brust nehmen

kójßeß ↑koß

kójtik schmutzig

kol *n* (kójleß *od* kéler) *V* **kelchl** Stimme <*se*>; *af a/afn* ~ laut; *machn kójleß* laut schreien; *kojle-kójleß* laute Schreie; *schrajen kojle-kojleß* wie am Spieß brüllen

kol: ~ *ni(sch)t* gar nicht <*se*>

kólbáß *m* Wurst <*sl*>

kólbe[1] *f* (-ß) Gewehrkolben

kólbe[2] *f* (-ß) Reagenzglas <*sl*>

kóld(e)re *f* (-ß) Bettdecke <*sl*>; *geschtepte* ~ Steppdecke

kolerléj allerlei <*se*>

kolgótkeß *Pl* Strumpfhose <*sl*>

kolír *m* (-n) Farbe <*sl*>

kolírik, kolírt farbig <*sl*>

kólner *m* (-ß *od* kélner) Kragen <*sl*>

kolsmán *Konj* solange <*se*>; *red mit im iber,* ~ *er is noch do* sprich mit ihm, solange er noch hier ist

kolwírt *m* (-n) Kolchos

kolwírtisch Kolchos-; *doß* ~*e pojertum* die Kolchosbauernschaft

kolwírtnik *m* (-eß) *w* **-nize** Kolchosbauer

kománde *f* (-ß) Kommando; Mannschaft <*sl*>

komándewen kommandieren <*sl*>

komandír *m* (-n) *w* **-sche** Kommandeur <*sl*>

komár *m* (-n) Mücke <*sl*>

komendánt *m* (-n) Kommandant <*sl*>

komendatúr *f* Kommandantur <*sl*>

kompanájen: ~ *sich mit emezn* sich mit jdm. zusammentun

kompánje *f* (-ß) Gesellschaft <*sl*>

kompozítor *m* (kompozitórn) *w* **-sche** Komponist <*sl*>

kómrim ↑kójmer

kon *m* (-en *od* kéner) Runde (beim Tanz, Spiel); *schteln alz in* ~ alles auf eine Karte setzen

kondúktor *m* (konduktórn) Schaffner <*sl*>

kónen (er kon) können

koní(t)schine *f* Klee <*sl*>

konjunktúrnik *m* (-eß) Konjunkturritter <*sl*>
kónte *f* (-ß) Konto
kontról *m* (-n) Kontrolle <*sl*>
kontrolírlech kontrollierbar
kontrolírn kontrollieren
kontroljór *m* (-n) Kontrolleur <*sl*>
konúre *f* (-ß) Hundehütte; Höhle, Loch <*sl*>
konwéjer *m* (-ß) Förderband <*sl*>
konwért *m* (-n) Briefumschlag <*sl*>
kop *m* (kep) Kopf; *a lojterer* ~ ein heller Kopf; *on a* ~ kopflos; *fun* ~ *bis fiß* von Kopf bis Fuß; ~ *af* ~ Kopf an Kopf; *ajnlejgn dem* ~ sich mit dem Kopf verbürgen; *hobn a* ~ *af di plejzeß, hobn a* ~ *fun a minißter* Köpfchen haben; *arumgejn on a* ~ mit seinem Latein am Ende sein; *brechn sich dem* ~ sich den Kopf zerbrechen; *gejn mitn* ~ *durch der want, schlogn sich dem* ~ *in want* mit dem Kopf durch die Wand wollen; *drejen emezn a* ~ jdn. stören; *fardrejen dem* ~ verwirren; *zulejgn* ~ *zu epeß* Acht geben auf etw.; *pikn emezn dem* ~ jdn. belästigen; *zulejgn* ~ den Kopf anstrengen; *awekschteln emezn dem* ~ *af an ort* jdm. den Kopf zurechtrücken; *rechenen afn* ~ im Kopf rechnen
kópeke *f* (-ß) Kopeke <*sl*>
kópekl *n* (-ech) Kaulquappe
kópike = kópeke
kópite *f* (-ß) Huf <*sl*>
kópize *f* (-ß) Schober <*sl*>
kóp-march *m* Gehirn
kóp-mentsch *m* (-n) intelligenter Mensch
kópne *f* (-ß) Schober <*sl*>
kóptichl *n* (-ech) Kopftuch
korbn *m* (korbóneß) Opfer <*se*> ↑mákrew, mákriw; *faln a* ~ *fun epeß* einer Sache zum Opfer fallen
kóre *f* (-ß) Rinde <*sl*>
korée *f* Korea
koréjer *m* (–) Koreaner
koréjisch koreanisch
kórek *m* (-eß) Kork
kór(e)n *Adj* Roggen-; ~ *brojt* Roggenbrot
kórene *Adj* Rinden- <*sl*>
kórete *f* (-ß) Futtertrog, Waschtrog <*sl*>
kórew *m* (krójwim) Verwandter <*se*> ↑krójwe; *jeder is sich der neenßter* ~ jeder ist sich selbst der Nächste
kórme *f* Heck <*sl*>
kórme(ne)n füttern <*sl*>; ~ *mit haftocheß* mit leeren Versprechungen abspeisen
korn *m* Roggen
kort *f* (-n) Spielkarte; *schpiln in* ~n Karten spielen; *ufdekn di* ~n die Karten auf den Tisch legen; *warfn* ~n Karten legen; *sogn woß in der* ~ *af emezn* jdn. beschimpfen
kórtn-warfer *m* (– *od* -ß) Kartenleger
kórtetschkeß: *sizn af di* ~ kauern <*sl*>
kortsch[1] *m* (-n) Stumpf <*sl*>
kortsch[2] *m* (-n) Krampf <*sl*>
kórtschen zusammenziehen (vor Schmerz) <*sl*>; *ße kortschet im (far wejtik)* er krümmt sich vor Schmerz; ~ *sich* sich vor Schmerzen krümmen
kórtschewen roden (Stubben) <*sl*>
kóschekl *n* (-ech) Körbchen <*sl*>
kóscher (rituell) erlaubt; rein; ehrlich <*se*> ↑káschreß; *ir hot eß* ~ *fardint!* geschieht euch recht!
kóschik *m* (-eß) Körbchen <*sl*>
kosew-weschéker *m* äußerste Verlogenheit <*se*>
kósir *m* (-ß) Trumpf (im Kartenspiel) <*sl*>
kósle *f* (-ß) Kutschbock <*sl*>
koß *m* (kójßeß) Pokal <*se*>
kóße schräg, krumm <*sl*>; *kukn* ~ schielen
kóße *f* (-ß) Sense <*sl*>
kóßen mähen (Gras) <*sl*>
koßt *m* Wert, Kosten
koßtn kosten; ~ *wolwl* billig sein
kotlowán *m* (-en) Baugrube <*sl*>
kótschere *f* (-ß) Ofenhaken <*sl*>
kowádle *f* (-ß) Amboss <*sl*>

kowál *m* (-eß) Schmied <*sl*>
kówed *m* Ehre, Ehrung <*se*>; *opgebn emezn* ~ jdm. Ehre erweisen, jdn. ehren; *onton emezn a* ~ jdm. eine konkrete Ehrung erweisen; *onton emezn a* ~ *durch bajsajn* jdn. mit seiner Anwesenheit beehren
kówed-sucher *m* (– *od* -ß) eitler, ruhmsüchtiger Mensch
kowed-sucheráj *f* Eitelkeit, Ruhmsucht
kówed-sucherisch eitel, ruhmsüchtig
kówen schmieden, beschlagen <*sl*>
kówrize *f* (-ß) Teppich <*sl*>
krach *m* (-n) Großstadt <*se*>
kraft *f* (kreftn) Kraft; Gewalt; *bawofnte kreftn* Streitkräfte
krajsl *n* (-ech) Zirkel
krájsl(e)n: ~ *sich* sich kräuseln
kramóle *f* Aufsässigkeit <*sl*>
kraßáwize *f* (-ß) Schönheit (schöne Frau) <*sl*>
kraz *m* (-n) Kratzer
krechz *m* (-n) Krächzer; Stöhnen
krejz *m* (-n) Kreuz
krejzling *m* (-en) Mischling
krekn: ~ *sich* ersticken; ~ *sich far umetikajt* sterben vor Langeweile
kreln kratzen
krémer *m* (-ß) Krämer
krenk *f* (-en) Krankheit
krénkik, krénklech kränklich
krichn (is gekróchn) kriechen, klettern; sich aufdrängen; ~ *fun halds* zum Halse herauskommen
kríe *f* Zerreißen der Kleidung (als Zeichen der Trauer) <*se*>; *rajßn* ~ seine Kleider zerreißen (zum Zeichen der Trauer)
krig¹ *m od f* Krieg
krig² *f* (-n), **krigeráj** *f* (-en) Streit(erei)
krígerischkajtn *Pl* Feindseligkeiten
krign¹ (gekrígn *od* gekrógn) kriegen
krign:² ~ *sich* sich streiten
krígßhak: *bagrobn di* ~ das Kriegsbeil begraben

kríhe *f* (-ß), **kríje** *f* (-ß) Eisscholle <*sl*>
krik = zurík
krím(e)n: ~ *sich* sich verziehen (vom Gesicht)
krímer ↑ krum
krísheß *Pl* Kreuz, Hüfte <*sl*>
kríßtikn taufen, christianisieren
kritikírn kritisieren
kríwde *f* Ungerechtigkeit <*sl*>
kríwden Unrecht tun <*sl*>
krizn (mit den Zähnen) knirschen
kro *f* (-en) Krähe
krochmál *m*, **króchmel** *m* Stärke(mehl) <*sl*>
krochmáljen stärken <*sl*>
krojn *f* (-en) Krone
krojt *f od n* Kraut; *sójer(e)* ~ Sauerkraut
krójwe *f* (-ß) Verwandte <*se*> ↑ kórew
krójweschaft *f* Verwandtschaft <*se*>
krójwim ↑ kórew
krójwisch verwandt(schaftlich) <*se*>
królik *m* (-eß) Kaninchen <*sl*>
krom *f* (-en) *V* **kreml** Laden
krop *m* Dill <*sl*>
krópewe *f* Brennessel <*sl*>; *opbrenen sich mit* ~ sich an Nesseln verbrennen
kropíwnize *f* Nesselfieber <*sl*>
krot *m* (-n) Maulwurf <*sl*>
krótbergl *n* (-ech) Maulwurfshügel
kruk *m* (-eß) Haken <*sl*>
krum (krímer) krumm; scheel; *kukn* ~ scheel blicken; *machn a* ~ *ponem* das Gesicht verziehen
krúme *f* Kurve
krúmlech scheel
kruw *m* (-im) Cherub <*se*>
ksówim ↑ késew
kßaw¹ *m od n* (kßówim) Schreiben, Schriftstück <*se*>
kßaw² *m* (-n) Handschrift <*se*>
kßaw-jád *m od n* (-n) Manuskript <*se*>
kßíwe *f* Schrift <*se*>
kßówim ↑ kßaw¹
kßúbe *f* (-n) Ehevertrag <*se*>

ku *f* (ki) Kuh
kúcher *m* (-ß) Koch <sl>
kuchn *m* (-ß) *V* **kichl** Kuchen
kudláte zottig <sl>
kúdle *f* (-ß) Zottel <sl>
kugl *m* (-en) Sabbatauflauf bzw. -kuchen
kuk *m* (-n) Blick; *a ~ ton/chapn/gebn* einen Blick werfen
kukáwke *f* (-ß) Kuckuck <sl>
kukn gucken, schauen, blicken
kúlek, kúlik *m* (-eß) Faust <sl>
kúlje¹ *f* (-ß) Krücke <sl>
kúlje² *f* (-ß) Bündel (Stroh) <sl>
kúljen kollern <sl>
kúm(e)n (is gekúmen) **1** kommen; *~ zu forn* angefahren kommen; *sol ~ woß eß wil sich* soll kommen, was da will **2** schulden; zustehen; *ich kum ir doß gelt* ich schulde ihr das Geld; *ß'kumt mir fun ir hundert rubl* sie schuldet mir 100 Rubel; *ich kum dir dank* ich schulde dir Dank
kúme(n)dik zukünftig
kúndeß *m* (kundéjßim) Lausebengel <se>
kundeßeráj *f* Dummejungenstreich <se>
kunz *f* (-n) Kunststück
kúnzik kunstvoll; raffiniert
kúpe *f* (-ß) Haufen <sl>
kúper *n* Kupfer
kupól *m* (-n) Kuppel <sl>
kurírlech heilbar
kurjér *m* (-n) Kurier, Bote <sl>
kurjérzug *m* (-n) D-Zug, Express
kurnóße stupsnäsig <sl>
kuropátke *f* (-ß) Rebhuhn <sl>
kúrtke *f* (-ß) Jacke <sl>
kurz (kírzer) kurz; *~ un scharf* kurz und bündig; *zu ~ ba im di hent* so weit reicht sein Arm nicht; *~ geredt* kurz gesagt
kurzchwáljedik *Adj* Kurzwellen-; *~er ufnemer* Kurzwellenempfänger
kurzfíßik kurzbeinig
kurzmetráshne: *Adj* Kurz- (Film) <sl>; *~(r) film* Kurzfilm
kurz-ótemdik kurzatmig
kurz-termínik kurzfristig
kusch *m* (-n) Kuss; *a ~ ton* einmal küssen, einen Kuss geben
kuschn küssen
kusín *m* (-en) Cousin
kusín(k)e *f* (-ß) Cousine
kúsnje *f* (-ß) Schmiede <sl>; *kalte ~* frigide Frau (scherzh.)
kußt *m* (-eß) Strauch <sl>
kwal *m* (-n) *V* **kwelchl** Quelle
kwartál *m* (-n) Stadtviertel <sl>
kwartl *m od n* (-en) Quartal
kwártldik quartalsweise, Quartal(s)-
kwártlnik *m* (-eß) Vierteljahresschrift
kwejt *f* (-n) Blume, Blüte <sl>
kweln¹ (gekwóln) sich sehr freuen; quellen
kweln² quälen
kwénkl(e)n: *~ sich* zaudern
kwénklenisch *n* (-n) Zaudern
kwer: *in der ~ fun epeß* quer über etw.
kwert ↑ kwort
kwetsch: *a ~ ton* (einmal) drücken; *a ~ ton di knopke* (einmal) auf den Knopf drücken
kwikn: *~ sich* sich erquicken
kwitánzje *f* (-ß), **kwitl** *n* (-ech) Quittung
kwóreß *m* (–) Friedhof <se> ↑ kábren, kéjwer, kwúre; *emezer schmekt schojn mit ~-bleter* jd. hat nicht mehr lange zu leben
kwóreß-man *m* (-lajt) Totengräber
kwórim ↑ kéjwer
kwort *f od m* (-n *od* kwert) Quart (Flüssigkeitsmaß); *machn fun a wort a ~* aus einer Mücke einen Elefanten machen
kwótschke *f* (-ß) Glucke <sl>
kwúre *f* (-ß) Beerdigung <se> ↑ kábren, kéjwer, kwóreß; *brengen zu ~* beerdigen

Mit Jiddisch ist es nicht Essig.
Die beliebtesten Wörter

Kann man einem Berauschten seinen Zustand netter vor Augen führen als mit den Worten: »Du bist ein wenig angeschickert, was?« Dabei bezeichnet *schiker* im Jiddischen durchaus deutlich und abschätzig den Betrunkenen. Alkoholisierte Christen verspottete gar der Reimsatz: *oj oj oj, schiker is a goj*. Naheliegend, dass Jiddisch-Sprecher beim Wort *Schickeria* lächeln müssen, obwohl sie seine französischen Wurzeln kennen.

Nun, für uns hört sich das Jiddische, im entsprechenden Ton ausgesprochen, oft heiter an, ja freundlich, originell, witzig. Das macht den Charme von an sich negativ gebrauchten Wörtern wie *Mischpoche* oder *Mischpoke* für »Familie, Sippschaft« aus oder von *meschugge*, bei dem selbst die damit Angesprochenen lächeln können. Das jiddische Wort *meschuge* heißt »irre, verwirrt, verrückt«, der Ausdruck *meschugge machen* dementsprechend »stark irritieren, irremachen«. Auch das beliebte Wort *Macke* von *make* vom hebräischen Wort für »Hieb, Stoß, Plage«, dann auch für »Kerbe, Fehler«, lässt sich, wie die Macke an der Lieblingstasse vielleicht auch, leichter hinnehmen als die Beschimpfung *Du hast wohl 'n Schlag!*, obwohl es dasselbe bezeichnet.

In anderen Zusammenhängen nutzt man das Jiddische in ungalanter Deutlichkeit: *Du musst die Schickse schassen!* Dieser Satz, am Dortmunder Bahnhof aufgeschnappt, lässt es an despektierlicher Derbheit nicht mangeln. Ursprünglich bezeichnete *Schickse* nur »nicht jüdisches, z. B. christliches Mädchen«. Ein launiges Sprichwort unter Warschauer Juden des 19. Jahrhunderts weiß: *a schikße baj a row ken ojch paßkenen a schajle.* (»Eine Christenmagd beim Rabbi kann auch eine Rechtsfrage in religiösen Dingen entscheiden«). Entweder kritisierte man damit die stolze Anmaßung von Untergebenen, die doch bloß Wissenskrümel aufgeschnappt hatten, oder man bezog sich auf die unausweichliche Diffusion von Kenntnissen im engen Zusammenleben.

Sicher wusste eine Schickse beim Rabbi, was *koscher* bedeutet, nämlich »religiös erlaubt und rein«. Im 19. Jahrhundert schon war das Wort in Deutschland überall gebräuchlich. Bis heute ist *koscher* wohl der am häufigsten zu hörende jiddische Ausdruck, was durch eine Reihe bekannter Koscher-Restaurants natürlich noch unterstützt wird. Fast ausschließlich verwendet man ihn im Alltag sprichwörtlich und in Verneinung. *Etwas ist nicht ganz koscher* rät vor allem zu Misstrauen und zur Vorsicht, ohne dass jemand dabei an jüdische Speisevorschriften dächte.

Das Deutsche hat sich Wörter aus dem Jiddischen oft derartig liebevoll einverleibt, dass von Fremdheit jede Spur fehlt. So haben die meisten Jugendlichen in hiesigen Provinzstädtchen schon mal über ihr *mieses Kaff* geklagt und dabei, sicher unbewusst, gleich zwei Wörter jiddischen Ursprungs verwendet: *Kaff* vom ersten Buchstaben *kaph* des Wortes *kafar* für »Dorf« und *mi[e]s(er)* aus *mi'eß* für »schlecht, widerlich«. Seltsam, aber das gleichbedeutende *miserabel* hat lateinische Wurzeln und die *Miesmuschel* wohl althochdeutsche. Jiddischen Ursprungs ist dagegen der stimmungstötende *Miesmacher*, der zuerst um 1900 in der Kaufmannssprache bekannt wurde als eine dauernörgelnde Börsen-Unke. Für so einen ist der schönste Wein nur zukünftiger Essig.

Auf eine unerwünschte Gärung von Wein könnte man denn auch die Erklärung der Redewendung *damit ist es Essig* stützen. Erstaunlicherweise kommen hier die deutsche und eine jiddische Wortentwicklung auf getrennten Wegen zu einem gemeinsamen Ergebnis. *hesek* bezeichnete unter Jiddisch sprechenden Händlern den geschäftlichen Verlust oder Schaden und findet sich auch in der Form *hessig*, was sehr leicht zu *Essig* werden konnte.

labn *m* (-ß) Laib
lachlútn: ~ *nit* durchaus/überhaupt nicht <*se*>
lachn lachen; ~ *fun emezn [epeß]* über jdn. [etw.] lachen
lachódim *Adv* en detail <*se*>
lachódim-handl *m* Einzelhandel
lachódimnik *m* (-eß) Einzelhändler <*se*>
lachódim-prajs *f* (-n) Einzelhandelspreis
lag-bójmer *m* Lag Ba'Omer (Feier am 33. Tag nach Passah) <*se*>
lajb *n* (-er) Leib, Körper; *aropgejn fun* ~, *farlirn* ~ abnehmen
lájbknecht *m* (–) Leibeigener
lajbl *n* (-ech) Weste
lajcht leicht
lájchtik leuchtend
lajchtn (gelájcht *od* gelójchtn) leuchten; ~ *sich* beleuchtet sein
lájcht-sajl *m* (-n) Leuchte; ~ *fun der wißnschaft* Leuchte der Wissenschaft
lájchtwogik leichtgewichtig
lajdák *m* (-eß) Müßiggänger <*sl*>
lajdn (gelítn) leiden; ~ *fun epeß* an/unter etw. leiden; ~ *wejtik* Schmerzen erleiden; ~ *in sich* geduldig Schmerzen ertragen
láj(e)n (gelígn *od* gelíen) leihen
lajgn lügen
lájlech *m od n* (-er) Laken, Leinentuch
lajn *m* Leinen
lájnen leinen
lajs ↑ lojs
lajt *m* (–) Mensch, Persönlichkeit; *ba* ~*(n)* unter ordentlichen Menschen *(mit)* ~*n glajch* wie die anderen
lájterbrand *m* Fegefeuer
lájtern läutern
lájtisch **1** angesehen, vornehm **2** umgänglich
lajwnt *f od n* (-n) Leinen, Leinwand
lájwnt(e)n leinen
lamdn *m* (lamdónim *od* lómdim) jüd. Gelehrter, Talmudist <*se*> ↑ lómdeß
lamdóneß *n* jüd. Gelehrsamkeit, Talmudstudium <*se*>
lámtern *m* (-ß) Laterne
land *n* (lénder) Land
lándßman *m* (-en) *w* -**ke** Landsmann
lang (lénger) lang; ~ *wi der jidischer goleß* unendlich lang (Zeit); *nit* ~ *zurik* vor Kurzem; *fun* ~ *on, fun gor* ~ seit Langem; *schojn* ~ *zajt gewen* war längst fällig; *mit* ~*e jorn zurik* vor langer, langer Zeit
lángjorikajt *f* hohes Alter
langón(ed)ik langjährig
langschpíl(nd)ik: ~*e plaßtinke/plate* Langspielplatte
langtermínik langfristig
láp(k)e *f* (-ß) *V* **lápkele** Tatze, Pfote <*sl*>
láschtschen liebkosen <*sl*>; ~ *sich zu emezn* von jdm. liebkost werden wollen
láte *f* (-ß) Flicken <*sl*>; *lejgn* ~*ß* Flicken aufnähen
láten flicken <*sl*>
látke *f* (-ß) Reibekuchen <*sl*>
latútnik Flickschuster <*sl*>
leácher-hamájße = ácher hamájße
lébedik lebendig; ~ *wesn* Lebewesen; ~*er intereß* reges Interesse
lebedikerhéjt bei lebendigem Leibe; *nemen emezn* ~ jdn. lebendig fangen
léber *f* (-ß) Leber; *nemen emezn ba der* ~ jdm. unter die Haut gehen
lébhaftik lebhaft
lebl *n* (-ech) Laib
lebn *Präp* neben
lebn leben, wohnen; *blajbn* ~ am Leben bleiben; *der art* ~ die Art zu leben; *solßtu [solt ir]* ~*!* du sollst [ihr sollt] leben! *ß'lebt sich do gut* es lebt sich hier gut; *ß'lebt sich unds gut* wir können gut leben
lebn *n* (-ß) Leben; *ba/far emezn ß* ~ zu jds. Lebzeiten; *afn* ~ zu Lebzeiten; *doß*

ganze ~ sajnß sein ganzes Leben lang; *afn ganzn ~* das ganze Leben lang; *af ~ oder af tojt* auf Leben oder Tod; *arojßgejn mitn ~* überleben

-lebn (wird bei liebevoller Anrede an diese angehängt) *máme-lebn!* liebe Mutter!

lebnßschtándhaftik zählebig

lebn(ß)-schtéjger *m* Lebensweise <*se*>

-lech **1** -lich (dient zur Bildung abgeschwächter Adjektive); *schwärzlech* schwärzlich; *naíwlech* ziemlich naiv **2** -bar, -lich (dient zur Bildung von Adjektiven, die Möglichkeit od. Unmöglichkeit ausdrücken, dass eine bestimmte Handlung vorgenommen werden kann); z. B. *kurírlech* heilbar; *úmbanémlech* unbegreiflich

lecháim zum Wohle <*se*>; *trinken ~ far emezn* auf jds. Wohl trinken **2** *m* (-ß) Umtrunk

lechatchíle von vorn herein, von Anfang an <*se*>

lécher(d)ik löchrig

lechól-hapócheß zumindest, wenigstens <*se*>

leérech *Adv* ungefähr <*se*> ↑ érech

léfele *n* (-ch) Teelöffel

lefi-érech *Adv* relativ, vergleichsweise <*se*>

lefl *m* (–) Löffel

legábe *Präp* im Vergleich zu

legámre *Adv* alles in allem <*se*>

legjón *m* (-en) Legion

lehácheß *Adv* zum Hohn/Spott <*se*>

leháwdl *Interj* der Vergleich sei gestattet, sie seien wohl unterschieden! <*se*> ↑ hawdóle

lehéjpech *Adv* im Gegenteil <*se*>

lejb *m* (-n) *w* **-iche** Löwe

léjbntejl *m* Löwenanteil

léjche *f,* **léjchez** *n* Schleim

léjdik leer; *mit ~e hent* mit leeren Händen; *arumgejn ~* faulenzen

léjdikgejer *m* (– *od* -ß) *w* **-ke, -(i)n** Müßiggänger

léjen: *a ~ ton* (einmal kurz) lesen

léjen(e)n lesen; *~ notazjeß* Moral predigen

léjener *m* (– *od* -ß) Leser

lejgn legen; *~ sich* sich (hin)legen

léjke *f* (-ß) Trichter <*sl*>

lejk(e)n(e)n leugnen

lejm *f od n* Lehm

léjmen *Adj* Lehm-; *~e want* Lehmwand; *hobn ~e hent* zwei linke Hände haben

léjmwarg *n Sgt* Steingut

léjnewdik lesbar

lejsn lösen

léjtechz *n* Lot, Lötmetall

léjter *m* (-ß) Leiter

lejtn löten

léjwi *m* (lewíim) Levit <*se*>

lejz *f* (-n), **léjze** *f* (-ß) Zügel

léjzim ↑ lez

lejzóneß = lezóneß

lek: *a ~ ton* einmal darüberlecken

lékech *m* (-er *od* -n) Biskuitkuchen

lekn lecken

lekówed *Präp* zu Ehren von <*se*> ↑ kówed

léle *f* (-ß) Puppe (Insekt)

lem *Präp* neben

lemáj warum <*se*>

lemánaschém! um Gottes willen! <*se*>

lémeschke[1] *f* (-ß) dünner Brei <*sl*>

lémeschke[2] *m od f* (-ß) Flasche, Waschlappen <*sl*>

lemóschl zum Beispiel <*se*> ↑ moschl

lemp ↑ lomp

lémpert *m* (-n) *w* **-iche** Leopard

leng *f* Länge; *zwej meter di ~* zwei Meter lang

lénte *f* (-ß) Band, Streifen <*sl*>

lepák *m* (-eß) langer Kerl <*sl*>

lepócheß zumindest, wenigstens <*se*>

lepónem zum Schein <*se*> ↑ pónem

ler *f* Lehre, Lernen

lére *f* (-ß) Lehre, Lehrmeinung

lérer *m* (– *od* -ß) *w* **-(i)n, -ke** Lehrer

leteráj *f* Lehrerberuf; *farnemen sich mit ~ als Lehrer arbeiten*
lérnbuch *m od n* (-bicher) Lehrbuch
lérn(e)n lehren; *~ epeß fun/af ojß(n)wejnik* etw. auswendig lernen; *~ sich* lernen; *~ (sich) in uniwerßitet* an der Universität studieren; *woß chaimke lernt nit, ken nit chaim* was Hänschen nicht lernt, lernt Hans nimmermehr
leschn (gelóschn) löschen
leschójneß ↑ loschn
leschone-tójwe *f* (-ß) Neujahrsglückwunsch <*se*>
lesikórn in memoriam <*se*> ↑ sikórn
leßáte *Adv* inzwischen, vorläufig <*se*>
leßóf *Adv* endlich <*se*> ↑ ßof
letójweß *Präp* zugunsten von <*se*>; *doß redt ~ im* das spricht zu seinen Gunsten; *~ haklál* zum gemeinen Nutzen
lewáje *f* (-ß) Leichenbegängnis, Trauerzug <*se*>
lewíim ↑ léjwi
lewjóßn *m* Leviathan <*se*>
lewóne *f* (-ß) Mond <*se*>
lewónen *n* Libanon
lewónensch libanesisch
lewúsch *m od n* (-im) Gewand <*se*> ↑ halbósche, málbesch
lez *m* (léjzim *od* lezónim) Gaukler, Narr <*se*> ↑ halóze
lézewen höhnen, spotten <*se*>
lezóneß *n* Hohn, Spott <*se*>; *trajbn ~* höhnen, spotten
líag *m* Heringslake
lib lieb; *~ hobn* gern haben, lieben; *~ krign* liebgewinnen; *~ hobn emezn doß chajeß* jdn. anbeten, vergöttern
líbele *n* (-ch) Libelle
líblech freundlich, angenehm
libn lieben (Mann *od* Frau)
licht *f od n* **1** Licht **2** (–) Kerze
líchtik hell, lichterfüllt (auch übertr.); *a ~e neschome* eine edle Seele
lichwójd *m* (-n) Widmung <*se*>

lid *n* Gedicht; Lied
liftjór *m* (-n) *w* **-sche** Fahrstuhlführer <*sl*>
líftschik *m* (-eß) Leibchen; Büstenhalter <*sl*>
lign (is gelégn) liegen
lign *m* (-ß *od* ligúnim) Lüge; *sogn a ~* lügen; *onbrokn ~ß/ligunim* Lügen auftischen
lígner *m* (-ß) *w* **-te** Lügner
lígnerisch verlogen
lígnern verlogen sein
ligúnim ↑ lign
líke *f* (likúim) Verfinsterung <*se*>
like-cháme *f* Sonnenfinsternis <*se*>
like-lewóne *f* Mondfinsternis <*se*>
límed *m* (limúdim) Lehrgegenstand; Lektion <*se*> ↑ lamdn, lómdeß, melámed
límene *f* (-ß) Zitrone
limonád *m* (-n) Limonade <*sl*>
linds *f* (-n) Linse
lip *f* (-n) Lippe
lípe *f* (-ß) Linde <*sl*>
lípndik labial
lísheß *Pl* Skier <*sl*>
líshnik *m* (-eß) *w* **-nize** Skiläufer <*sl*>
líße kahlköpfig <*sl*>
líßine *f* (-ß) Glatze <*sl*>
líte *f* Litauen; im weiteren Sinne auch Litauen, Belorussland u. Lettland, die Heimat der „Litwaken"
lítwak *m* (-eß *od* litwákeß) Litwak (Jude aus Litauen, Belorussland od. Lettland)
lítwíner *m* (–) *w* **-(i)n** Litauer
lítwisch litauisch; jiddisch der „Litwaken"
lítwitschke *f* (-ß) Litwakin (Jüdin aus Litauen, Belorussland od. Lettland)
lizitátor *m* (lizitatórn) *w* **-sche** Versteigerer
lizitázje *f* (-ß) Versteigerung
ljáde: *a ~* jeder beliebige <*sl*>
ljálke *f* (-ß) Puppe <*sl*>; *schpiln sich in ~ß* mit Puppen spielen
ljárem(e)n lärmen <*sl*>
ljúlke *f* (-ß) Tabakspfeife <*sl*>; *a(n ojß)gerejcherte ~* ein geriebener Bursche

ljútnje *f* (-ß) Laute <sl>
loch *n* (lécher) Loch
lódenisch *n* (-n) Vorladung
lódke *f* (-ß) Boot <sl>
lodn¹ (gelódn) gerichtlich belangen, verklagen; ~ *sich mit emezn* mit jdm. prozessieren
lodn² (gelódn) (be)laden
lodn *m* (-ß) Fensterladen
lof *m* (-n) Spurt; *a ~ ton* einen Spurt hinlegen
ló(h)et gierig <se>
lojb *f* (-n) Lob; *a ~ dem ejberschtn!* Gott sei gelobt!
lojbn loben; *~ in himl/tog arajn* in den Himmel heben
lojchtn (gelójchtn): *~ (sich)* leuchten
lojfn (gelófn) laufen
lojg *f* Lauge
loj-júzlechdik hässlich, unansehnlich <se>
lojs lose, locker; bauschig; weichgekocht (Ei); *~ machn* lösen; *~ wern* sich lösen
lojs *f* (lajs) Laus
lojt *Präp* laut, gemäß, nach; *~n opschtam* der Abstammung nach; *~ di tradizjeß* den Traditionen gemäß; *~ der alter gewojnschaft* nach alter Gewohnheit
lojt *m* (-n) Lot (Gewicht)
lójter hell, lauter
lókern lauern; *~ af emezn* jdm. auflauern
lókerung *f* (-en) Hinterhalt; *ajnschteln a ~ noch emezn* jdm. einen Hinterhalt legen
lom lahm
lómdeß *n* jüd. Gelehrsamkeit <se> ↑ lamdn
lómdim ↑ lamdn
lómdisch gelehrsam
lomp *m* (-n *od* lemp) Lampe; *redn zum ~* tauben Ohren predigen
lónke *f* (-ß) Wiese <sl>
lópete *f* (-ß) Schaufel <sl>; *scharn gelt mit ~ß* Geld scheffeln; *~ß un kotschereß* Krakeln (schlechte Schrift)
lópetke *f* (-ß) Schulterblatt <sl>; *aweklejgn emezn af di ~ß* jdn. auf die Bretter legen
lóschekl *n* (-ech), **lóschik** *m* (-eß) Fohlen <sl>
loschn *n* (leschójneß) Sprache <se>; *ß'is ba emezn opgenumen geworn doß ~* jd. hat die Sprache verloren
loschn-hóre *n* üble Nachrede <se>; *redn ~ af emezn* jdn. verleumden
loschn-hórenik *m* (-eß) Verleumder <se>
loschn-kójdesch *n* „Heilige Sprache" (Hebräisch als jüd. Kultsprache)
losn (gelosn, gelost) lassen; *~ in gang* in Gang setzen; *~ (in gang) dem motor* den Motor anlassen; *~ in gang ale mitlen* alle Mittel in Anwendung bringen; *~ in galop* in Galopp setzen; *~ in farkojf* in den Verkauf bringen; *~ in farker* in Umlauf bringen; *~ a jerusche* ein Erbe hinterlassen; *~ an ort* einen Platz reservieren; *~ schpurn* Spuren hinterlassen; *~ afn zwejtn jor* nicht versetzen (Schüler); *~ far sich* sich vorbehalten; *~ sich* beginnen; *~ sich lojfn* loslaufen; *~ sich in a tanz* zu tanzen beginnen; *~ sich wajter* sich davonmachen; *~ sich in weg arajn* sich auf den Weg machen; *alz woß eß lost sich* alles was möglich ist
loß *m* (-n) w-**iche** Elch <sl>
lúech *m* (-n *od* lúcheß) jüd. Mondkalender <se>
luft *f* Luft; *af der frajer ~* im Freien
lúftern lüften
luftl *n* (-ech) Pusteblume
lúshe *f* (-ß) Pfütze <sl>

mabl *m* (-en *od* -ß) Sintflut <se>
mach *m* (-n) Schwung, Schwingung; Wink <sl>; *a ~ ton/gebn* einmal schwenken, schwingen, winken

machlójkeß *n* Streiterei <se>
machlójkeßdik kontrovers; streitsüchtig <se>
machmedáner *m* (–) *w* **-(i)n** Mohammedaner
máchmeß *Präp* wegen <se>
máchmeß *Konj* weil <se>
machn machen; winken; vortäuschen; ~ *emezn [epeß] far emezn [epeß]* jdn. [etw.] zu jdm. [etw.] machen; ~ *emezer sol* (mit Inf.) jdn. zu etw. veranlassen
máchne *f* (-ß) Schar <se>
machneß-ójrech *m* (machnißé-órchim) gastfreundlicher Mensch <se>
máchrem: ~ *sajn* exkommunizieren <se> ↑chéjrem
machschéjfe *f* (-ß) Zauberin, Hexe <se> ↑kíschef, mecháschef
máchschir *m* (machschírim) Werkzeug <se>
machschówe *f* (-ß) Gedanke <se>; *in* ~ im Geiste
máchtik mächtig
madréjge *f* (-ß) Grad, Stufe <se>
mádrich *m* (madríchim) Erzieher <se> ↑hadróche
máfßek, máfßik: ~ *sajn* unterbrechen <se> ↑hafßóke
magasín *m* (-en) Geschäft; Magazin <sl>
máged, mágid *m* (magídim) Prediger <se> ↑hagóde
magéjfe *f* (-ß) Seuche <se>
maíß *m* Mais
majchl *m* (majchólim) Speise <se> ↑achíle, áchlen
majdn (gemítn *od* gemájdt) meiden
májle *f* (-ß) Tugend, Vorzug <se>; *haltn sich in der* ~ sich gut benehmen; *nit farbejgn emezn ß ~ß* jdm. Gerechtigkeit widerfahren lassen
májler ↑mojl
májmen *m* (majmúnim) gläubiger Mensch <se> ↑emúne

majn mein
majnt: *fun* ~ *wegen* meinetwegen
májrech: ~ *sajn* sich (lang und breit) über etw. auslassen <se>
májrew *m* 1 Westen; ~-*zu* nach Westen 2 (jüd.) Abendgebet <se>
májrewdik westlich <se>
majs ↑mojs
májße *f* (-ß) Geschichte <se>; *di ~ is as ...* es ist passiert, dass ...; *woß is di ~ mit im?* was ist los mit ihm? *wi di ~ is* sei es wie es will; *kejn ~ nit* gar nicht schlecht; *herßt a ~!* was du nicht sagst! *onton sich a ~* sich etwas antun
májße-bichl *n* (-ech) Märchenbuch
májßele *n* (-ch) Märchen <se>
májßer *m* (májßreß) der Zehnte <se>
majße-rá *f* (majßim-rómi) Missetat <se>
májßim *Plt* Taten <se>; *arbetn* ~ alles Mögliche tun; *eß tuen sich* ~ Dinge passieren da
májßtrewen basteln <sl>
máke *f* (-ß) Plage <se>
makét *m* (-n) Modell, Muster <sl>
mákrew, mákriw: ~ *sajn* opfern <se> ↑korbn
málbesch *m od n* (malbúschim) Kleidungsstück <se> ↑halbósche, lewúsch
málcheß 1 *n* (-n) Königreich 2 *m od n* König, Herrscher <se> ↑málke, méjlech, melúche
mále: ~ *woß* kaum etwas <sl>
mále: ~ *sajn* beschneiden <se> ↑míle
málech *m* (malóchim) Engel <se>; *kalter* ~ gleichgültiger Mensch; *zetrogener* ~ zerstreuter Professor
malech-chabóle *m* (malachej-chabóle) Ausgeburt der Hölle <se>
malech-(h)amóweß *m* Todesengel <se>; *emezer hot dersen far sich dem* ~ jd. hat die Engel singen hören (vor Schmerzen)
malegéjren wiederkäuen <se>
málene, máline *f* (-ß) Himbeere <sl>

málke *f* (-ß) Königin <*se*> ↑ málcheß, méjlech, melúche
málpe *f* (-ß) Affe <*sl*>
malschíneß *n* Verleumdung <*se*>
malschíneß-bikßáw *n* Schmähschrift <*se*>
malschn: ~ *sajn af emezn* jdn. verleumden <*se*>
málwe *m* (málwim) Geldverleiher <*se*> ↑ halwóe
máme (*D auch* mámen; -ß) Mutter
máme-loschn *n* Muttersprache; Jiddisch <*se*>; *af* ~ in Jiddisch
mámenju *f* Mütterchen (Anrede)
mámesch *Adv* wirklich, wahrhaftig <*se*> ↑ mamóscheß
mámeschi *f* Mütterchen (Anrede)
máminke *f* (-ß) Mütterchen
mámisch mütterlich
mamóscheß *n* Realität <*se*> ↑ mámesch
mámser *m* (mamséjrim) uneheliches Kind <*se*>
mamtákim *Plt* schnöder Mammon <*se*>
man *m* **1** (méner) Mann **2** (mánen, méner) Ehemann
manshét *f* (-n) Manschette
man-un-wájb *Pl* Ehegatten, Ehepaar
man-un-wájb-lebn *n,* **man-un-wájb-schaft** *f* Ehe
manzbl *m* (-en) Mann
manzblsch männlich, Männer-
mápe *f* (-ß) Landkarte
mápele *n* (-ch) Versager, Niete; Totgeburt <*se*>
mápldik vorzeitig, verkümmert <*se*>
mápl(e)n eine Frühgeburt haben <*se*>
mápl-kind *n* (-er) Totgeburt
mapóle *f* (-ß) Niederlage <*se*>; *nemen/lajdn a* ~ eine Niederlage erleiden; *derlangen a* ~ eine Niederlage zufügen
mapólenik *m* (-eß) *w* **-nize** Defätist, Schwarzseher <*se*>
mapoleráj *f* Defätismus, Pessimismus <*se*>

maránz *m* (-n) Apfelsine
march *m* Mark, Gehirn
marchéshwn = cheshwn
margarítke *f* (-ß) Gänseblümchen <*sl*>
mark *m* (merk) Markt
maróche *f* (-ß) Schicksal, Los <*se*>; *a gute* ~ eine Wohltat, ein Segen; *a* ~, *as ir* ... ein Glück, dass ihr ...
marscháß *f* (-n) Giftnudel, bösartige Frau <*se*>
marschrút *m* (-n) Strecke <*sl*>
mart *m* März <*sl*>
martírer *m* (– *od* -ß) *w* **-(i)n** Märtyrer
martireráj *f,* **martírerschaft** *f* Märtyrertum
marwícher *m* (-ß) Dieb, Hehler <*se*>
marz *m* März
masashírn massieren <*sl*>
maschbíe: ~ *sajn* schwören <*se*> ↑ schwúe
maschín *f* (-en) Maschine, Auto
maschiníßt *m* (-n) Maschinist, Lokomotivführer
maschiníßt(i)n *f* (-ß), **maschiníßtke** *f* (-ß) Maschinenschreiberin
máschke *f* (maschkóeß) alkoholisches Getränk <*se*>
maschkn *m* (maschkóneß) Pfand <*se*>; *lebediker* ~ Geisel
maschpíe: ~ *sajn af emezn [epeß]* jdn. [etw.] beeinflussen <*se*> ↑ haschpóe
maschpíedik einflussreich
maschtn: ~ *sajn* urinieren <*se*> ↑ haschtóne
mashgíech *m* (mashgíchim) Aufsichtsperson <*se*> ↑ hashgóche
masl *n* (masóleß) Schicksal, Glück <*se*>; *af* ~ auf gut Glück; *sol sajn mit/zu* ~*!* viel Glück! *af undser* ~ zu unserem Glück; *mit* ~ *solßtu [solt ir] lebn* gleichfalls
másldik glücklich <*se*>; *in a* ~*er scho!* viel Glück! (Antwort auf einen Glückwunsch)

masl-tów *m* (-n) Glückwunsch <*se*>; *opgeben emezn* ~ jdn. beglückwünschen
masólje = mosólje
maßásh *m* (-n) Massage <*sl*>
maßashíßt *m* (-n) *w* **-(i)n, -ke** Masseur <*sl*>
máße *f* (maßóeß) Ladung, Last <*se*>
máßern denunzieren <*se*>
máßke *f* (-ß) Maske; Deckmantel; *aropwarfn (fun sich) di* ~ die Maske fallen lassen; *aroprajßn fun emezn di* ~ jdn. die Maske vom Gesicht reißen
máßkim *prädAdj* einverstanden <*se*> ↑haßkóme; ~ *sajn mit emezn [af epeß]* mit jdm. [etw.] einverstanden sein
maßkl *m* (maßkílim) jüd. Aufklärer <*se*> ↑haßkóle
maßlíne *f* (-ß) Olive <*sl*>
máßlinke *f* Buttermilch <*sl*>
máßljenize[1] *f* (-ß) Butterdose <*sl*>
máßljenize[2] *f* russische Fastnacht <*sl*>
máßmed, máßmid *m* (maßmídim) fleißiger Mensch <*se*> ↑haßmóde
máßnize *f* (-ß) Butterfass <*sl*>
máßped *m* (maßpídim) Grabredner <*se*> ↑héßped
maßschtáb *m* (-n) Maßstab <*sl*>
maßt *m od f* (-n) Farbe (beim Kartenspiel); Färbung (vom Tier) <*sl*>
mat[1] matt; ~ *machn* mattieren
mat[2] *m* Schachmatt; *machn emezn (D)* ~ jdn. mattsetzen
matbéje *f* (-ß) Münze <*se*>; *bazoln mit der ejgener* ~ mit gleicher Münze heimzahlen
máterdik ermüdend, anstrengend
mátern quälen; plündern; ~ *sich* leiden; sich abplagen
máternisch *n* (-n) Mühe, Plage
mátmen *m* (matmójnim) Schatz, Hort <*se*>
matóne *f* (-ß) Geschenk <*se*>
matróß *m* (-n) Matrose <*sl*>
matróßke *f* (-ß) Matrosenbluse <*sl*>
mawr *m* (-en) Mohr <*sl*>

máze *f* (-ß) Matze (ungesäuertes Passahbrot) <*se*>
mazéjwe *f* (-ß) Grabstein <*se*>
mázew *m* Zustand, Situation <*se*>
máze-waßer: *farkojfn sich wi* ~ weggehen wie warme Semmeln
mazl: ~ *sajn* erretten <*se*> ↑nizl
mazlíech: ~ *sajn* Erfolg haben; (Gott) Erfolg bescheren <*se*> ↑hazlóche, múzlech
me man (vor konsonantisch anlautendem Wort)
mebl *n* (–) Möbel
mechábed: ~ *sajn* bewirten <*se*> ↑kíbed; ~ *sajn sich* zulangen, es sich schmecken lassen
mechábér *m* (mechábrim) *w* **-te** Autor, Verfasser <*se*>; ~ *sajn* verfassen
mecháje *f* Freude, Vergnügen <*se*>
mechájedik herrlich, entzückend (Geruch, Geschmack) <*se*>
mechaje-méjßim: ~ *sajn* von den Toten auferwecken <*se*>
mechaje-nefóscheß *Adv* entzückend, reizend <*se*>
mechájew: ~ *sajn* verpflichten <*se*> ↑chojw, mechújew
mechálel: ~ *sajn* entweihen <*se*> ↑chílel
mechálel-kójdesch: ~ *sajn* freveln <*se*>
mechálel-schábeß: ~ *sajn* den Sabbat entweihen <*se*>
mechalel-schém: ~ *sajn* lästern <*se*>
mechalel-síweg *m* (mechálele-siwúgim) Ehebrecher <*se*>; ~ *sajn* ehebrechen
mecháschef *m* (mecháschfim) Zauberer, Hexer <*se*> ↑kíschef, machschéjfe
mechíle *f* Verzeihung <*se*> ↑mojchl; *betn emezn* ~ jdn. um Verzeihung bitten
mechíre *f* (-ß) Verkauf <*se*> ↑mójcher
mechíze *f* (-ß) Trennung <*se*>; *schafn a* ~ *zwischn emezn* jdn. trennen
mechújew: ~ *sajn* verpflichtet sein <*se*> ↑chojw, mechájew
mechúle *prädAdj* verdorben <*se*>

mechúlek *prädAdj* unterschiedlich <se> ↑chílek; *sajn* ~ *mit emezn [epeß]* sich von jdm. [etw.] unterscheiden

mechuténeßte *f* (-ß) Mutter der Schwiegertochter od. des Schwiegersohnes <se>

mechútn *m* (mechutónim) Vater der Schwiegertochter od. des Schwiegersohnes <se> ↑cháßene, choßn, mißchátn

mechutóneschaft *f* angeheiratete Verwandtschaft <se>

mechutónim *Pl* Eltern der Schwiegertochter od. des Schwiegersohnes <se>

medíe = mojdíe

medíne *f* (-ß) Land, Staat <se>

mefáresch *m* (mefórschim) Kommentator, Exeget <se>

mefúnek *m* (mefunókim) verwöhnter, wählerischer Mann <se>

mefúnize *f* (-ß) verwöhnte, wählerische Frau <se>

megájer: ~ *sajn* zum Judentum bekehren <se> ↑ger; ~ *sajn sich* sich zum Judentum bekehren lassen

megásem: ~ *sajn* übertreiben <se> ↑gúsme

mégener ↑mogn

megíle *f* Schriftrolle, insbesondere das Buch Esther <se>

megn (er meg) dürfen; können

megúlgl: ~ *wern* sich verwandeln <se>

mehálech *m* (-n) Entfernung, Abstand <se>

meháne: ~ *sajn sich* genießen <se> ↑hanóe; ~ *sajn sich mit rejchern [trinken]* genüsslich rauchen [trinken]

mehúme *f* Durcheinander <se>

mejáesch: ~ *sajn* verzweifeln <se> ↑jíesch

mejáschew: ~ *sajn sich* überlegen <se> ↑jíschewn; ~ *sajn sich mit emezn* sich mit jdm. beraten

mejáßed: ~ *sajn* gründen <se> ↑jeßód

méjdele *n* (-ch) kleines Mädchen

mejdl *f od n* (-ech) junges Mädchen

mejdlsch mädchenhaft; jungfräulich

méjdlschaft *f* Jungfräulichkeit

méjdlwajs *Adv* als Mädchen

méje *f* (-ß) hundert Stück <se>

méjle nun, also <se>

méjlech *m* (melóchim) König <se> ↑málcheß, málke, melúche

méjlez *m* (melízim) Beschützer, Verteidiger <se> ↑melíze

mejn[1] *m* Absicht, Zweck

mejn[2] mehr

mejúcheß *m* (mejuchóßim) Mensch mit vornehmer Abstammung <se> ↑jáchßn, jícheß

mejúcheßeß *f* (-n) Frau mit vornehmer Abstammung <se>

mejwn *m* (mewínim) Sachverständiger <se> ↑mewíneß; *sajn a ~ af epeß* etw. zu würdigen wissen

mekáber: ~ *sajn* beerdigen <se> ↑kábren, kéjwer, kwúre

mekábl: ~ *sajn* empfangen, begrüßen; ~-*ponem sajn* willkommen heißen <se> ↑kabóle

mekádesch: ~ *sajn* heiligen <se> ↑kódesch

mekájem: ~ *sajn* erfüllen <se> ↑mekújem

mekajem-pßák: ~ *sajn* Urteil vollstrecken <se>

mekáne: ~ *sajn emezn (D)* jdn. beneiden <se> ↑kíne

mékech *m* (mekóchim) Preis <se>

méken meckern <sl>

mékene *f* Spreu <sl>

mekn tilgen, verwischen

mekójmeß *Pl* Gegend, Örtlichkeit <se> ↑mókem

mekójrim ↑móker

mekújem: ~ *wern* sich erfüllen, wahr werden <se> ↑mekájem

mekúrew *m* (mekurówim) naher Verwandter <se> ↑kórew, krójwe

mel *f* Mehl

melámed *m* (melámdim) Lehrer in jüd. Elementarschule <*se*> ↑límed

melámed-ßchúß: ~ *sajn af emezn* jdn. in Schutz nehmen, rechtfertigen <*se*>

melawe-málke *f* (-ß) Mahlzeit am Sabbatausgang <*se*>

meldn (gemóldn) meldn, erklären

melíze *f* (-ß) Schönrednerei, Phrase <*se*> ↑méjlez

melízim ↑méjlez

melízisch schönrednerisch

melóche *f* (-ß) Handwerk <*se*>

melóchim ↑méjlech

melúche *f* (-ß) Staat <*se*> ↑málcheß, málke, méjlech

melúche-rosch *m* (-im) Staatsoberhaupt <*se*>

melúcheschaft *f* Staatlichkeit <*se*>

melúchisch staatlich <*se*>

melúmed *m* (melumódim) jüd. Gelehrter <*se*> ↑lamdn, lómdeß

memále: ~ *sajn* ergänzen; belohnen <*se*>

memschóle Macht, Herrschaft <*se*>

men man

menádew: ~ *sajn* spenden, stiften <*se*> ↑nedówe

menáked: ~ *sajn* punktieren (hebräische Buchstaben mit diakritischen Zeichen versehen) <*se*>

menazéjech: ~ *sajn* besiegen <*se*> ↑nizóchn; *nit* ~ *zu sajn* unbesiegbar

menazéjechdik siegreich <*se*>

mendl *n* (-ech) Haken; ~ *un wajbl* Haken und Öse

méner(i)sch männlich, Männer-

meníe *f* (-ß) Hindernis <*se*>

mentsch (-n) Mensch; *der min* ~ das Menschengeschlecht; *wern a* ~ es zu etwas bringen

méntschisch menschlich, Menschen-

menúwl *m* (menuwólim) *w* **-te** Schurke <*se*>

menúwldik schurkisch <*se*>

mer mehr

mer *m od f* (-n) Möhre

meráchem: ~ *sajn sich af emezn* mit jdm. Mitleid haben; <*se*> ↑ráchmen, rachmóneß

merámes: ~ *sajn* einen Wink geben, andeuten <*se*> ↑rémes; ~ *sajn af emezn* auf jdn. anspielen

mérbik mürbe

mérchez *m od n* (-n) jüd. Badehaus <*se*>

meríde *f* (-ß) Aufruhr <*se*> ↑mójred

merídn *Pl* Hämorrhoiden

mérin *m* (-eß) Wallach <*sl*>

merk ↑mark

mérksam bemerkbar

mesáke: ~ *sajn* würdigen <*se*>; ~ *sajn emezn mit a blik* jdn. eines Blickes würdigen

mesálsl: ~ *sajn* verunglimpfen <*se*>

mesch *n* Messing

meschádech: ~ *sajn* Heirat vermitteln <*se*> ↑schádchen, schídech; ~ *sajn mit emezn sich* mit jdm. verschwägern

mescháer: ~ *sajn sich* vermuten <*se*> ↑haschóre

meschaléjech: ~ *sajn* in die Wüste schicken <*se*> ↑meschúlech, scholíech

méschech *m* Verlauf, Zeit; Lebenszeit <*se*>; *in* ~ *fun* während

meschíech *m* (*D, A* meschíechn; meschíchim) Messias <*se*>; ~*ß zajtn* Tausendjähriges Reich; *me sol dermonen* ~*n* wenn man vom Esel spricht, kommt er

meschíechl *n* (-ech) Marienkäferchen <*se*>

meschólim ↑moschl

meschóreß *m* (meschórßim) *w* **-te** Diener <*se*>

meschórßisch unterwürfig <*se*>

meschugáß *n* Wahnsinn <*se*>; *arajnfaln in* ~ verrückt werden; *hintisch* ~ Tollwut

meschúge *prädAdj* verrückt; tollwütig <*se*>

meschúg(e)n verrückt; tollwütig <se>
meschugóim Pl Irre <se>
meschugóim-hemdl n (-ech) Zwangsjacke
meschugóim-hojs n (-hajser) Irrenhaus
meschúlech m (meschulóchim) Bote <se> ↑ meschaléjech, scholíech
meschúmed m (meschumódim) getaufter Jude <se> ↑ schmadn
meschumédeßte f (-ß) getaufte Jüdin <se>
meschúne prädAdj sonderbar, seltsam <se>
meß m od n (méjßim) Leichnam <se>
meßaméjech: ~ sajn erheitern <se> ↑ ßímche; ~ sajn sich sich amüsieren
méßer m od n (-ß) Messer; sajn af ~ß mit emezn mit jdm. auf Kriegsfuß stehen
meßíbe f (-ß) Kreis (von Menschen) <se>
meßíre f (-ß) Denunziation <se>; derlangen a ~ af emezn jdn. denunzieren
meßírele n (-ß) Schmähschrift <se>
meßléß m (-n, nach Zahlwort –) Tag und Nacht, 24 Stunden <se>; draj ~ drei Tage (und Nächte)
meßléß-gelt n Tagegeld
meßléßik Adj Tage-
meßójre f (-ß) Überlieferung <se>
meßtn (gemößtn) messen
meßúk(e)n(dik) gefährlich <se>
meßúpek prädAdj zweifelhaft <se> ↑ ßófek
mesúmen bar (Geld) <se>; ~ß Bargeld
mesumónim Pl Bargeld
metélize f (-ß) Schneesturm <sl>
metschét m (-n) Moschee <sl>
metúpl m (metupólim) Kinderreicher <se>
metúref m (meturófim) Verrückter <se>
metúschtesch Adv unklar, verschwommen <se>
meubéreß schwanger <se>
mewaker-chójle: ~ sajn besuchen (Kranken) <se>

mewátl: ~ sajn, ~ machn zunichte machen <se>
méwe f (-ß) Möwe
mewíneß n Sachverstand, kompetente Meinung <se> ↑ mejwn; ~ sogn af epeß etw. kritisch beurteilen
mewínim ↑ mejwn
mewújesch gedemütigt; ~ schteln beschämen <se> ↑ bíesch, búsche
mewúlbl: ~ wern in Verwirrung geraten <se>
mewúßemdik berauscht <se>
mezáer: ~ sajn sich iber emezn/epeß um jdn. [etw.] trauern <se>
mezíe f (-ß) billiger Kauf <se>
mi f (-en) Mühe; ~ un máter(nisch) große Anstrengung, Mühsal
michúz außer <se> ↑ achúz
mid müde
mídber m od f (midbórjeß) Wüste <se>
míde f (-ß) Gewohnheit; Art und Weise <se>; gute ~ß Tugenden; opzoln ~ keneged ~ Gleiches mit Gleichem vergelten
mieß hässlich, gemein, unanständig <se>
míeßn: ~ sich far epeß etw. verabscheuen <se>
mieß-umóeß prädAdj abscheulich <se>
mif m (-n) Mythos <sl>
mígldik abscheulich
mijád-lejád Adv von Hand zu Hand <se>
míklet m (miklótim) Zufluchtsort, Asyl <se>
mikójech Präp betreffend, bezüglich <se>
míkwe f (mikwóeß) jüd. Badehaus <se>
mil f (-n) V **milchl** Mühle
milch f Milch; der mameß ~ ligt im noch af di lipn, er hot noch ~ af di wonzeß er ist noch nicht trocken hinter den Ohren
mílchik aus bzw. mit Milch zubereitet; ~e kasche Milchbrei
mílchiker m (– od -ß) w **-(i)n** Milchmann
mílchikß n aus bzw. mit Milch zubereitete Speise

milchóme *f* (-ß) Krieg <*se*>; *haltn* ~ Krieg führen

milchóme-(unter)zinder *m* (– *od* -ß) Kriegshetzer

míle *f* Beschneidung <*se*> ↑ málje

mílgrojm *m* (-en) Granatapfel

mílner *m* (-ß) *w* **-ke** Müller

min *m od n* (-im) Art, Sorte; Genus; Sexus; *der schejner* ~ das schöne Geschlecht

minaßtám *Adv* vermutlich; natürlich, selbstverständlich <*se*>

mínche *f* Nachmittagsgebet <*se*>

míndßte: *der* ~*r finger* der kleine Finger

mín(h)eg *m* (min[h]ógim) Brauch, Sitte <*se*>

miníßter *m* (miníßtórn) *w* **-sche** Minister

miníßtórn-rat *m* Ministerrat

mínjen *m* (minjónim) Zehnschaft über 13 Jahre alter männlicher Juden <*se*>

míntern aufwecken, beleben

minút *f* (-n, nach Zahlwort –) Minute; *finf* ~ *zu acht* fünf Minuten vor acht; *finf* ~ *af sibn* fünf Minuten nach sieben; *di* ~ sofort; *af der hejßer* ~ in Rage

minútnik *m* (-eß) Minutenzeiger

mir[1] (*D, A* unds) wir

mir[2] mir; ~-*nit dir-nit* mir nichts, dir nichts

misbéjech *m* (misbéjcheß) Opferaltar <*se*>

míschne *f*, **mischnájeß** *Pl* Mischna <*se*>

míschpet *m* (mischpótim) Urteil, Verurteilung <*se*>

míschpetn verurteilen <*se*>; ~ *sich mit emezn* mit jdm. prozessieren

mischpóche *f* (-ß) Familie <*se*>

mischtádl: ~ *sajn sich far emezn* für jdn. eintreten <*se*>

misérne kläglich <*sl*>

misínik *m* (-eß) jüngster Sohn <*sl*>

misínke *f* (-ß) jüngste Tochter <*sl*>

mísmer *m* (mismójrim) Psalm <*se*>; *wißn epeß wi a* ~ etw. aus dem Effeff beherrschen

mísrech *m* Osten <*se*>; ~-*zu* gegen Osten; *af* ~ nach Osten; *af* ~-*sajt* im Osten; *der wajter [noenter]* ~ der Ferne [Nahe] Osten

mísrechdik östlich <*se*>

mißbójded *m* (-im) Einsiedler, Eremit <*se*>

mißchájew: ~ *sajn (sich)* (sich) verpflichten <*se*> ↑ chojw, mechájew, mechújew

mißchátn: ~ *sajn sich mit emezn* sich mit jdm. verschwägern <*se*> ↑ cháßene, choßn, mechútn

mißcher *m* Handel <*se*> ↑ ßójcher

miße-meschúne *f* gewaltsamer Tod <*se*>; *ajnnemen a* ~ eines gewaltsamen Todes sterben

mißpálel: ~ *sajn* beten <*se*>

mißt *n* Müll; Mist, Dünger

mißtáme = mißtóme

mißt-gros *n* Unkraut

mißtik dreckig

mißtóme *Adv* vermutlich; natürlich, selbstverständlich <*se*>

mißt-plaz *m* (-plezer), **míßtworf** *m* (-n) Müllkippe

mißwáde: ~ *sajn sich* seine Sünden bekennen <*se*> ↑ mójde, wíde

mit mit; *der tate* ~ *der mame(n)* Vater und Mutter; *zwej* ~ *a halber scho* zwei und eine halbe Stunde; *arojßrajßn (inejnem)* ~*n worzl* mit den Wurzeln herausreißen; *schmekn* ~ *epeß* nach etw. riechen; ~ *draj jor zurik* vor drei Jahren

mit *f Sgt* Mitte; *di* ~ *nacht* Mitternacht; *di* ~ *weg* die Mitte des Weges; *in der ßame* ~ ganz in der Mitte

mit- (in unfest zusammengesetzten Verben) mit-

mitamól *Adv* plötzlich

míte *f* (-ß) Totenbahre <*se*>

mít(e)le mittlere, Mittel-; *in di* ~ *jorn* im mittleren Alter; ~ *grejß* Mittelgröße; ~*r ojer* Mittelohr; *fun miteln wukßß* von mittlerem Wuchs

mítfiln mitfühlen; ~ *emezn (D)* mit jdm. sympathisieren
mítglejbiker *m* (-ke) Glaubensbruder
mítik *m* (-ß) Mittagessen; *eßn* ~ Mittag essen
mítikn Mittag essen
mítikzajt *f* Mittag; *noch* ~ nachmittag
mitl *n* (-en) Mittel; Maßnahme; *onnemen ~en* Maßnahmen ergreifen
mitn *m* (-ß) Mittelteil, Zentrum
mítschmueßer *m* (– *od* -ß), **mítschprecher** *m* (– *od* -ß) Gesprächspartner
mít-tog *Adv* zu Mittag
mítwoch *m* (-n) Mittwoch; *pluzem in a ~* wie ein Blitz aus heiterem Himmel; *in a proßtn ~* an einem gewöhnlichen Wochentag
mítzajtler *m* (-ß) Zeitgenosse
mizád *Präp* seitens <*se*>
mizráim *Pl* Ägypten <*se*>
mízri *m* (-m) Ägypter <*se*>
mízrisch ägyptisch <*se*>
mízriß *f* (mízrieß) Ägypterin <*se*>
mízwe *f* (-ß) Gebot; gute Tat <*se*>; *a ~ af dir!* geschieht dir recht!
moch *m* Moos <*sl*>
móchrim ↑ mójcher
módne seltsam, komisch; *a mentsch mit ~ geng* ein Mensch mit Seltsamkeiten, ein komischer Kauz
mófßim ↑ mójfeß
móger mager
mogn *m* (-ß *od* mégener) Magen; *lojser ~* Durchfall
mogn-dówid *m* Davidsstern <*se*>
mójcher *m* (móchrim) Verkäufer <*se*>
mojcher-ßfórim *m* (mochre-ßfórim) Buchhändler <*se*>
mojcher-twúenik *m* (-eß) Getreidehändler <*se*>
mojchl: ~*!* nein, danke! <*se*>
mojchl: ~ *sajn* verzeihen <*se*> ↑ mechíle; *ich bin ir ~ dem toeß* ich verzeihe ihr den Fehler; *saj mir ~!* verzeih mir!
mojd *f* (mejdn) Mädchen (iron.); alte Jungfer; *farseßene ~* alte Jungfer
mójde: ~ *sajn* zugeben, gestehen <*se*> ↑ mißwáde, wíde; ~ *sajn sich in epeß* etw. (ein)gestehen; *~-umißwáde sajn* ein volles Geständnis ablegen
mojdíe: ~ *sajn* benachrichtigen <*se*> ↑ jedíe
mojdóe *f* (-ß) Bekanntmachung <*se*>
mójech *m* (mójcheß) Grips, Köpfchen <*se*>; *scharfer ~* scharfer Verstand; *temper ~* beschränkter Verstand; *kezischer ~* kurzes Gedächtnis; *zulejgn ~ zu epeß* sich auf etw. konzentrieren
mójech-zwog *f* Gehirnwäsche
mójer *f* (-n) Mauer; Steinhaus
mójerer *m* (– *od* -ß) Maurer
mójfeß *m od n* (mófßim) Wunder, Zeichen <*se*>
mojl *n* (májler) *V* **majlchl** Mund; Mündung (Schusswaffe); *redn mit a halbn ~* sich nicht festlegen; *a ~ af schrojfn* ein geöltes Mundwerk; *onnemen a ~ mit waßer, nit kenen efenen kejn ~* den Mund nicht aufkriegen; *onschteln ~ un ojern af epeß* ganz genau auf etw. achten; *arajnlejgn emezn a finger in ~* jdm. etw. genau erklären (iron.); *arajnfaln in lajtische majler* ins Gerede kommen; *brengen farn ~* äußern; *fun dajn ~ in gotß ojern* dein Wort in Gottes Ohren
mójlschtik *m* (-n) Mundstück (Blasinstrument)
mójre *f* Angst, Furcht <*se*>; *onwarfn a ~ af emezn* jdm. Furcht einjagen
mójred *m* (mórdim) Rebell <*se*> ↑ meríde
mójredik schrecklich <*se*>
mojs *f* (majs) Maus
mójsche *m* Moses <*se*>; ~ *rabejnu* Moses unser Lehrer; ~ *rabejnuß kiele* Marienkäfer
mójßef, mójßif: ~ *sajn* hinzufügen <*se*> ↑ hojßófe, múßef
mójßreß *Pl* Reste; Überfluss, Luxus <*se*>

mókem *m od n* (mekójmeß) Ort <*se*>
mókem-kódesch *m* Gebetshaus <*se*>
mokem-menúche *m*, **mokem-míklet** *m* Zufluchtsort <*se*>
móker *m* (mekójrim) Quelle, Ursprung <*se*>
mol[1] *n* (–) Mal; *kejn (ejn)* ~ *nit* kein einziges Mal; *nit ejn* ~ mehrmals; *ejn* ~ *far ale* ein für allemal; *woß a* ~ von Mal zu Mal
mol[2] *m* (-n) Mole <*sl*>
mol[3] *m* (-n) Motte <*sl*>
móle- voller (zur Ableitung prädikativer Adjektive) <*se*>; *mole-chéjme, mole-káß* zornerfüllt; *mole-chéjn* anmutig, voller Anmut; *mole-tám* köstlich; *mole-rezíche* wütend; *mole-ßímche* voller Freude; *mole-wegódesch* zum Bersten voll
moln[1] malen
moln[2] (gemóln) mahlen
mólzajt *m* (-n) Mahlzeit
monách *m* (-n) Mönch <*sl*>
monách(i)n *f* (-ß), **monáschke** *f* (-ß) Nonne <*sl*>
monaßtír *m* (-n) (orthodoxes) Kloster <*sl*>
móner *m* (–) Kläger
móntik *m* (-n) Montag
mónung *f* (-en) (gerichtliche) Klage
mórde *f* (-ß) Schnauze; Fresse <*sl*>
mórdetschke *f* (-ß) Schnäuzchen <*sl*>
more-schchójre *f* Melancholie <*se*>
more-schchójredik melancholisch <*se*>
more-schchójren grübeln <*se*>
more-schchójrenik *m* (-eß) Melancholiker <*se*>
morg *m* (-n) Leichenschauhaus <*sl*>
morgn *Adv* morgen; *af* ~*(ß)* am nächsten Tag; *(af) zu* ~*ß* am nächsten Morgen; *bis* ~ *hobn mir a gutn/grojßn got; af* ~ *sol got sorgn* morgen ist auch noch ein Tag
morgn *m* (-ß) Morgen; *a gut-*~*!* guten Morgen!
morsh *m* (-n) Walross <*sl*>
moschénjewen betrügen <*sl*>

moschl *n* (meschólim) Beispiel; Fabel <*se*>; *a* ~ *af a torbe fleker* ein völlig unpassendes Beispiel
mósl(e)n die Masern haben
móslen *Plt* Masern
mosólje *f* (-ß) Schwiele <*sl*>
mosóljedik schwielig <*sl*>
moß *f* (-n) Maß; *mit a* ~ od. *zu der* ~ in Maßen; *iber der* ~ übermäßig; *in der fuler* ~ in vollem Maße; *bis a gewißer* ~ bis zu einem gewissen Grade; *gemacht af* ~ nach Maß gemacht, maßgeschneidert; *iberchapn di* ~ übertreiben, überziehen; *(arop)nemen a* ~ Maß nehmen; *hobn najn* ~ *rejd* übermäßig geschwätzig sein
móßernik *m* (-eß) *w* **-nize** Intrigant, Ränkeschmied <*se*>
móßmitl *n* (-en) Maßnahme
móßschtab = maßschtáb
motíke *f* (-ß) Hacke <*sl*>
motozíkl *m* (-en) Motorrad <*sl*>
motoziklíßt *m* (-n) Motorradfahrer <*sl*>
mráke *f* (-ß) Nieselregen <*sl*>
mráken nieseln <*sl*>
mrúken murmeln <*sl*>
múfleg *m* (muflógim) hervorragende Persönlichkeit, großer jüd. Gelehrter <*se*>
múken muhen
múljer *m* (– *od* -ß) Maurer <*sl*>
múmche *m* (múmchim) tüchtiger Mensch <*se*>
múme *f* (-ß) Tante; *kalte* ~ angeheiratete Tante
múmenju *f* Tantchen (Anrede)
múml(e)n murmeln
mundír *m* (-n) Uniform <*sl*>
mundschtúk *m* (-ß) Mundstück <*sl*>
muráschke *f* (-ß) Ameise <*sl*>
muráschnik *m* (-eß) Ameisenhaufen <*sl*>
murín *m* (-en) Mohr <*sl*>
múschke *f* (-ß) Korn (Zielvorrichtung) <*sl*>; *nemen af der* ~ aufs Korn nehmen
muschkét *m* (-n) Muskete <*sl*>

muschketér *m* (-n), **muschketjór** *m* (-n) Musketier <*sl*>
muschtír *m*, **múschtre** *f* Drill <*sl*>
múschwe: ~ *wern* übereinkommen <*se*>
musn (er mus) müssen
múßef *n* (mußófim) Zusatzgebet (nach dem Morgengebet) an Sabbaten, Festtagen u. Neumonden <*se*> ↑ hojßófe, mójßef, mójßif
múßer *m* Moral; Moralpredigt <*se*>; *sogn emezn* ~ jdm. Moral predigen; *aropnemen sich a* ~ *fun epeß* eine Lehre aus etw. ziehen
mußer-háßkl *m* (-ß) Moral (einer Fabel) <*se*>
mußer-háßkldik moralisch, erbaulich <*se*>
múßern moralisieren <*se*>
múßer-ßejfer *m* (-ßforim) Erbauungsbuch <*se*>
mußulmán *m* (mußulménér) Moslem
mußulménér *m* (–) *w* **-(i)n** Moslem
mut *m* Mut; *onnemen sich mit* ~ Mut schöpfen; *zugebn emezn* ~ jdm. Mut machen
múter *f* (-ß) Mutter
múterisch mütterlich
múterke *f* (-ß) Schraubenmutter
múter-zejchn *m* (-ß) Muttermal
mútikn ermutigen
mútne trübe <*sl*>
mútschen quälen <*sl*>
múzlech *m* (muzlóchim) Erfolgsmensch, Glückspilz <*se*> ↑ hazlóche, mazlíech

N

-n ↑ **-(i)n**
na: ~ *(dir)!* da hast du! <*sl*>
nachál *m* (-n) *w* **-ke** unverschämter Kerl <*sl*>
nachálne unverschämt <*sl*>

nácheß *m od n* Vergnügen <*se*>; *hobn* ~ *fun epeß* etw. genießen
nacheß-rúech *m* geistiger Genuss <*se*>
náchle *f* (nachlóeß) Familiengut <*se*>
nachlíe *f* (-ß) Nutte
nacht *f* (necht) Nacht; *af der* ~ abends; *zu* ~*(ß)* nachts; *machn* ~ schlafen gehen
náchtleger *m* (-ß) Nachtlager
nácht-opru *m* Übernachtung
nadn *m* (-ß) Mitgift <*se*>
nadolúshen aufholen (Zeit) <*sl*>
nádwen *m* (nadwónim) Wohltäter <*se*>
náfke *f* (-ß) liederliches Frauenzimmer <*se*>
nafke-míne *f* (-ß) Unterschied <*se*>
nagráde *f* (-ß) Belohnung, Auszeichnung <*sl*>
naj neu
naj(e)ß *n* (-n) Neuigkeit
nájgerik neugierig
náj-jor *n* Neujahr; *erew* ~ Silvester
najn *n* neun; ~*e* 9 Uhr; *der* ~*ter* der neunte
najntl *n* (-ech) Neuntel
nájnzet: *der* ~*er* der neunzehnte
nájnzik neunzig; *der* ~*ßter* der neunzigste
najnzn neunzehn; *der* ~*ter* der neunzehnte
náket nackt, kahl; *odem* ~ splitternackt
nam *f* (-en) Amme
nar *m* (narónim) Narr; *an opgeríßener* ~, *a* ~ *chotsch in kojmen schpar* ein Vollidiot; *blajbn bam* ~ den Kürzeren ziehen; *schteln/losn zum* ~ zum Narren halten
náre *f* (-ß) Holzpritsche <*sl*>
nárisch dumm; *machn sich* ~ den Narren spielen
narkomán *m* (-en) Rauschgiftsüchtiger <*sl*>
narkománje *f* Rauschgiftsucht <*sl*>
narkótik *m* (-n *od* -eß) Rauschgift <*sl*>
narn täuschen
narónim ↑ nar

nárte *f* (-ß) Ski <*sl*>
nártl(e)n: ~ *sich* Ski laufen <*sl*>
nártler *m* (-ß) *w* **-(i)n** Skiläufer <*sl*>
nartleráj *f* Skilauf <*sl*>
naß nass
náßlech feucht
nat: ~ *(ajch)!* da habt ihr! <*sl*>
natschálnik *m* (-eß) Chef <*sl*>
natschálßtwe *f* Obrigkeit <*sl*>
nawenád *prädAdj* heimatlos <*se*>
nawenádnik *m* (-eß) *w* **-nize** Heimatloser, Herumirrender <*se*>
názi *m* (-ß) Nazi
náziche *f* (-ß) weiblicher Nazi
názisch nazistisch
nébech (Ausdruck des Bedauerns, wird nachgestellt); *doß kindele* ~ das arme Kind
nébechdik bedauernswert
nébechinker *m* (-ke) armer Schlucker, armer Kerl
nechóme *f* (-ß) Trost, Tröstung <*se*>
necht ↑ nacht
néchtik gestrig; *mir sajnen ojch nit kejn* ~*e* wir sind auch nicht von gestern; *a* ~*er tog* keineswegs
néchtikn übernachten
nechtn gestern
nedoímke *f* (-ß) Rückstand <*sl*>
nedórim ↑ néjder
nedówe *f* (-ß) Almosen <*se*> ↑ menádew
néentern: ~ *sich* sich nähern
néfesch *m od n* (nefáscheß) Kopf, Seele (Person); *kejn lebediker* ~ keine lebende Seele; *af a* ~ pro Kopf
négele *n* (-ch) Nelke
negídeßte *f* (-ß) reiche, mächtige Frau <*se*>
negídim ↑ nógid
negídisch Reichen gehörend <*se*>
negíne *f* Musik, Gesang <*se*> ↑ nign
negl ↑ nogl
néjder *m* (nedórim) Gelübde <*se*>; *ton a* ~ geloben

néj(e)n nähen
nejn nein
néjterke *f* (-ß), **néjter(i)n** *f* (-ß) Näherin
néjtikn: ~ *sich in epeß* etw. brauchen
nejtn zwingen, nötigen
néjtor(i)n *f* (-ß) Näherin
nekéjwe *f* (-ß) weibliches Wesen; Frauenzimmer <*se*>
nekóme *f* Rache <*se*> ↑ nójkem
nekóme-durschtik, nekóme-sucherisch rachsüchtig
nélem: ~ *wern* verschwinden <*se*>
nem: *a* ~ *ton sich zu epeß* sich (kurz einmal) an etw. heranmachen
ném(e)n (genúmen) nehmen; anfangen; ~ *sich* beginnen (*intr*); ~ *sich zu epeß* sich an etw. machen, etw. beginnen
némen *m* (nemónim) Treuhänder <*se*>
némen(er) ↑ nómen
nemóne *f* (-ß) Vertrauen; Glaubensbekenntnis <*se*>
nemóneß *n* Treuhänderschaft <*se*>; *af* ~ auf Treu und Glauben; *glejbn emezn af* ~ jdn. beim Wort nehmen; *af majne* ~*!* im Ernst!
nepl *m* (-en) Nebel
néregn, nérekn verprügeln <*se*> ↑ hárge(ne)n, haríge, hójreg
nérewdik, nérik nahrhaft
nern nähren
nérung *f* Nahrung
nerwírn nervös machen; ~ *sich* nervös werden, nervös sein
neschóme *f* (-ß) Seele <*se*>; *sajn ejn guf, ejn* ~ ein Herz und eine Seele sein; *di* ~ *sajne is antlofn in di schpiz knechl, di* ~ *is im arojßgefaln* das Herz ist ihm in die Hosen gerutscht; *fochen mit der* ~ mit dem Tode ringen; *arojßnemen ba emezn di* ~ jdm. auf der Seele knien
nés(er) ↑ nos
nesífe *f* (-ß) Rüge, Tadel <*se*>
nesírim ↑ nóser

neß *m* (níßim) Wunder <*se*>; *alpi* ~ auf wundersame Weise, wie durch ein Wunder
neßíe *f* (-ß) Reise <*se*>
neßt *f* (-n) Nest
neßtn nisten, Nest bauen; ~ *sich* nisten, brüten
net ↑ not
netíe *f* (-ß) Neigung, Vorliebe <*se*> ↑ nójte
newéjle *f* (-ß) Aas <*se*>
newíe *f* (-ß) Prophetin <*se*>
newíeß *n* Prophezeiung <*se*>
newíim ↑ nówi
newíisch prophetisch <*se*>
newúe *f* (-ß) Prophezeiung <*se*>
nez[1] *f* (-n) Netz
nez[2] *f* Nässe, Feuchtigkeit
nezn nässen
nibl-pé *m Sgt* Obszönität <*se*>
nibl-pédik unflätig, obszön <*se*>
nief *m* ausschweifendes Leben <*se*> ↑ náfke, nójef
niflóeß *Pl* Wunder <*se*>; *níßim-we*~ Zeichen und Wunder
nífter *m* (niftórim) Verstorbener <*se*>; ~ *wern* sterben
nign *m* (nigúnim) *V* **nigndl, nígele** Melodie <*se*> ↑ negíne
nímeß *prädAdj* überdrüssig <*se*>
nímeß *m* Höflichkeit <*se*>
nischkósche *Adv, prädAdj* erträglich <*se*>; (als Antwort auf die Frage nach dem Befinden) es geht
nischt nicht; *wern zu* ~ bedeutungslos werden; *machn zu* ~ zur Bedeutungslosigkeit verurteilen
níschtern stöbern, schnüffeln
nischtó = nitó
niß ↑ nuß
nißáscher: ~ *wern* reich werden <*se*> ↑ aschíreß, ójscher
níßim ↑ neß
níßimdik wundersam <*se*>
nißn (genóßn) niesen

nißn *m* Nissan, siebenter Monat des jüd. Kalenders (März–April)
nißójen *m* (nißjójneß) Versuchung <*se*>; *schteln far a* ~ in Versuchung führen
nißpóel: ~ *wern fun epeß* sich von etwas beeindrucken lassen <*se*> ↑ hißpájleß
nißref *m* (nißrófim) Mensch, der seine Habe durch Feuer verloren hat <*se*> ↑ ßréjfe
níßter: *beloschn* ~ auf Hebräisch
nit nicht; ~ ... ~ weder ... noch; *schojn* ~ nicht mehr; *wajt* ~ bei Weitem nicht; ~ *ejnmol* mehrfach
nit-ájnhaltlech nicht aufzuhalten
nit-deréßn *n* Unterernährung
nit-derscházung *f* Unterschätzung
nit-derschlófn nicht ausschlafen
níte lass das!, (bloß) nicht!
nit-gefregterhéjt *Adv* ungefragt
nit-gesúndkajt *f* Unwohlsein
nitgútkajt *f* ungutes Gefühl; Übelkeit
nitl *m* Weihnachten <*se*>
nitó ist nicht (vorhanden), gibt es nicht; *ß'is kejner* ~ es ist keiner da; *kejn briw is* ~ es gibt keinen Brief; ~ *far woß* keine Ursache (als Antwort auf Dank)
níwse *m* (níwsim) verachtungswürdiger Mensch <*se*>
níwsedik verachtungswürdig <*se*>
nízewen wenden (ein Kleidungsstück)
nizl: ~ *wern* Rettung finden <*se*> ↑ mazl
nizóchn *m* (nizchójneß) Sieg <*se*> ↑ menazéjech; *ophaltn a* ~ einen Sieg erringen
nizóchndik siegreich <*se*>
njánje *f* (-ß), **njánke** *f* (-ß) Kinderfrau <*sl*>
njántschen warten, pflegen (Kinder) <*sl*>
noch *Partikel* noch
noch *Präp* nach
noch- (in unfest zusammengesetzten Verben) nach-
nochanándik aufeinanderfolgend
nochanándikajt *f* Abfolge
nóchdem danach, dann

nóchkrim(e)n: ~ *(sich)* nachäffen
nochmilchómedik *Adj* Nachkriegs-
nochmítikdik nachtäglich, Nachmittags-
nodl *f* (-en) *V* **nédele** Nadel
nóent (néenter) nah
nógid *m* (negídim) Reicher, Mächtiger <*se*> ↑ negídeßte
nogl *m* (negl) Finger-, Zehennagel; *krichn emezn (D) unter di negl* jdm. in den Hintern kriechen; *ba emezn in di negl* in jds. Klauen
nogn nagen
nójech *m* Noah
nójef *m* (-im *od* nojáfim) *w* **-te** Wüstling <*se*> ↑ níef
nójefn ein ausschweifendes Leben führen <*se*>
nójkem: ~ *sajn sich in emezn* sich an jdm. rächen <*se*> ↑ nekóme; ~ *sajn sich far epeß* etw. rächen; ~ *wenójter* rachsüchtiger Mensch
nojße-chéjn: *weln* ~ *sajn ba emezn* sich bei jdm. anbiedern <*se*>
nojt *f* (-n) Not; *far* ~ im Notfall; *onton sich a* ~ sich Zwang antun
nójte geneigt <*se*> ↑ netíe; ~ *sajn zu epeß* zu etw. tendieren
nol *f* (-n) Ahle
nómen *m* (némen[er]) Name; *chawer zum* ~ Namensvetter
nont = nóent
nopl *m* (-en) Nabel
nor nur; *nit* ~/*nit blojs,* ~ *ojch* nicht nur, sondern auch; ~ *nit bloß* nicht
nóre *f* (-ß) Erdloch, Bau <*sl*>
nórwoß soeben
nos *f* (nés[er]) *V* **nesl** Nase; *aroplosn di* ~ den Kopf hängen lassen; *blajbn mit a* ~ leer ausgehen; *ojßschteln a* ~ *af emezn* jdm. eine lange Nase machen; *farrajßn di* ~ die Nase hochtragen; *firn far der* ~ an der Nase herumführen; *rejdn unter der* ~ durch die Nase sprechen; *schtupn di* ~ *wu me darf un wu me darf nit, schtupn di* ~ *in jenemß geschefṭn* seine Nase in alles stecken

nóschim ↑ ísche
nóser, nósir *m* (nesírim) Einsiedler <*se*>
nóstichl *n* (-ech) Taschentuch
not *f* (net) Naht
notázje *f* (-ß) Moralpredigt <*sl*>; *lejenen emezn ~ß* jdm. Moral predigen
nóte[1] *f* (notn) Notenzeichen
nóte[2] *f* (-ß) (diplomatische) Note
nówi *m* (newíim) Prophet <*se*> ↑ newíe, newúe
nu! na!
núd(j)en: ~ *sich* sich langweilen <*sl*>
núdne langweilig <*sl*>
núdnik *m* (-eß) Nervensäge <*sl*>
nudóte *f* Langeweile <*sl*>
nuß *m od f* (niß) *V* **nißl** Nuss; *wélschene* ~ Walnuss
núßech *m* (nußchóeß) Version, Lesart <*se*>
nuz *f*, **nuzn** *m* Nutzen; *hobn a* ~ *fun epeß* von etw. profitieren
núzik, núzlech nützlich

o *Interj* oh
o *Demonstrativpartikel: der* ~ dieser; *do* ~ hier <*sl*>
oásiß *m* (-n) Oase <*sl*>
óber aber
obláwe *f* (-ß) Razzia <*sl*>
óbzaß *m* (-n) Absatz (am Schuh) <*sl*>
óchzen ächzen <*sl*>
ódem *m* Adam <*se*>; *~-horíschn* Adam, der erste Mensch; ~ *naket* splitternackt
óder oder; ~ ... ~ entweder ... oder
óder *m* Adar, sechster Monat des jüd. Kalenders (Februar–März)

ódler *m* (-ß) Adler
ódlersch *Adj* Adler-
ódlige, odlíhe *f* (-ß) Tauwetter <*sl*>
of *n* (ójfeß) Stück Geflügel <*se*>
ofizjánt *m* (-n) *w* **-ke, -(i)n** Kellner <*sl*>
óger *m* (-ß) Hengst <*sl*>
ójberflach *f* Oberfläche; *afn* ~ an der Oberfläche
ojbn *Adv* oben
ojbn *m* (-ß) Oberteil
ojbnójf *m* (-n) Oberfläche
ojbnójfik oberflächlich
ojbnúf = ojbnójf
ojbß(t) *n* Obst
ojch(et) auch
ójdef *m* Überschuss <*se*>
ójer *m od n* (-n) Ohr; Topfhenkel; ~*n* (auch) Ohrenklappen (an der Mütze); *sogn afn* ~ ins Ohr sagen; *eß rajßt doß* ~ davon tun einem die Ohren weh; *onschteln/onschpizn di* ~*n* die Ohren spitzen; *lechern emezn di* ~*n* jdm. in den Ohren liegen
ójerl *n* (-ech) Nadelöhr; Topfhenkel
ójern-dekl *n* (-ech), **ójern-klape** *f* (-ß) Ohrenklappe (an der Mütze)
ojf = af
ojf- = uf-
ójfeß *Pl* Geflügel <*se*> ↑ of
ójfher: *on (an)* ~ pausenlos, ohne Ende
ojfn *m* (ojfánim) Art und Weise <*se*>
ojg *n* (-n) *V ejgl* Auge; *afn* ~ über den Daumen gepeilt, nach Augenmaß; *aroplosn di* ~*n* die Augen senken; *er is der tate ojßn* ~ er ist seinem Vater wie aus dem Gesicht geschnitten; *farlirn fun di* ~*n* aus den Augen verlieren; *farmachn di* ~*n af epeß* die Augen vor etw. verschließen; *sajn an* ~ *mit a bret* unzertrennlich sein
ójker: ~ *sajn fun emezn [epeß]* vor jdm. [etw.] fliehen <*se*>
ójker-min(h)aschójresch: ~ *sajn* mit Stumpf und Stiel ausrotten <*se*>

ójle *m* (ójlim) (jüd.) Pilger; Einwanderer nach Palästina/Israel <*se*>; ~ *sajn* eine Pilgerfahrt unternehmen; nach Palästina bzw. Israel einwandern
ójlem *m* Publikum, Gesellschaft; Leute; Welt <*se*>
ojlem-hábe *m* Jenseits <*se*>
ojlem-háse *m* Diesseits; weltliche Vergnügungen <*se*>
ojlem-hásedik weltlich eingestellt, vergnügungssüchtig <*se*>
ojlem-hásenik *m* (-eß) *w* **-nize** weltlich eingestellter, vergnügungssüchtiger Mensch <*se*>
ojlem-hoémeß „Welt der Wahrheit" (Aufenthaltsort der Verstorbenen) <*se*>; *emezer is schojn afn* ~ jd. ist nicht mehr auf der Welt
ojlem-umlóje: *haltn an* ~ *fun emezn* in jdn. vernarrt sein
ojle-régl *m* (ojlej-régl) Pilger <*se*>; ~ *sajn* eine Pilgerfahrt unternehmen
ójnesch *m* (onóschim) Strafe <*se*>
ójneß *m* Zwang <*se*>
ojpß = ojbß(t)
ójrech *m* (órchim) Besucher, Gast <*se*>
ójringl *n* (-ech) Ohrring
ójscher *m* (aschírim) reicher Mann <*se*> ↑ aschíreß, nißáscher
ojß *Präp* aus (verweist auf die Ursache); ~ *forsichtikajt* aus Vorsicht
ójß- (in unfest zusammengesetzten Verben) aus-; *ójßzoln* auszahlen; *ójßschtarbn* aussterben
ójßbahaltn* (mit Erfolg) verstecken
ójßbajt *m* (-n) Austausch
ójßbajtn* auswechseln; ~ *af epeß* gegen etw. austauschen; ~ *sich* sich abwechseln
ójßbakn* (zu Ende) backen
ójßbejg *m* (-n) Biegung
ójßbejgn* (ver)biegen; ~ *sich* sich (ver-)biegen

ójßbenk(e)n: ~ *sich noch emezn [epeß]* nach jdm. [etw.] starke Sehnsucht haben
ójßbeßern (ver)bessern
ójßbetn[1] aufbetten; polstern
ójßbetn[2]* ausbitten, erbitten
ójßbodn* baden; ~ *sich* ein Bad nehmen
ójßbrechn* ausbrechen; ~ *di tir* die Tür einschlagen
ójßbreng(e)n* verschwenden
ójßbrien ausbrüten
ójßchapn wegnehmen <sl>
ójßchowen aufziehen (Kind) <sl>
ójßdempn: ~ *sich* verdampfen
ójßderwejln auserwählen
ójßderzejln erzählen
ójßdluben, ójßdojben aushöhlen <sl>
ójßdrej *m* (-en) Wendung
ójßdrej(e)n hinwenden, auswringen; ~ *sich* sich herauswinden
ójßdriklech ausdrucksvoll
ójßfaln* ausfallen (Haar, Zahn); fallen (Schnee); ~ *emezn (D)* jdm. zuteil werden
ójßfang(e)n* abfangen
ójßfel *m* (-n) Manko
ójßfeln fehlen, mangeln
ójßfiler *m* (–) *w* **-(i)n** Ausführender (Künstler)
ójßfiln erfüllen; ausführen (Befehl; Kunstwerk)
ójßfir *m* (-n) Schlussfolgerung
ójßfir- Exekutiv-
ójßfirkóm *m* (-en) Exekutivkomitee
ójßformirn gestalten
ójßforn* befahren, durchfahren
ójßforschn erforschen
ójßfreg *m* (-n) Befragung
ójßfrirn* erfrieren
ójßgebn* ausgeben; verraten (Geheimnis, Gefühl); verheiraten (Tochter); ~ *sich* sich ereignen; *fs'hot sich ojfsgegebn a suniker tog* es wurde ein sonniger Tag
ójßgedejwert ausgemergelt

ójßgedroschn abgedroschen
ójßgefinen* erfinden, herausfinden
ójßgehaltn zurückhaltend, ausgeglichen
ójßgejn* alle werden; umkommen, zugrunde gehen; abschreiten (*tr*); verstreichen (Termin); ~ *noch epeß* sich nach etw. verzehren
ójßgekechlt geschniegelt und gebügelt
ójßgelaßn ausschweifend, lasterhaft
ójßgelaßnkajt *f* Ausschweifung
ójßgelunken ausgerenkt
ójßgematert ermattet
ójßgemogert abgemagert; ~ *wern* abmagern
ójßgepreßt geschniegelt und gebügelt
ójßgeschrej *m od n* (-en) Ausruf, Schrei
ójßgeschternt bestirnt, sternenübersät
ójßgetschuchet hellwach <sl>
ójßgezwogn gewaschen (Haar)
ójßglajchn* ausrichten, strecken, straffen; ~ *dem trot* Tritt fassen
ójßgletn glattstreichen
ójßglitschn: ~ *sich* ausrutschen
ójßglozn: ~ *di ojgn af emezn [epeß]* jdn. [etw.] anstieren
ójßgrodn gerade machen
ójßhaltewdik ausdauernd, widerstandsfähig, standhaft
ójßhaltn* aushalten, durchhalten; bestehen (Prüfung); unterhalten (Lebensunterhalt geben); ~ *eteche uflageß* mehrere Auflagen erleben (Buch)
ójßharge(ne)n massakrieren <se>
ójßheftn* sticken
ójßhejlewdik heilbar
ójßhejln heilen
ójßhern anhören; zu Ende hören
ójßhobn* loswerden (Fehler, Mängel)
ójßhodewen mästen <sl>
ójßjeß ↑ oß
ójßkemfn erkämpfen
ójßklajbn* wählen
ójßklapn ausklopfen; ~ *(af der maschin)* tippen (Schreibmaschine)

ójßklepn modellieren (aus Ton)
ójßklorn klären
ójßkojfgelt *n* Lösegeld
ójßkojfn loskaufen; ~ *di schuld* die Schuld sühnen
ójßkojle(ne)n massakrieren <*sl*>
ójßkorenjen mit Stumpf und Stiel ausrotten <*sl*>
ójßkrichn* ausfallen (Haar)
ójßkukn erblicken; ~ *sich di ojgn* sich die Augen aus dem Kopfe schauen
ójßkum(e)n* sich herausstellen, sich ergeben
ójßkwal *m* (-n) Ursprung
ójßlachn: ~ *sich fun emezn* jdn. verspotten
ójßlajdn* ertragen
ójßlaj(e)n* (aus)leihen
ójßlajtern läutern; ~ *sich* sich aufheitern; sich läutern, sich klären
ójßlebn sein Leben verbringen
ójßlejdikn entleeren; ~ *sich* sich ausleeren
ójßlejg *m* (-n) Rechtschreibung
ójßlejs-gelt *n* Lösegeld
ójßlejs-korbn *m* (-korbóneß) Sühneopfer <*se*>
ójßlejsn erlösen; freikaufen
ójßlernen beibringen; ~ *sich* erlernen
ójßlink(e)n (ójßgelunken) verrenken
ójßlokern aufstöbern
ójßlosn* auslassen; ~ *epeß zu emezn* etw. an jdm. auslassen; ~ *sich* aufhören, alle werden
ójßlunk *m* (-en) Verrenkung
ójßmajdn* vermeiden
ójßmatern stark ermüden (*tr*); quälen
ójßmebl(e)n, ójßmeblirn möblieren
ójßmejke(ne)n (ójßgemejket *od* ójßgemejknt) hervorwürgen <*se*>
ójßmekn abwischen, tilgen
ójßmeßtn* durchfahren, durchmessen; ausmessen, vermessen
ójßmoln schildern; ~ *sich* sich vorstellen; *nit ójßzumoln* unvorstellbar
ójßmontatschen ergattern <*sl*>

ójßmuscht(r)irn drillen <*sl*>
ójßmutschen abquälen <*sl*>
ojßn: *fun* ~ von außen
ójßnejechz *n* (-n) Stickerei
ójßnej(e)n sticken
ójßnejerke *f* (-ß), **ójßnejer(i)n** *f* (-ß) Stickerin
ójßnem(e)n* Erfolg haben; abmachen
ójßnichtern: ~ *sich* nüchtern werden
ójßnikern mit Stumpf und Stiel ausrotten
ójßnwejnik = ójßwejnik
ójßpajnikn quälen
ójßpak(ewe)n auspacken
ójßpankewen verhätscheln
ójßpaschen mästen <*sl*>; ~ *sich* futtern, dick werden
ójßpatschken beschmutzen <*sl*>
ójßpatschn verhauen, verprügeln
ójßpikn: ~ *sich* schlüpfen (Jungvogel)
ójßpreßer *m* (–) Erpresser
ójßpreßn erpressen
ójßpruw *m* (-n) Test
ójßpruwn testen
ójßrejchern rauchen (Zigarette); ausräuchern
ójßrejd *m* (-n) Ausrede
ójßrejdn* sagen; ~ *emezn doß harz* jdn. trösten
ójßrotn (ójßgerotn) ausrotten
ójßrufn* aufrufen
ójßschechtn* massakrieren <*se*>
ójßschepn ausschöpfen; erschöpfen; ~ *sich* versiegen
ójßschlißn* ausschließen; ausschalten (Licht, Radio)
ójßschlogn* mit Mühe beschaffen
ójßschmajßn* auspeitschen
ójßschmirn beschmieren
ójßschnajdn* ausschneiden; massakrieren
ójßschpiln gewinnen (im Spiel)
ójßschpir *m* (militärische) Aufklärung
ójßschpir-dinßt *f* Geheimdienst
ójßschpirn aufspüren

ójßschrajbn* abonnieren; ausschreiben; abmelden; entlassen (aus dem Krankenhaus); verschreiben, verbrauchen (Papier); ~ *sich* entlassen werden (aus dem Krankenhaus)

ójßschteln ausstellen; aussetzen; ~ *emezn [epeß] af chójsek* jdn. [etw.] lächerlich machen

ójßschtukewen: ~ *zajt* Zeit erübrigen <*sl*>

ójßschuln ausbilden, drillen

ójßschwenk(e)n ausspülen

ójßsezn hinsetzen; einschlagen (Fenster); aussetzen; ~ *sich* sich hinsetzen (in einer Reihe)

ójßsidl(e)n ausschimpfen

ójßsizn* ausbrüten

ójßsubrewen einpauken, (mit Mühe) auswendig lernen <*sl*>

ójßtajtsch *m* (-n) Interpretation

ójßtajtschn interpretieren

ójßtara(sch)tschen: ~ *di ojgn* die Augen aufreißen <*sl*>

ójßtejln aussondern, hervorheben; ~ *sich* sich abheben

ójßter *m* (-ß) Auster

ójßterlisch ungewöhnlich, seltsam

ójßton* ausziehen; ~ *sich* sich ausziehen; ~ *sich fun epeß* etw. ablegen

ójßtrachtenisch *n* (-n) Einfall

ójßtrachter *m* (–) einfallsreicher Mensch

ójßtrachtn sich ausdenken

ojßtrálje *f* Australien

ojßtráljer *m* (–) *w* **-(i)n** Australier

ójßtrink(e)n* austrinken; trinken (Alkohol)

ójßtrozl-(e)n: ~ *sich* sich herausputzen

ójßtschatewen aufstöbern <*sl*>

ójßtschuchen: ~ *sich* hellwach werden <*sl*>

ójßwajsn***:** ~ *sich* den Anschein haben

ójßwakßn* emporwachsen, entstehen

ójßwejnik außen; auswendig *af* ~ auswendig

ójßwepn: ~ *sich* sich verflüchtigen

ójßwern* vorbeisein, verschwinden

ójßwichnen verrenken <*sl*>

ójßworf *m* (-n) Taugenichts

ójßworzl(e)n ausrotten

ójßzertl(e)n verhätscheln

ójßzien***:** ~ *sich* sich ausstrecken

ójto- Auto-, auto-

ójwer *m* (ójwrim) Übertreter, Verletzer <*se*>; ~ *sajn af epeß* etw. übertreten, verletzen, brechen (Gesetz)

ójwer-bótl: *wern* ~ den Verstand verlieren <*se*>

ójwer-schwúe: ~ *sajn* meineidig werden <*se*>

ójwer-schwúenik *m* (-eß) *w* **-nize** Meineidiger <*se*>

ojwn *m* (-ß) *V* **ejwl** Ofen

ojzárnje *f* (-ß) Schatzkammer <*se*>

ójzer *m* (ójzreß) Schatz; Vorrat <*se*>

ókerscht, ókorscht soeben, gerade, vor Kurzem

okóp *m* (-n) Schützengraben <*sl*>

ókrep *m* kochendes Wasser <*sl*>

okß *m* (-n) *V* **ókßele, ékßele** Ochse

ol *m od n* (-n) Joch; Last, Bürde <*se*>

olehaschólem sie ruhe in Frieden <*se*>

olewaschólem er ruhe in Frieden <*se*>

ómed *m* (amúdim)   **1** Spalte, Kolumne   **2** Vorbeterpult <*se*>

óméjn amen <*se*>

ómen-soger *m* (– *od* -ß) *w* **-ke** Jasager

on[1] ohne

on[2] an; *fun ...* ~ seit; *fun izt* ~ von jetzt an

on- (in unfest zusammengesetzten Verben) an-, auf-; ein-; voll-, satt-

on- (mit Suffix *-(d)ik*) -los; *ónekik, ónwejdldik* schwanzlos; *ónwogik* schwerelos

onachrájeßdik keine Verantwortung tragend <*se*>

ónarbetn anrichten; *woß hoßtu ongearbet?* was hast du (da) angerichtet?

ónbajßn *n* (-ß) Frühstück; Lunch

ónbakn* (in großer Menge) backen
ónbejgn* biegen, beugen; ~ *sich* sich biegen, sich beugen, sich bücken
ónbejkern verprügeln
ónbejsern: ~ *sich af emezn* jdn. ausschelten
ónbetn*: ~ *sich* sich aufdrängen
ónbindn* aufzwingen
ónblosn* aufblasen; ~ *sich* sich aufblasen, großtun; übelnehmen
ónborgn (viel) borgen
ónbot *m* (-n) Angebot
ónbotn (óngebotn) anbieten
ónbrechn* (in großer Menge) brechen
ónbreng(e)n* (viel) herbeischleppen
ónchapn anfassen, ergreifen; (in großer Menge) fangen <sl>; ~ *emezn ba/far der hant* jdn. bei der Hand fassen; ~ *sich* sich aufraffen; ~ *sich far epeß* sich an etw. festhalten; ~ *sich farn kop* sich an den Kopf fassen
ónchejschekdik lustlos <se>
ónchmuren (ärgerlich) verziehen, runzeln <sl>
óndajtn anspielen
óndenk *m* Andenken, Gedenken; *ejbiker* ~ ewiges Gedenken; *schenken in* ~ zum Andenken schenken
ónding(e)n* anheuern, einstellen; ~ *sich* sich verdingen
óndrej(e)n: ~ *emezn di ojern* jdm. die Ohren langziehen
óndrik *m* Druck
óndrikn drücken; ~ *af der knopke* auf den Knopf drücken
óndrotik drahtlos
óndrudl(e)n überreden (zu schlechter Sache)
ónduschen einparfümieren <sl>
onékik schwanzlos
onérdik landlos (Bauer)
óneß *m* (anúßim) Mar(r)ane (seine Religion heimlich ausübender zwangsgetaufter Jude) <se>

óneßn*: ~ *sich* sich sattessen; ~ *sich bis ß'kricht schojn af zurik/funem halds* sich vollfressen, bis es einem wieder hochkommt
ónew *m* (anówim) demütiger, bescheidener Mensch <se> ↑ *aníweß*
ónfajfn pfeifen; betrügen
ónfal *m* (-n) Überfall
ónfaln* (in großer Menge) fallen; ~ *af emezn [epeß]* jdn. [etw.] angreifen
onfamílik alleinstehend
ónfarbn schminken
ónfiln vollmachen, vollgießen
ónfirer *m* (– *od* -ß) Führer, Leiter
ónfirn leiten, führen; ~ *mit epeß* etw. leiten
onfíßik beinlos, beinamputiert
ónfizken verprügeln
ónflejz *m* Ansturm, Andrang
ónfli(e)n: ~ *(sich)* (in großer Menge) zusammenfliegen; ~ *af emezn [epeß]* sich auf jdn. [etw.] stürzen
onflígldik flügellos
ónfóremdik formlos
ónforn* zusammenfahren, erreichen (Kilometerzahl); (in größerer Zahl) angefahren kommen; *ß'sajnen ongeforn a ßach geßt* es sind viele Gäste gekommen (mit Fahrzeugen)
ónfregn: ~ *sich* sich erkundigen; ~ *sich a klapot / a schtikl arbet* sich Ärger einhandeln
ónfreßn*: ~ *sich* sich vollfressen
óngeblos(e)n eingebildet
óngebrojgest verärgert <se> ↑ *brójges*; ~ *af emezn [epeß]* ärgerlich über jdn. [etw.]
óngechmaret düster <sl>
óngechmuret mürrisch <sl>
óngedrudlt verärgert
óngejn* weitergehen; ~ *sich* sich müdelaufen
óngelaf *n* (-n) Auflauf
óngelejent belesen

óngelod(e)n beladen, vollgeladen
óngenem angenehm
óngesoljet: *sajn ~ afn harzn* niedergeschlagen sein
óngewejtikt sehr schmerzhaft; *~ wern* sehr schmerzen; *~e frage* wunder Punkt
óngeworf *n* (-n) Eintopfgericht
óngezojg(e)n (an)gespannt
óngezojgnkajt *f* Spannung
óngezund(e)n wütend
óngißn* eingießen, vollschütten; *~ sich* volllaufen; saftig werden (Frucht)
óngli *m* Erhitzungsgrad
óngli(e)n erhitzen
óngrejtn bereitstellen, eintragen (Vorrat)
ónhejb *m* (-n) Anfang; *funem ßame ~* von allem Anfang an
ónhejbn* anfangen; *~ sich* beginnen (*intr*)
ónhejmik heimatlos
ónheng(e)n aufzwingen
ónhern: **1** *~ sich (mit epeß)* sich satthören (an etw.) **2** *~ sich (wegn epeß)* genug hören (von etw.)
onhérnerdik hornlos
onhésekdik verlustlos *<se>*
ónjogn einholen, aufholen (Zeit)
ónkdúschndik alleinstehend, unverheiratet (Mutter), unehelich (Kind) *<se>*
ónkerenisch *f* (verwandtschaftliche) Beziehung
ónkern: *~ sich mit emezn* mit jdm. in einem best. verwandtschaftlichen Verhältnis stehen; mit jdm. zu schaffen haben; *er kert sich mir on a feter* er ist mein Onkel; *mir kern sich on schweßterkinder* wir sind Cousins/Cousinen/ Cousin und Cousine
ónklajbn* anhäufen, sammeln; *~ sich* sich (an)häufen, zusammenkommen
ónklapn anklopfen; *~ in (der) tir* an die Tür klopfen
onkláßewe klassenlos *<sl>*
ónklepn (viel) (auf)kleben; *~ sich* kleben bleiben

ónkling(e)n* läuten, anrufen; *~ (zu) emezn* jdn. anrufen
onknópbejnerdik wirbellos (Tier)
ónkochn (viel) kochen
ónkojfn (viel) einkaufen
onkontrólik unkontrolliert, unbeaufsichtigt
ónkormen füttern *<sl>*
ónkoßen (viel) mähen *<sl>*
ónkukn: *~ sich* sich sattsehen
ónkum(e)n* ankommen, anbrechen; *emezn ~ gring [schwer]* jdm. leicht[schwer]fallen
ónkweln sich sehr freuen; *~ fun epeß* sich über etw. sehr freuen
ónkwetschn: *~ af emezn* jdn. (stark) unter Druck setzen
ónlajdn*: *~ sich* viel zu leiden haben
ónlebn: *~ sich* sich verschaffen; *~ sich ßonim* sich Feinde machen
ónlejen(e)n: *~ sich* sehr viel lesen
ónlejger *m* (-ß) Schnorrer
ónlejgn vollegen, vollpacken; *~ sich af epeß* sich auf etw. legen; *~ sich in di weßleß* sich in die Riemen legen
ónlignern (viel) lügen
ónljapen verschütten *<sl>*
ónlodn* beladen, vollladen; aufladen; aufbürden
ónlojbn: *~ sich* nicht genug loben können
ónlojfn* herbeilaufen; zusammenlaufen; *~ sich* in Fahrt/Schwung kommen
ónmachn vollmachen; *~ zoreß* große Dummheiten machen
ónmatern: *~ sich* sich sehr quälen
ónmelk *m* Milchertrag
ónmelkn* erreichen (Milchertrag)
ónmerkn vermerken; vormerken; *~ sich* sich abzeichnen
ónmeßtn* anmessen, anprobieren
onmesúmendik, onmesumónimdik bargeldlos *<se>*
ónmoln (in größerer Menge) mahlen
ónmutschen: *~ sich* sich sehr quälen *<sl>*

ónnem(e)n* annehmen; (unwillkürlich) vollkriegen; ~ *schnélkajt/gíchkajt* schneller werden; ~ *wog* zunehmen; ~ *sich* zusammenkommen; *ß'wet sich ~ ba di finf tojsnt* es werden an die fünftausend zusammenkommen; ~ *sich mit kojcheß [mut]* Kraft [Mut] schöpfen; ~ *sich mit geduld* sich mit Geduld wappnen
ónnemlech annehmbar
ónnezn nass machen, einnässen
ónpakn vollpacken
ónpatschken schmutzig machen <*sl*>
ónplapl(e)n, ónplojdern zusammenquatschen
ónplontern durcheinanderbringen; Unsinn schwatzen
onpníeßdik unvoreingenommen <*se*>
ónpoj(e)n tränken <*sl*>
ónpomp(e)n aufpumpen
ónpropn vollstopfen
onprozéntik zinslos
ónpudern einpudern
ónrabewen zusammenrauben <*sl*>
onrachmóneßdik unbarmherzig, erbarmungslos <*se*>
ónrajbn* einreiben, aufreiben; ~ *sich a mosolje* sich Schwielen holen
ónrajßn* (in großer Menge) pflücken; (in großer Menge) zerreißen; eitern; ~ *emezn di ojern* jdm. die Ohren langziehen
ónrejchern vollrauchen
ónrejdn* zusammenreden; ~ *loschn-hore af emezn* jdm. verleumden; ~ *sich* genug haben vom Reden
ónrejzn aufhetzen, hetzen (Hund)
onréwechdik profitlos <*se*>
ónrir *m* (-n) Berührung
ónrojbn zusammenrauben
ónrufn* nennen; ~ *sich* heißen; sagen, sich vernehmen lassen
ónrukn heranrücken, -schieben; ~ *sich* näherrücken, näherkommen

ónsapn: ~ *sich (mit epeß)* sich (mit etw.) vollsaugen
ónschakren(e)n (viel) vorschwindeln <*se*>
ónschédredik wirbellos (Tier) <*se*>
ónschichtn: ~ *sich* sich darüberlagern
ónschikenisch *f* (-n) Verhängnis, Heimsuchung; Tölpel
ónschikern betrunken machen; ~ *sich* sich volllaufen lassen <*se*>
ónschit *m* (-n) Aufschüttung
ónschitn* aufschütten
ónschkodjen (viel) Schaden anrichten <*sl*>
ónschkroben zusammenkratzen <*sl*>
ónschlogn*: ~ *sich* sich aufdrängen
ónschmajßn* verprügeln
ónschnajdn* (in großer Menge) (auf-)schneiden; (in großer Menge) mähen
onschnéjik schneelos
ónschparn anlehnen; ~ *sich* sich stützen
ónschpazirn: ~ *sich* genug haben vom Spazieren
ónschpikewen vollstopfen
ónschpizn stutzig machen
ónschrajbn* schreiben; *ß'is ba im ongeschribn afn schtern* es steht ihm auf der Stirn geschrieben; *woß ß'is ongeschribn mit der pen, sol ojßhakn wer eß ken* was man schwarz auf weiß besitzt, kann man getrost nach Hause tragen
ónschraj(e)n*: ~ *af emezn* jdm. anschreien
ónschrekn* verschrecken
ónschtajfn anspannen
ónschtel *m* (-n) Streich, Schabernack
ónschteln anstellen, aufstellen; richten (Waffe, Blick); hochklappen (Kragen); ~ *sich far emezn* jdm. vortäuschen
ónschtojßn*: ~ *sich* vermuten; ~ *sich af epeß* (zufällig) auf etw. stoßen
ónschtopn vollstopfen
ónschtrofn bestrafen
ónschtupn hineinstopfen

ónschwenk(e)n anschwemmen
ónseewdik sichtbar
ónsegn (in großer Menge) sägen
ónsejfn einseifen; ~ *emezn a morde* jdm. den Kopf waschen
ónsetikn sattmachen; ~ *sich* sattwerden
ónsez *m* (-n) (betrügerischer) Bankrott
ónsezer *m* (-n) Bankrotteur
ónsezn (betrügerischen) Bankrott machen
ónsidn* sich (durch Kochen an der Gefäßwand) ablagern
ónsog *m* (-n) Auftrag; Mitteilung
ónsogn auftragen; ~ *in weg arajn* mit auf den Weg geben
ónsot *m* Kesselstein
ónsotl(e)n satteln
ónßófekdik zweifellos <*se*>
ónßófik endlos <*se*>
ónßtrojen stimmen (Instrument) <*sl*>
óntapn berühren
óntejl *m* (-n) Anteil; ~ *nemen* teilnehmen
óntejlnemer *m* (– *od* -ß) Teilnehmer
ontermínik unbefristet
ónton *n* Kleidung
ónton* anziehen; ~ *sich* sich anziehen, sich ankleiden
óntrajber *m* (-ß) Kutscher, Treiber
óntrajbn* antreiben; zusammentreiben
óntrefn*: ~ *sich mit emezn* (zufällig) auf jdn. stoßen
óntretn* (darauf)treten; ~ *emezn afn fuß* jdm. auf den Fuß treten
óntrink(e)n* betrunken machen; tränken; ~ *sich* sich sattrinken; sich betrinken
óntrogn* anschwemmen; zusammenwehen; (viel) herbeitragen
óntschepen anstecken <*sl*>; ~ *sich* stecken bleiben, hängen bleiben
óntuechz *n* Kleidung
ónwajsn* hinweisen
ónwajsung *f* (-en) Hinweis
onwáldik waldlos, unbewaldet

ónwalgern anhäufen
ónwarem(e)n aufwärmen
ónwarfn* aufhäufen; entwerfen; ~ *a schlof af emezn* jdn. schläfrig machen; ~ *an ejme / a mojre / a pached af emezn* jdm. Furcht einjagen
onwégikajt *f* Weglosigkeit
onwéjdldik schwanzlos
ónwej(e)n zusammenwehen
ónwejn(e)n: ~ *sich* sich die Augen aus dem Kopf weinen
ónwejtikdik schmerzlos
ónwejtikn sehr wehtun; *ß'is ongewejtikt afn harzn / af der neschóme* es tut einem in der Seele weh
ónwekßn einbohnern
ónwendlech anwendbar, angewandt
ónwern* loswerden, einbüßen; ~ *dem ßejchl* den Verstand verlieren; ~ *in emeznß ojgn* bei jdm. an Ansehen verlieren
ónwogik schwerelos
ónworf *m* (-n) Entwurf
ónwukß *m* (-n) Geschwulst
ónzejln aufzählen
ónzejnik zahnlos
ónzi(e)n* spannen, überziehen
ónzindlech entzündlich
ónzindn* anzünden; ~ *sich* sich entzünden
ónzolik zahllos
ónzuherenisch *n* (-n) Anspielung; *gebn an* ~ *af epeß* auf etw. anspielen
ónzuhern: *gebn* ~ *af epeß* auf etw. anspielen
op- (in unfest zusammengesetzten Verben) ab-, weg-; fertig-; beiseite-; zurück-
ópbetn*: ~ *sich* um die Erlaubnis bitten, weggehen zu dürfen
ópbodn* baden; ~ *sich* ein Bad nehmen
ópbren(e)n 1 *intr* abbrennen, niederbrennen 2 *tr* braun brennen lassen; *opgebrent wern* braun werden; *an op-*

gebrent ponem ein braun gebranntes Gesicht

ópbreng(e)n* zurückbringen

ópbri(e)n verbrühen; ~ *sich* sich verbrühen, sich verbrennen

ópbrojn(e)n braun brennen; ~ *sich* sich braun brennen lassen

ópbrotn braten

ópchojsekn verspotten <*se*>

ópdank(e)n vergelten

ópdawn(e)n beten

ópdekn aufdecken, entblößen; *mit an opgedektn kop* mit bloßem Kopf

ópdin(e)n ausdienen

opéke *f* Vormundschaft <*sl*>; *nemen emezn in* ~ die Vormundschaft über jdn. übernehmen

opekírn: ~ *emezn* jds. Vormund sein <*sl*>

opekún *m* (-eß) Vormund <*sl*>

ópentfern (gebührend) antworten; Abfuhr erteilen

óper *m* (-ß) Opfer

ópeßn* essen; ~ *(sich) doß harz* sich gekränkt fühlen

ópetem(e)n aufatmen, verschnaufen

ópfal *m* Abfall

ópfaln* wegfallen, entfallen; verschwinden

ópfeßtikn abmachen; ~ *sich* abgehen

ópfirn wegbringen, -führen, -fahren; ~ *in a sajt* beiseiteführen

ópfli *m* (-en) Abflug

ópfloß, ópfluß *m* Ebbe

ópfremdn entfremden

ópfrischn erfrischen; auffrischen, erneuern

ópgebljakewet verblichen <*sl*>

ópgebn* geben, übergeben; zurückgeben, widmen; ~ *kowed* Ehre erweisen; ~ *ale kojcheß* alle Kräfte einsetzen; ~ *doß lebn* das Leben hingeben; ~ *a bafel* einen Befehl geben; ~ *di bchójre* den Vorzug geben; ~ *a wisit* einen Besuch abstatten; ~ *sich* sich widmen

ópgeflikt abgerissen, zerlumpt

ópgejn* abgehen, beiseitegehen; vergehen; abfahren (Zug, Bus); fehlen, mangeln; (wieder) auftauen; ~ *mit schwejß* sich fast zu Tode schwitzen; ~ *glat* ungeschoren davonkommen

ópgenezn gähnen

ópgeredt: ~ *fun* geschweige denn

ópgeriß(e)n: *an ~er nar* ein Vollidiot

ópgeschtanen rückständig

ópgeschwacht ohnmächtig; ~ *wern* einen Schwächeanfall erleiden

ópgeschwachtkajt *f* Schwächeanfall

ópgeseg(e)n(e)n: ~ *sich* sich verabschieden

ópgiltn (ópgegoltn) glücken; *ß'hot im opgegoltn* er hat Glück gehabt

ópglikn glücken, gelingen; *ß'hot im opgeglikt* es ist ihm geglückt

ópgoln (ab)rasieren <*sl*>; ~ *sich* sich rasieren

óphaltn*: ~ *a nizochn* einen Sieg erringen; ~ *sich fun epeß* sich einer Sache enthalten

óphentik ratlos, mutlos

óphilchn widerhallen

óphitn (be)hüten, beschützen; bewahren, beachten, (ein)halten (Gebot); *got sol ~!* Gott bewahre!

ópkalchn kalken

ópker(ewe)n abwenden

ópkerl(e)n entkernen

ópklajb *m* Auswahl

ópklajbn* auswählen

ópklang *m* (-en) Widerhall, Resonanz

ópklepn abgehen (von Geklebtem)

ópkling(e)n* widerhallen; verhallen

ópkrichn* abblättern, abbröckeln, abschilfern

ópkum(e)n 1 herunterkommen, verarmen 2 büßen, erleiden (Strafe); ~ *far alemen* für alle den Kopf hinhalten 3 Abkommen schließen 4 davonkommen; ~ *mit a wiz/wertele* es mit einem

Scherz abtun; ~ *mit a terez* sich herausreden

óplebn verleben; *er hot schojn opgelebt sajn bißl jorn* er hat sein Leben schon hinter sich

óplejgik abschüssig

óplejgn verschieben, aufschieben; ~ *in a sajt* beiseitelegen

óplejk(e)n(e)n ableugnen

óplign* (eine bestimmte Zeit) liegen

óplojbn sehr loben

óplontschen abwimmeln <*sl*>

óplosn weglassen; ~ *fun di hent* aus den Händen geben; ~ *sich* sich gehen lassen

ópmach *m* (-n) Abmachung, Abkommen

ópmatern: ~ *sich* sich quälen

ópmekn abwischen, tilgen, (aus)löschen

ópmintern aufmuntern, aufwecken

ópmoln schildern, beschreiben

ópnarn täuschen

ópnejgn ablenken; ~ *sich* abweichen

ópnem(e)n* wegnehmen, zurücknehmen; ~ *ba emezn di hofenung* jdm. die Hoffnung nehmen; *ß' hot emezn opgenumen doß loschn* jdm. hat es die Sprache verschlagen

óppatern loswerden <*se*>

ópprawen feiern <*sl*>

óprajbn* abreiben, abschaben; ~ *sich* schäbig werden

óprajßn* losreißen, zurückreißen

ópratewen retten <*sl*>

óprejdn* abraten, abspenstig machen; ~ *(zwischn sich)* vereinbaren, verabreden; ~ *sich* sich verabreden

óprejnikn säubern, reinigen, räumen

óprin(e)n* abfließen

ópru *m* Erholung

ópru(e)n: ~ *sich* sich ausruhen

ópruf *m* (-n) Resonanz; Antwort

óprufn* beiseiterufen; abberufen; ~ *sich* reagieren; sich bemerkbar machen; Wirkung haben; *gut [schlecht] ~ sich wegn emezn* gut [schlecht] von jdm. sprechen; *schlecht ~ sich afn gesunt* nachteilig für die Gesundheit sein; ~ *sich af der bakosche* der Bitte nachkommen

óprukn wegschieben; ~ *afn hinterplan* in den Hintergrund schieben

ópsajn* (über eine bestimmte Zeit hinweg) sein; *er is opgewen in moßkwe (a schtikl zajt)* er hat sich (eine Zeit lang) in Moskau aufgehalten

ópschaj *m* Ehrfurcht, Respekt

ópschajn *m* (-en) Widerschein

ópschazn bewerten, taxieren; ~ *epeß in hundert rubl* etw. auf 100 Rubel veranschlagen

ópschejd *m* Abschied

ópschejdn trennen

ópschindn* abziehen (Fell)

ópschlajdern beiseite-, zurückschleudern

ópschlofn (eine bestimmte Zeit) schlafen

ópschlogn* abschlagen; abspenstig machen; ~ *dem chejschek* die Lust austreiben; ~ *di tirn* die Türen einrennen

ópschmadn (durch Taufe) abtrünnig machen (vom Judentum) <*se*>
↑ meschúmed

ópschokl(e)n abschütteln

ópschpetn verspotten

ópschpigl(e)n reflektieren

ópschporn (er)sparen

ópschporung *f* (-en) Ersparnis, Spareinlage

ópschprechn (ópgesprochn) besprechen, beschwören

ópschproz *m* (-n) Spross

ópschtejn* **1** (eine bestimmte Zeit) stehen **2** zurückbleiben, nachstehen; ~ *fun emezn* hinter jdm. zurückbleiben **3** ~ *sich* sich klären

ópschtel *m* (-n) Haltestelle, Station

ópschteln anhalten; ~ *sich* stehen bleiben, halten; ~ *sich af epeß* etw. behandeln

ópschtojßn* verstoßen, zurückstoßen
ópschtupn abstoßen
ópschwachn schwächen
ópschwajgn* (eine bestimmte Zeit) schweigen
ópschwenk(e)n abspülen
ópschwim(e)n abfahren (mit dem Schiff)
ópsifzn aufseufzen
ópsizn* absitzen, (eine bestimmte Zeit) sitzen
ópsog *m* (-n) Ablehnung
ópsogn ablehnen; ~ *sich fun epeß* auf etw. verzichten
ópsot *m* Absud
ópßamen vergiften <*se*>
ópsuchn wiederfinden; ~ *sich* sich anfinden
óptejlewdik trennbar
óptejln trennen
óptoken drechseln <*sl*>
ópton* vollbringen; ~ *emezn a schpizl* jdm. einen Streich spielen
óptowe *Adj* Großhandels- <*sl*>
óptrajbn* wegtreiben, zurücktreiben; ~ *fun sich* vertreiben
óptrejßl(e)n, óptreßen abschütteln <*sl*>
óptretn* 1 sich zurückziehen 2 abtreten (*tr*)
óptrink(e)n* trinken
óptrogn* wegtragen; zurücktragen; ~ *sich* sich davonmachen
óptschepen abhängen (Wagen vom Zug) <*sl*>; ~ *sich fun emezn* jdn. (endlich) in Ruhe lassen
ópwalgern beiseiterücken; ~ *sich* abfallen
ópwarfn* abschütteln; beiseitewerfen, zurückwerfen; verwerfen, ablehnen; ~ *af zurik* zurückwerfen; ~ *in a sajt* beiseitewerfen; ~ *sich* sich zurücklehnen
ópwartn erwarten
ópwendn ablenken; ablehnen (Kandidatur)
ópzam(e)n = ópzojm(e)n
ópzaß *m* (-n) Absatz (am Schuh) <*sl*>

ópzern abzehren, ausmergeln; ~ *sich* abmagern
ópzi(e)n* ablenken; verzögern, verschleppen
ópzojm *m* (-en) Barriere
ópzojm(e)n abgrenzen
ópzol *m* (-n) Zahlung, Gebühr; Steuer; Zoll
ópzolewdik steuer-, zollpflichtig
ópzoln zurückzahlen; heimzahlen; ~ *mit der ejgener matbeje* mit gleicher Münze zahlen
órchim ↑ ójrech
órem *m* (-ß) Arm
órem arm
oremán *m* (oremelájt) armer Mensch
óreminker *m* (-ke) armer Schlucker
óremkajt *f* Armut
órem-pojer *m* (-im) Kleinbauer
órew *m* (órwim) Bürge, Garant <*se*> ↑ órweß
órewnik *m* (-eß) *w* **-nize** Geisel <*se*>
orl *m* (aréjlim) *w* **-te** Nichtjude (verächtlich) <*se*>
orn *m* (-ß *od* arójneß) Lade; Sarg <*se*>
orn-kójdesch *m* heiliger Schrein (mit den Thorarollen)
órntlech ordentlich
ort *n* (érter) Ort, Stelle, Platz; Gepäckstück; *afn* ~ auf der Stelle, sofort; *aweklejgn afn* ~ an Ort und Stelle legen; *(blajbn) schtejn afn* ~, *nit rirn sich fun* ~ sich nicht von der Stelle rühren; *zum* ~ am Platz, angebracht; *wajsn emezn wu sajn* ~ *is* jdn. auf seinen Platz verweisen
órtik örtlich
órweß(-gelt) *n* Kaution <*se*> ↑ órew
órweß-man *m* (-lajt) Bürge; Geisel
ósere *f* (-ß) See <*sl*>
oß *m od n* (ójßjeß) Buchstabe <*se*>; *sogn di ojßjeß fun a wort* buchstabieren
oß-beóß *Adv* Buchstabe für Buchstabe <*se*>
oß-beóßik buchstabengetreu <*se*>

oßíne *f* (-ß) Espe, Zitterpappel <*sl*>
óßjen *m* (-ß) Herbst <*sl*>
óßjendik herbstlich, Herbst-
óßjen-zajt *Adv* im Herbst
ot da *Partikel* <*sl*>; ~ *der* der da; *un* ~ *bin ich* da wäre ich; ~ *wi asoj* so; ~ *woßer* so ein; ~-~, ~ *bald*, ~ *di minut* gleich, sofort
ótem *m* (-ß) Atem, Atemzug
otßrótschke *f* (-ß) Zurückstellung (vom Militärdienst) <*sl*>
ow[1] *m* (-eß) Vorfahr, Erzvater <*se*>
ow[2] *m* Ab, elfter Monat des jüd. Kalenders (Juli–August)
owá! *Interj* nanu!, ach!
ówer *m* Vergangenheit <*se*>
owl *m* (awéjlim) *w* **-te** Leidtragender, Trauernder <*se*> ↑ awéjleß
ownt *m* (-n) Abend; *in* ~ am Abend
ówntik abendlich
owtschárke *f* (-ß) Schäferhund <*sl*>

P

pa- (unbetontes slawisches Präfix *po-* in russischer od. belorussischer Aussprache) ↑ die entsprechenden Wörter unter po-
pachdn *m* (pachdónim) *w* **-te** Feigling <*se*>
pachdóneß *n* Feigheit <*se*>
pachdóneßdik, pachdónisch feige <*se*>
páched *m* Entsetzen, Schreck <*se*>
páchwe *f* (-ß) Achselhöhle <*sl*>; *unter der* ~ unterm Arm
paj *m* (-en) Anteil <*sl*>
pajáz *m* (-n) Clown <*sl*>
pajázewen sich wie ein Clown benehmen <*sl*>
pájkl(e)n trommeln
pájkler *m* (– *od* -ß) Trommler
pájnikn peinigen, quälen
pajók *m* (-eß *od* pajkéß) Ration, Zuteilung <*sl*>
pak *m* (pek) Packen, Bündel
pakn packen; *ful gepakt (mit epeß)* (mit etw.) vollgestopft; ~ *sich* seine Sachen zusammenpacken
paláz *m* (-n) Palast <*sl*>
palítre *f* (-ß) Palette <*sl*>
pálje *f* (-ß) Pfahl; *(aruf)sezn af der* ~ pfählen
pálmeß *m* (-n) Obduktion
pálmeßn obduzieren
pamélech langsam <*sl*>
panibrát: *sajn* ~ *mit emezn* (allzu) vertraut sein mit jdm. <*sl*>
panibrátisch (allzu) vertraut, familiär <*sl*>
panibrátischkajt *f* Vertrautheit, Familiarität <*sl*>
panibrátßke (allzu) vertraut, familiär <*sl*>
pap *m* Kleister
papiróß *m* (-n) Zigarette, Papirossa <*sl*>
papúge *f* (-ß) Papagei
paraschút *m* (-n) Fallschirm <*sl*>
paraschutíßt *m* (-n) *w* **-ke, -(i)n** Fallschirmspringer <*sl*>
páre[1] *m* (-ß) Pharao <*se*>
páre[2] *f* (-ß) Dampf <*sl*>
páren dämpfen <*sl*>; ~ *sich* gedämpft werden; schwitzen (in der Sauna)
parík *m* (-n) Perücke <*sl*>
parkán *m* (-eß), **parkn** *m* (-ß) Zaun <*sl*>
párneß *m* (parnéjßim *od* parnóßim) Gemeindevorsteher <*se*>
párne dampfig, schwül <*sl*>
parnóße *f* (-ß) Lebensunterhalt; Verdienst <*se*>; *ojßschlogn sich doß bißl* ~ sich armselig durchschlagen
paróm *m* (-en) Fähre <*sl*>
parómschtschik *m* (-eß) Fährmann <*sl*>
parschíwe miserabel <*sl*>
parschójn *m* (-en) Person; Passagier
partátsch *m* (-n) *w* **-ke** Stümper <*sl*>
partátschewen stümpern <*sl*>

partátschisch stümperhaft <sl>
partéj f (-en) Partei
partéjer m (– od -ß) Parteimitglied
partisán m (-en) w **-ke, partisáner** m (– od -ß) w **-ke** Partisan
partisánewen als Partisan kämpfen
partisánisch Partisanen-; ~*er tejl* Partisaneneinheit
parußíne f Segeltuch <sl>
parußínen *Adj* Segeltuch- <sl>
párzef m (-ß od parzúfim) Fresse, Fratze <se>
pásche f Weide <sl>; *arojßtrajbn af* ~ auf die Weide treiben
páschen weiden (*tr*) <sl>; ~ *sich* weiden (*intr*)
páschren m (paschrónim) Mittler, Fürsprecher <se> ↑ pschóre
paschróneß n Fürsprache, Versöhnung <se>
paschrónisch versöhnlich <se>
páschteß f od n Einfachheit <se> ↑ póschet
paschtét m Pastete <sl>
páse *Präp* entlang; ~ *dem breg* am Ufer entlang
pásren m (pasrónim) Verschwender <se>
pasróneß n Verschwendung <se>
pasrónisch verschwenderisch <se>
paß[1] m (péßer) Pass (Dokument)
paß[2] m (-n) Streifen, Gürtel <sl>
páßche f Ostern <sl>; *af* ~ zu Ostern
páßen = páschen
páßik passend, geeignet
páßik m (-eß) Riemen, Gürtel <sl>
páßike f (-ß) Bienenstand <sl>
páßikl n (-ech) schmaler Streifen <sl>
paßírn sich ereignen, passieren; *ß'hot epeß paßirt* es ist etwas passiert
paßírung f (-en) Ereignis
páßitschnik m (-eß) Imker <sl>
paßke(ne)n urteilen, entscheiden <se> ↑ pßak
paßkúdne schurkisch, schuftig <sl>

paßkudnják m (-eß) w **-átschke** Schurke, Schuft <sl>
paßkúdßtwe f (-ß) Schurkerei, Schuftigkeit <sl>
paßn passen
páßport m (-n) Pass (Dokument)
páßtech m (-er) w **-ke** Hirt <sl>
páßtke f (-ß) Falle <sl>
paßtn = paßn
paßtúschke f (-ß) Hirtin <sl>
pátern kaputtmachen <se> ↑ póter
patlashán, patleshán m (-eß) Eierfrucht, Aubergine <sl>
patsch m (petsch) *V* **petschl** Schlag, Klaps, Ohrfeige
pátschken schmieren <sl>
patschn schlagen, ohrfeigen
páwe f (-ß) Pfau <sl>
pawólinke bedächtig <sl>
pawólje *Adv* langsam <sl>
péfer m (-ß) w **-ke, -(i)n** Schlafmütze
pegíre = pgíre
péje f (-ß) Schläfenlocke <se>; *hobn emezn in der linker* ~ jdm. nicht die geringste Beachtung schenken
péjger m (pgórim) Kadaver, Tierleiche <se> ↑ pgíre
péjgern krepieren <se>
péjre f (-ß) Frucht <se>
péjresch m (pe[j]rúschim) Kommentar <se>
pejsásh m (-n), **pejßásh** m (-n) Landschaft <sl>
péjßech m Passahfest <se>
pek ↑ pak
pelz m (-n) Pelz; *rajßn (sich) dem* ~ sich abstrampeln; *íberkern dem* ~ sich zu einer anderen Religion bekehren lassen
pémpik n (-eß) Dickmops, Fettwanst <sl>
pen f (-en od -eß) Schreibfeder; *nemen sich far der* ~, *nemen a* ~ *in der hant* zur Feder greifen; *haltn a* ~ *in der hant* eine flotte Feder führen
péncher m (-ß) Blase <sl>

péndsel *m* (-ß) Pinsel
pénez *m* (-n *od* -er) Scheibe Brot
pénkrazer *m* (–) Federfuchser
penßjonér *m* (-n) *w* **-sche** Rentner <*sl*>
pénte *f* (-ß) Fußfessel <*sl*>
pénten fesseln <*sl*>
pérene *f* (-ß) Federbett <*sl*>
pere-ódem *m* (-ß) Wilder <*se*>
perón *m* (-en) Bahnsteig <*sl*>
péschke *f* (-ß) Bauer (Schach); Marionette <*sl*>
péßer ↑ paß
péßten hätscheln, liebkosen <*sl*>; ~ *sich* sich gehen lassen; sich einschmeicheln
peßtl *m* (-en) Stempel (Blüte) <*sl*>
petlíze *f* (-ß) Kragenspiegel (an der Uniform) <*sl*>
pétlje *f* (-ß) Schlinge <*sl*>
pétreschke *f*, **pétrischke** *f* Petersilie <*sl*>
petsch ↑ patsch
pgam *m* (pgómim) Defekt; Schandfleck <*se*>; *on a* ~ tadellos
pgíre *f* (-ß) Kadaver; „wandelnde Leiche" <*se*> ↑ péjger
pgórim ↑ péjger
píkcheß *n* Schlauheit <*se*>
píkchisch schlau <*se*>
píkech, pikéjech *m* (píkchim) *w* **-te** intelligenter Mensch <*se*>
píkholz *m* (-n) Specht; *kolirter* ~ Buntspecht
pikúech-néfesch *m* Lebensrettung <*se*>
píldern lärmen
pilégesch *f* (pilágschim) Konkubine <*se*>
pílenize *f* (-ß) Walderdbeere <*sl*>
pilgrím *m* (-en) Pilger
pilgrím-neßíe *f* (-ß) Pilgerfahrt <*se*>
pílke *f* (-ß) Ball <*sl*>; *schpiln (sich) in* ~ Ball spielen
píntele *n* (-ch) Pünktchen; *di schwarze* ~*ch* die (hebr.) Schrift
pintl *n* (-ech) Punkt; *trefn in* ~ ins Schwarze treffen

píntl(e)n zwinkern, winken; ~ *emezn (D) mit di ojgn* jdm. zublinzeln
píntl-kome *f* (-ß) Semikolon
pionér *m* (-n) *w* **-ke** (junger) Pionier <*sl*>
pionérn-eltßter *m* (-te), **pionérn-onfirer** *m* (–) Pionierleiter
pípernoter *m* (-ß) Drache
pípke *f* (-ß) Tabakspfeife
pírchen schnauben, puffen (Dampfmaschine)
piróg *m* (-n) Pirogge <*sl*>
píschtsche: *a* ~ *ton/gebn* einen Pieps tun <*sl*>
píschtschen piepsen, quietschen, quieken <*sl*>
pisháme *f* (-ß) Schlafanzug <*sl*>
písmen *m* (pismójnim) Litanei <*se*>
pismójneß *Pl* Schwindel, dummes Gerede <*se*>
pißk *m* (-eß) Maul, Schnauze <*sl*>
pízik, pizimóntschik winzig
pizl *n* (-ech) Stückchen; *af piz-~ech in* kleine Stückchen (teilen); *a* ~ *kind* ein winziges Kind
pját(k)e *f* (-ß) Ferse <*sl*>; *hobn emezn in der linker* ~ jdm. nicht die geringste Beachtung schenken
pjéße *f* (-ß) Theaterstück <*sl*>
pjon *m* (-en) Bauer (Schach)
plan *m* (pléner) Plan
pláner *m* (-ß) Segelflugzeug <*sl*>
planeríßt *m* (-n) *w* **-ke, -(i)n** Segelflieger <*sl*>
plánewen planen, beabsichtigen <*sl*>
planírn planen, Plan aufstellen <*sl*>
plátschfuß *m* (-fiß) Plattfuß
plaz *m* (plézer) Platz
plazn platzen, reißen
plefn verblüffen
pléjte *f* (-ß) weiblicher Flüchtling; Flucht <*se*> ↑ pólet; *machn a* ~ abhauen; *di schejreß-ha*~ die Überlebenden
pléjtim ↑ pólet

pléjze *f* (-ß) Schulter <*sl*>; *ojßdrejen sich mit der ~ zu emezn* jdm. die kalte Schulter zeigen; *nemen di fiß af di ~ß* die Beine unter den Arm nehmen (schnell fliehen); *kwetschn mit di ~ß* mit den Achseln zucken; *unterschteln a ~ mit Hand* anlegen
pléner ↑ plan
pletn 1 auslosen; 2 bügeln; 3 zertrümmern; *~ emezn dem mojech* jdm. den Schädel einschlagen
pléwe *f* Spreu <*sl*>
plézer ↑ plaz
plich *m* (-n) Glatze <*sl*>
plichewáte glatzköpfig <*sl*>
plímenik *m* (-eß) Neffe <*sl*>
plímenize *f* (-ß) Nichte <*sl*>
plit *m* (-n) Floß <*sl*>
plíte *f* (-ß) Herd <*sl*>
pljash *m* (-n) Strand <*sl*>
pljeßk *m* (-n) Klatsch <*sl*>
pljéßke: *a ~ ton* (einmal) klatschen <*sl*>; *a ~ ton mit di hent* die Hände zusammenschlagen
pljéßken klatschen <*sl*>; *~ mit di hent* Beifall klatschen
pljótke *f* (-ß) Gerücht <*sl*>
pljótke-macher *m* (–) *w*-**(i)n** klatschsüchtiger Mensch
pljótkewen klatschen, tratschen <*sl*>
pljúche: *a ~ ton sich* (einmal) plumpsen <*sl*>
pljúchen: *~ sich* plumpsen <*sl*>
pljusch *m* Plüsch <*sl*>
pljúsch(e)n plüschen, Plüsch- <*sl*>
pljúschken: *~ sich* plätschern <*sl*>
pljuschtsch *m* Efeu <*sl*>
plódjen ausbrüten, hervorbringen <*sl*>
plog *f* (-n) Plage
plojderáj *f* Geschwätz, Gequatsche
plójdern quatschen
plójdersak *m* (-sek) Schwätzer
plojt *m* (-n) Zaun <*sl*>; *lebediker ~* Hecke
plónter *m* (-ß) Wirrwarr <*sl*>

plóntern verwirren <*sl*>; *~ mit der zung* stammeln; *~ sich* sich verwirren; *~ sich mit di fiß* taumeln; *~ sich ba emezn in/ unter di fiß* jdm. ins Gehege kommen, jdn. behindern
plúdern *Plt* Pluderhosen
plut *m* (-n) Gauner <*sl*>
plúzem *Adv* plötzlich
plúzemdik, plúzlingdik plötzlich
pnej *Pl* Honoratioren <*se*>
pníe *f* (-ß) Hintergedanke <*se*>
pníeßdik voreingenommen <*se*>
podéschwe *f* (-ß) Sohle <*sl*>
pódkewe *f* (-ß), **podkówe** *f* (-ß) Hufeisen <*sl*>
podlóge *f* (-ß) Fußboden <*sl*>
podlóge-schmate *f* (-ß) Scheuerlappen <*sl*>
podtjáschke *f* (-ß) Hosenträger <*sl*>
podwál *m* (-n) Keller <*sl*>
podwálschtschik *m* (-eß) Kellermeister <*sl*>
pofn (gepófn) pennen
pogón *m* (-eß) Schulterklappe, Schulterstück <*sl*>
pogróm *m* (-en) Pogrom <*sl*>
pogrómschtschik *m* (-eß) Pogromheld <*sl*>
pójeln bewirken, durchsetzen <*se*> ↑ púle; *~ ba sich* beschließen; *nit kenen ~ ba sich* sich nicht entschließen können
pójen tränken <*sl*>
pójer *m* (-im) *w*-**te** Bauer
pójerimschaft *f* Bauernschaft
pójer(i)sch bäuerlich
pojk *f* (-n) *V* **pajkl** Pauke, Trommel
pójker *m* (–) Trommler
pójkhajtl *n* Trommelfell (im Ohr)
pojkn trommeln
pójlisch polnisch
pojln *n* Polen
pojpß(t) *m* (-n) Papst
pójpßtisch päpstlich
pójsen kriechen <*sl*>

pokn *Pl* Pocken; *schteln emezn ~* jdn. gegen Pocken impfen

pokn *Verb* die Windpocken haben; *~ un moslen* die Windpocken und die Masern haben, die Kinderkrankheiten durchmachen

póle *f* (-ß) Schoß (Kleidung) <*sl*>

pólet *m* (pléjtim) Flüchtling <*se*> ↑ pléjte

pólize *f* (-ß) Regal, Brett <*sl*>

polizéj *f* Polizei

polizéjisch polizeilich

polizéjßke(r) *m* (-ke) Polizist <*sl*>

póljak *m* (poljákn) Pole <*sl*>

poljárhirsch *m* (-n) Rentier

polk *m* (-n) Regiment <*sl*>

pólke *f* (-ß) Polin <*sl*>

polkównik *m* (-eß) Oberst <*sl*>

polónik *m* (-eß) Kelle <*sl*>

polówe *f* Spreu <*sl*>

pomidór *m* (-n) Tomate <*sl*>

pompedíkl *m* (-en) Pendel

pompedíkl(e)n pendeln

pomújeß *Pl* Spülicht <*sl*>

pónem *n od* (pénemer) *V* **pénem l** Gesicht <*se*>; *~-el-~* von Angesicht zu Angesicht; *krum ~* Stirnrunzeln; böses Gesicht; *aropgejn fun ~* abmagern; *hobn a ~* respektabel aussehen; *hobn ejn ~* gleich aussehen; *hobn a ~ fun emezn [epeß]* wie jd. [etw.] aussehen; *schwarzn sich doß ~* sich erniedrigen

popáden verschlagen werden, geraten <*sl*>

póperek, póperik quer <*sl*>

popugáj *m* (-en) Papagei <*sl*>

por *f od n* (-n) Paar

póren: *~ sich* herumbosseln <*sl*>

poréntsch *m* (-n), **poréntsche** *f* (-ß) Geländer <*sl*>

póresch *m* (prúschim) Einsiedler <*se*>

pórez *m* (prízim) Großgrundbesitzer <*se*> ↑ príze, prízeß; *sajn a ~ ba sich* großsprecherisch sein

pórfolk *n* (-n *od* -felker) Ehepaar

porjádkeß *Pl: naje ~* neue Sitten, neue Zustände (scherzhaft) <*sl*>

pórken: *~ sich* trödeln <*sl*>

porl *n* (-ech) Pärchen; *sajn a ~ mit emezn* mit jdm. gehen, zusammensein

porn paaren, verheiraten; *~ sich* sich paaren

port *m* (-n) Hafen <*sl*>

portßigár *m* (-n) Zigarren-, Zigarettenetui <*sl*>

portugáler *m* (–) Portugiese

porzeláj *n* Porzellan

porzelájen *Adj* Porzellan-

portzigár *m* (-n) = portßigár

póschet einfach <*se*> ↑ páschteß

pósemke *f* (-ß) Walderdbeere <*sl*>

poshíwen: *~ sich mit epeß* etw. schnorren <*sl*>

póßek *m* (pßúkim) Bibelvers <*se*>

poßt *f* Post (als Institution)

póßt-keßtl *n* (-ech) Briefkasten

póßt-optejl *m* (-n) Postamt

poßtrómke *f* (-ß) Strang, Zugseil <*sl*>

póßt-tojb *f* (-n) Brieftaube

potákewen nach dem Munde reden <*sl*>

póter *prädAdj* los, ledig, frei <*se*> ↑ pátern; *~ wern fun epeß* etw. loswerden

potíl(n)ize *f* (-ß) Genick <*sl*>

pótrecheß *Pl* Eingeweide <*sl*>

potscht *f* (-n) Post (Postamt) <*sl*>

potschtaljón *m* (-en) Briefträger <*sl*>

potschtámt *m* (-n) Postamt <*sl*>

prajs *f* (-n) Preis

prajskuránt *m* (-n) Preisliste

prajß *m* (-n) Preuße; Küchenschabe

práktik *f* (-n) Praxis, Praktik

pral *m* (-n) Aufprall; Stoß; *a ~ ton* einmal aufprallen; *~ of(e)n* sperrangelweit offen

praln prallen; stoßen

prat *m* (prótim) Einzelheit; Besonderheit; Hinsicht <*se*>; *in dem ~* in dieser Hinsicht

práwen[1] steuern, lenken <*sl*>; *~ mit epeß* etw. lenken

práwen² feiern *<sl>*
prawoßláwisch griechisch-orthodox *<sl>*
prawoßláwje Orthodoxie *<sl>*
prawoßláwne griechisch-orthodox *<sl>*
práze *f* Schufterei *<sl>*
prázewen schuften *<sl>*
prégl(e)n braten; ~ *sich* braten (*intr*); vor Wut kochen
prejßkuránt *m* (-n) Preisliste *<sl>*
premjér *m* (-n) *w* **-sche** Premierminister *<sl>*
prépl(e)n plappern
préshenize *f* (-ß) Rührei *<sl>*; *machn fun emezn ~* jdn. fertigmachen
préßajsn *m* (-ß), **preßl** *n* (-ech) Bügeleisen
preßn bügeln
príkre unangenehm *<sl>*
prípetschik *m* (-eß) Feuerstelle *<sl>*
pris *m* (-n) Preis (Auszeichnung) *<sl>*
prischtsch *m* (-eß) Pickel *<sl>*
prischtschewáte pickelig *<sl>*
prisíw *m* Einberufung *<sl>*
prisiwník *m* (-eß) Einberufener *<sl>*
príßek *m* Glut *<sl>*
prißtrójen unterbringen, mit Arbeit versehen *<sl>*
príze *f* (-ß) Großgundbesitzerin *<se>* ↑ pórez, prízeß
prízeß *n* Lasterhaftigkeit, Liederlichkeit *<se>* ↑ pórez, príze
prízeßdik lasterhaft, liederlich *<se>*
prízewen sich großtun *<se>*
prízim ↑ pórez
prízisch aristokratisch *<se>*; *~ hojs* Herrensitz
prodúktn *Pl* Lebensmittel *<sl>*
proffaréjn *m* (-en) Gewerkschaft
proffaréjnisch gewerkschaftlich
prokát *m* Verleih *<sl>*; *gebn af ~* ausleihen; *nemen af ~* leihweise nehmen
prokurór *m* (-n) Staatsanwalt *<sl>*
prom = paróm
propn *m* (-ß) Pfropfen

próschek, próschik *m* (próschkeß) Pülverchen *<sl>*; *machen ~ fun emezn* jdn. fertigmachen
próße *f* Hirse *<sl>*
proßt einfach; einfältig *<sl>*; *~ un poschet* ganz einfach
prótim ↑ prat
prótimdik detailliert *<se>*
prowísor *m* (prowisórn) Apotheker *<sl>*
prozént **1** *m* (-n, nach Zahlwort –) Prozent, Zinssatz **2** *m od n* (-er, nach Zahlwort –) Zinsen; *~ af ~* Zinseszinsen
prúschim ↑ póresch
prushíne *f* (-ß) Sprungfeder *<sl>*
prúte *f* (-ß) kleinste Münze, Heller, Deut *<se>*
prútjeß *Pl* Reisig *<sl>*
pruw *m* (-n) Versuch, Test
pruwn versuchen
pschat *m* (pschótim) Wortsinn *<se>*
pschénitschke *f* (-ß) Maiskolben *<sl>*
pschóre *f* (-ß) Kompromiss *<se>* ↑ páschren; *gejn af a ~* einen Kompromiss eingehen
pschóredik *Adj* Kompromiss- *<se>*
pschore-macheráj *f* Versöhnlertum, Kompromisslertum
pschórenik *m* (-eß) Versöhner, Kompromissler *<se>*
pschótim ↑ pschat
pßak *m* (pßókim) Urteil; Schelte *<se>* ↑ páßkenen; *gebn emezn a ~* jdn. ausschelten; *hobn/chapn a mießn ~* ein elendes Ende nehmen
pßak-dín *m* (-im) Urteil *<se>*
pßák-wort *n* (-werter) Missbilligung; *arojßgebn a ~ kegn emezn [epeß]* jdn. [etw.] missbilligen
pßójleß *n* Abschaum, Auswurf *<se>*
pßókim ↑ pßak
pßúkim ↑ póßek
pßúle = bßúle
pßúre = bßúre

ptíre *f* Tod, Hinscheiden ⟨*se*⟩
publikírn publizieren
puch *m* Daunen, Flaum ⟨*sl*⟩
puchír *m* (-n) Blase (auf der Haut) ⟨*sl*⟩
púchke daunenweich ⟨*sl*⟩
púdele *n* (-ch) Pappschachtel ⟨*sl*⟩
púle *f* (-ß) Wirkung, Effekt ⟨*se*⟩ ↑ pójeln
púledik wirksam, effektiv ⟨*se*⟩
púpik *m* (-eß *od* pupkeß) Nabel ⟨*sl*⟩
púrim Purim (freudiges Fest mit karnevalähnlichen Zügen) ⟨*se*⟩
pusáte bauchig ⟨*sl*⟩
púschke *f* (-ß) Blechbüchse ⟨*sl*⟩
pußt leer, öde ⟨*sl*⟩; *~e majßeß*, *~e rejd* leeres Gerede; *~e kejle* nutzloser Mensch
púßtbodn *m* Ödland
púßtenisch *f* (-n) Ödland ⟨*sl*⟩
pußtepáßewen faulenzen, Müßiggang treiben ⟨*sl*⟩
pußtepáßnik *m* (-eß) *w* **-nize** Tagedieb, Müßiggänger ⟨*sl*⟩
púßtewen leer stehen ⟨*sl*⟩
púßtkajt *f* Leere, Öde ⟨*sl*⟩
púßtke *f* (-ß) unbebautes Gelände ⟨*sl*⟩
pußt-un-páß *Adv* müßig, ohne Beschäftigung
púter *f* Butter; *gejn mit der ~ arop* schiefgehen
púternize *f* (-ß) Butterdose
púzerke *f* (-ß) Putzmacherin

R

rábe bunt gefleckt ⟨*sl*⟩
rabéim ↑ rébe
rabéjnu unser Lehrer (Anrede) ⟨*se*⟩ ↑ rébe
rábewen, rabírn rauben, plündern ⟨*sl*⟩
rabójßaj meine Herren (Anrede) ⟨*se*⟩ ↑ reb
rabóneß *n* Rabbineramt, -stelle ⟨*se*⟩ ↑ row[1]
rabónim ↑ row[1]

ráchmen *m* (rachmónim) mitleidiger, barmherziger Mensch ⟨*se*⟩
ráchmim: *betn ~ ba emezn* jdn. anflehen ⟨*se*⟩
rachmóneß *n* Barmherzigkeit, Mitleid ⟨*se*⟩; *ß'is mir a ~ af dir* du tust mir leid; *~ hobn af emezn* Mitleid haben mit jdm.
ragsn *m* (ragsónim) Heißsporn ⟨*se*⟩ ↑ rójges, rúgse
rajbn (geríbn) reiben
ráje *f* (-ß) Beweis ⟨*se*⟩
rájen *f* (rajójneß) Gedanke *trachtn rajojneß* in Gedanken versunken sein ⟨*se*⟩
rajón *m* (-en) Rayon ⟨*sl*⟩
rájßisch belorussisch
rájßn *n* Belorussland
rajßn (geríßn) reißen; *~ a pole fun emezn* jdm. das Fell über die Ohren ziehen; *~ sich dem gorgl* brüllen; *~ sich mit emezn* sich mit jdm. streiten; *~ sich zu epeß* sich um etw. reißen; *~ sich in an ofener tir* offene Türen einrennen
rajtn (is/hot geritn) reiten
rájtndik *Adv* zu Pferde; *sezn sich ~* aufsitzen; *forn ~* reiten; *katajen sich ~* spazieren reiten
rak[1] *m* (-eß) Krebs (Tier) ⟨*sl*⟩
rak[2] *m* Krebs (Krankheit) ⟨*sl*⟩
rakétke *f* (-ß) Schläger (Tennis, Federball) ⟨*sl*⟩
ram *f* (-en) Rahmen; Kontext
rám(e)n räumen, sauber machen
rángl(e)n: *~ sich* ringen
ráptem *Adv* plötzlich, jäh ⟨*sl*⟩
rasch *m* Lärm ⟨*se*⟩
ráschik lärmend ⟨*se*⟩
raschn lärmen ⟨*se*⟩; *~ sich* viel Aufhebens machen
rátewen, ratírn retten ⟨*sl*⟩
ratír-ring *m* (-en) Rettungsring
rátn-farband *m* Sowjetunion
ratúnek *m* (ratúnkeß) Rettung ⟨*sl*⟩
raz *m* (-n) Ratte

reb *m* Herr (Titel, steht vor dem Vornamen) <*se*> ↑rabójßaj; ~ *mojsche* Herr Moses; ~ *jid* Herr (traditionelle Anrede an Juden, deren Vornamen man nicht kennt)

rébe *m* (rabéim) chassidischer Rabbiner <*se*>

rébenju lieber Rebbe (liebevolle Bezeichnung des Rabbiners, insbesondere in chassidischen Liedern) <*se*>

rébez(i)n *f* (-ß) Frau des Rabbiners <*se*>

rebójne-schelójlem *m* Herrgott, Allmächtiger <*se*>

réch(e)n(e)n rechnen, kalkulieren; ~ *emezn far a paßkudnjak* jdn. für einen Schurken halten; ~ *af emezn [epeß]* auf jdn. [etw.] zählen; ~ *sich far emezn [epeß]* als jd. [etw.] gelten; ~ *sich mit emezn [epeß]* mit jdm. [etw.] rechnen

rechíleß *n* (-n) Verleumdung, üble Nachrede <*se*>

rechíleßnik *m* (-eß) *w* **-nize** Verleumder <*se*>

recht *n* (–) Recht; *mit di ~ fun a gaßt* als Gast; *ton emezn sajn* ~ jdm. ein ordentliches Begräbnis zukommen lassen

réde *f* (-ß) Rede, Ansprache

rédenisch *m od n* (-n) Mundart

réder *f* (-ß) Sprecher; *a ~ fun jidisch* Sprecher des Jiddischen

redífe *f* (-ß) Verfolgung <*se*> ↑rójdefn

redíßke *f* (-ß), **redíßkele** *n* (-ch) Radieschen <*sl*>

redl *n* (-ech) Rädchen; kleinere Menschengruppe; *iberdrejen doß ~* den Spieß umdrehen; *doß ~ hot sich ibergedrejt* das Blatt hat sich gewendet

rédl-firer *m* (– od -ß) Anführer

rédl-schuch *m* (-schich) Rollschuh

redn = rejdn

rédne *f* Sackleinen

reftl *n* (-ech) Brotkanten

refúe *f* (-ß) Arznei <*se*> ↑rójfe

refúe-gewikß *n* (-n) Heilpflanze

refue-schléjme *f* vollständige Genesung <*se*>

rége *f* (-ß) Augenblick <*se*>

regíleß *n* (-n) Gewohnheit <*se*>

regn *m* (-ß) Regen

regndl *n* (-ech) Nieselregen

réjchern rauchen

rejd *Pl* Reden, Sprechfähigkeit; Aussprache; Gespräch; *ßgejt a ~ wegn epeß* es ist von etw. die Rede; *wegn dem kon gor kejn ~ nit sajn* davon kann gar keine Rede sein; *kumen zu ~* zur Sprache kommen; *arajnfaln in di ~* in die Rede fallen

réjdenisch = rédenisch

rejdn (er redt; geredt) reden, sprechen

réjech *m* (réjcheß) Duft <*se*>

rejn rein; *af ~* ins Reine (schreiben)

réjnikn reinigen

réjschiß erstens <*se*>

réjtl(e)n: ~ *sich* erröten

rejtúsn *Plt* Reithosen <*sl*>

rejzn reizen; ~ *sich* sich necken

rek ↑rok

relß *m* (-n) Gleis <*sl*>; *aropgejn fun di ~ n* entgleisen

rem *f* (-en) Rahmen

rémes *m* (remósim) Andeutung, Anspielung <*se*> ↑merámes

remónt *m* (-n) Renovierung <*sl*>; *sajn in ~* renoviert werden

remontírn renovieren <*sl*>

remósimdik andeutungsweise <*se*> ↑rémes

renifér *m* (-n) Rentier

rer *f* (-n) Röhre, Rohr

réschete *f* (-ß) Sieb <*sl*>

reschíme *f* (-ß) Verzeichnis, Liste <*se*>

reschóim ↑rósche

rescht *m, f od n* (-n) Rest <*sl*>

reschtl *n* (-ech) Restchen; ~*ech* Reste, Abfälle; *a ~ zu di zoreß* der Tropfen, der das Fass zum Überlaufen bringt

reschúß *m* (-n) Bereich, Geltungsbereich; Verfügung <*se*>; *ibergebn in emeznß* ~ jdm. zur Verfügung stellen; *hobn in* ~ zu seiner Verfügung haben

reßtorán *m* (-en) Restaurant <*sl*>

rétech *m* (-er) Rettich

rétenisch *f* (-n) Rätsel

rétsch(e)n *Adj* Buchweizen- <*sl*>; ~*e kasche* Buchweizenbrei

rétschke *f* Buchweizen <*sl*>

réwech *m* (rewóchim) Profit, Reingewinn <*se*>; *brengen* ~ lukrativ sein

réwechdik profitabel, gewinnbringend <*se*>

réwen brüllen <*sl*>

rezéjech *m* (rózchim) Mörder, Mordbube <*se*>

rezíche *f* (-ß) Wut; Greueltat <*se*>

rezúe *f* (-ß) Gebetsriemchen der Phylakterien <*se*>

ríbajsn *m* (-ß) Reibeisen

ríchtik richtig

richtn: ~ *sich af epeß* etw. erwarten; ~ *sich in kimpet* ein Kind erwarten

ridl *m* (-en *od* -ß) Spaten, Schaufel <*sl*>

rídl(e)n schaufeln <*sl*>

rie *f* Gesichtssinn, Augenlicht <*se*>; *hobn a niderike* ~ kurzsichtig sein

ríen: ~ *sich (in epeß)* (in etw.) wühlen, stöbern <*sl*>

riftl = reftl

ríke *f* (-ß) Bach

ríndern *Adj* Rind-; ~ *flejsch* Rindfleisch

ríndernß *n* Rindfleisch

rín(e)n (is gerúnen) fließen, rinnen; durchlässig sein; *der dach rint* das Dach ist undicht

rínschtok *m* (-n) Rinnstein

rínwe *f* (-ß) Abflussrohr

rip *f* (-n) Rippe; *derlangen emezn in der sibeter* ~ jdm. einen schweren Schlag versetzen

rir: *a* ~ *ton* (von der Stelle) bewegen; *a* ~ *ton sich* sich (von der Stelle) bewegen

rírewdik rührig, geschäftig, beweglich

rirn rühren, bewegen; ~ *fun ort* sich in Bewegung setzen; ~ *sich* sich rühren, sich bewegen; den Verstand verlieren

ríscheß *n* Bosheit, Schlechtigkeit, insbes. Judenfeindschaft <*se*> ↑ rósche; *rejdn* ~ *af emezn* jdn. verleumden

ríscheßdik bösartig, boshaft <*se*>

richtewánje *f* (-ß) Baugerüst <*sl*>

risikálisch, risikántisch riskant

rísike *f* (-ß) Risiko

risikír: *a* ~ *ton* (einmal) riskieren

risikírn riskieren; ~ *mit epeß* etw. riskieren

ríter ↑ rut

rítsche: *a* ~ *ton* (einmal) brüllen (Tier) <*sl*>

rítschen brüllen (Tier) <*sl*>

riw *m* (-n) Graben <*sl*>

ríwke *f* Rebekka <*se*>

ríznejl *m* Rizinusöl

rob *m* (-n) Rabe

rod *n od f* (réder) *V* **redl** Rad, Kreis; *a finft(e)* ~ *zum wogn* das fünfte Rad am Wagen

róe *f* (-ß) Übel <*se*>; *weln emeznß* ~ jdm. übelwollen

rog *m* (-n) Straßenecke <*sl*>

rógeshe *f* (-ß) Bastmatte <*sl*>

roj *m* (-eß) Schwarm <*sl*>

roj roh, rauh

rojch *m* Rauch

rójchwarg *n Sgt* Rauchwaren, Pelzwerk

rójdefn verfolgen <*se*> ↑ redífe

rójen schwärmen <*sl*>

rójerd *f* Neuland

rójfe *m* (-ß *od* rójfim) Arzt <*se*> ↑ refúe

rojg *m* Rogen, Laich; *oplejgn* ~ laichen

rójges *m* Zorn <*se*> ↑ ragsn, rúgse

rójg-oplejg *m* Laichzeit

rojm¹ *m Sgt* Raum

rojm² *n* Rom

rojs *f* (-n) Rose

rójschem *m* (-ß) (starker) Eindruck <*se*>
rójschemdik eindrucksvoll <*se*>
rójschik geräuschvoll, lärmend
rojschn lärmen
rójtl(e)n: ~ *sich* rot schimmern
rójwarg *n Sgt* Rohstoffe
rok *m* (rek) *V* **rekl** Rock
rom[1] *m* (-en) *V* **reml** Rahmen
rom[2] *m* Rum <*sl*>
rósche *m* (reschóim) *w* **-te** bösartiger Mensch <*se*> ↑ **rischeß**
rosche-merúsche *m* (-ß) äußerst bösartiger Mensch <*se*>
roscheschóne *m* jüd. Neujahr (am 1. u. 2. des Monats Tischri) <*se*>
rós(ew)e rosa <*sl*>
rós(h)inke *f* (-ß) Rosine <*sl*>
róslech rötlich, blassrosa
roßl *m* Lake <*sl*>
rotn (gerótn) raten
row[1] *m* (rabónim) *V* **rewl** Rabbiner <*se*>
row[2] *n* Mehrzahl <*se*>; *ß'row* meistens
row[3] *m* (-n) Graben <*se*>
rówer *m* (rowérn) Fahrrad <*sl*>
rózchim ↑ **rezéjech**
rózchisch gewalttätig <*se*>
rozn *m* Wille <*se*>
ru *f* Ruhe
rúdern aufrühren, bewegen; Geräusch verursachen
rúech *m* (rúcheß) Teufel, Geist, Dämon <*se*>; *zu aldi/ale (schwarze) rúcheß!* zum Teufel! *chapt im der ~!* hol ihn der Teufel! *der ~ hot mich getrogn, ich sol kumen aher* der Teufel hat mich geritten herzukommen
rufn (gerúfn) rufen
rúgse *f* Bosheit <*se*> ↑ **rójges, ragsn**
rúik ruhig
rukn rücken, schieben; stecken; ~ *sich* sich bewegen; ~ *sich fun ort* vorankommen
rukn *m* (-ß) Rücken; *brechn/bejgn dem ~* schuften

ruméner *m* (–) *w* **-(i)n** Rumäne
rung *m* (-en) großer Kreis
rut *f* (ríter) *V* **ritl** Rute

sabóbeneß *Pl* Aberglaube <*sl*>
sach *f* (-n) Sache
sajd *f od n* Seide
sájd(e)n seiden
sájdworem *m* (-werem) Seidenraupe
sáj(e)n (gesájt, gesígn) seihen, filtern
sájer *m* (-ß) Filter, Sieb
sájern säuern
sájerß ↑ **sójerß**
saj-gesúnt *m* (-n) Lebewohl
sajn (ich bin, du bißt, er is, mir sájnen/sénen, ir sajt/sent, sej sájnen/sénen; sájendik, saj, sajt; is gewen) sein
sajn Possessivpron sein
sájnt: *fun ~ wegen* seinetwegen
sajt *f* (-n) Seite; *sizn in a ~* abseits sitzen; *gejn in a ~* beiseite-/ zur Seite gehen; *~ ba ~* Seite an Seite; *af jener ~ tajch* jenseits des Flusses; *fun ejn ~ ..., fun der anderer ~* einerseits ..., andererseits; *haltn sich ba di ~n (fun lachn)* sich die Seiten halten (vor Lachen); *doß gelechter in a ~!* Scherz beiseite!; *ufschtejn af der linker ~* mit dem linken Bein zuerst aufstehen; *di ~n fun der welt* die Himmelsrichtungen
sájtik 1 abwegig 2 zusätzlich, von der Seite
sajt-she-mójchl *m* (-ß) der Allerwerteste (wörtlich: verzeiht bitte) <*se*>
sal *m* (-n) *V* **salchl** Saal
salp *m* (-n) Salve <*sl*>
salpírn eine Salve/Salven abgeben <*sl*>
salzn (gesálzn) salzen
samd *n* Sand; *schitn emezn ~ in di ojgn* jdm. Sand in die Augen streuen

samsch *m* Wildleder <*sl*>
sámsch(e)n wildledern
sang *f* (-en) Ähre
sapáß *m* (-n) Vorrat; breiter Saum <*sl*>
sat satt; *zu* ~ satt-; *eßn zu* ~ sich sattessen; *sajn* ~ *fun epeß* etw. satt haben
sawéj *m* (-en) Schneewehe <*sl*>
sawerúche *f* (-ß) Schneesturm <*sl*>
sawíße *f* (-ß) Türangel <*sl*>
scha! pst! (nur zu einer Person gesagt) <*sl*>
schabéjßenacht *m* Sabbatabend bzw. Sonnabendabend
schabéjßenacht(ß) *Adv* sabbatabends bzw. sonnabendabends
schábeß *m* (schabóßim) Sabbat <*se*>; ~-*kójdesch* der heilige Sabbat; *haltn* ~ Sabbat feiern; *machn* ~ sich auf den Sabbat vorbereiten; *machn* ~ *far sich* sich fernhalten (scherzhaft); *a gutn* ~ Gruß am Vorabend des Sabbat u. am Sabbatmorgen; ~ *zu nacht(ß)* Sonnabendabend; *noch* ~ *dínfßtik* am Sankt-Nimmerleins-Tag
schábeßdik Sabbat-; feiertäglich <*se*>
schábeß-goj *m* (-im) Nichtjude, der die einem Juden am Sabbat verbotenen häuslichen Arbeiten verrichtet <*se*>
schábeß-ojpß *n* Obst od. Süßigkeiten, die den Kindern am Sabbat gegeben werden
schabeß-súntik *m* (-n) Wochenende
scháchmat *m* Schach; *schpiln in* ~ Schach spielen
schachmatíßt *m* (-n) *w* **-ke** Schachspieler <*sl*>
scháchreß *m* (schachréjßim) jüd. Morgengebet <*se*>
scháchte *f* (-ß) Schacht <*sl*>
schachtjór *m* (-n) Bergmann <*sl*>
schádche(ne)n verheiraten wollen <*se*> ↑ **schídech**; ~ *emezn (D) emezn (A)* jdn. mit jdm. verheiraten wollen
schadchn *m* (schadchónim) Brautwerber, Heiratsvermittler <*se*> ↑ **schídech**

scháfe *f* (-ß) *V* **scháfkele** Schrank
schafn (gescháfn) schaffen
schájcheß *f od n* (-n) Beziehung, Zusammenhang <*se*>; *hobn* ~ *zu epeß* etw. betreffen; *doß hot kejn schum* ~ *nit zum injen* das hat keinerlei Beziehung zur Sache
schájech bezüglich <*se*>; *woß is* ~? was soll das?, was ist los?; *wi* ~? wie(so) denn?
schájer *m* (-n) Scheune
schájke *f* (-ß) Bande <*sl*>
schájle *f* (-ß) Frage <*se*>
schajn *f* (-en) Schein
schájn(e)n scheinen
schájter *m* (-ß) Lagerfeuer
schákren *m* (schakrónim) *w* **-te** Lügner <*se*> ↑ **schéker**
schal *f* (-n) Umschlagtuch
schaleschúdeß *m* „dritte Mahlzeit" (am Sabbatnachmittag) <*se*>
schámeß *m* (schamóßim) Synagogendiener <*se*>
schand *f* Schande; *machn/schteln emezn zu* ~ jdm. Schande bereiten; *wern/machn sich zu* ~ *(un zu schpot)* sich mit Schande bedecken
schánd(-)hojs *n* (-hajser) Bordell
schánd-ßlup *m* (-eß) Pranger, Schandpfahl <*sl*>; *schteln/zunoglen emezn zum* ~ jdn. an den Pranger stellen
schánewen achten <*sl*>
schank *f od m* (schenk) *V* **schenkl** Schrank
schanß *m* (-n) Chance <*sl*>
schár-blat *m* (-bleter) Titelblatt
scharbn *m* (-ß) Schädel; Scherbe
scharf scharf; ~*er winkl* spitzer Winkel
scharf *m* (-n), **schárfe** *f* (-ß) Schal; Schärpe <*sl*>
scharíen tagen <*sl*>; *ße schariet af tog* es tagt, der Morgen graut
schárken schlurfen <*sl*>
schárlech *Pl* Scharlach

schat! pst! (zu mehreren gesagt) <sl>
schatájen: ~ *sich* taumeln <sl>
schatn schaden; ~ *zum gesunt* der Gesundheit schaden
schazn schätzen
schchéjne f (-ß) Nachbarin; Mieterin <se> ↑ schochn
schchéjneß n Nachbarschaft <se> ↑ schochn
schchéjnim ↑ schochn
schchíte f (-ß) Schächtung; Massaker <se> ↑ schechtn, schójchet
-sche (Suffix zur Bildung von Bezeichnungen weiblicher Personen) <sl>; *dóktersche* Ärztin; *penßjonérsche* Rentnerin
-schebe- (drückt, zwischen die Wiederholung eines Adjektivs eingeschoben, den höchsten Grad einer Eigenschaft aus) <se>; *bíter-schebe-bíter* äußerst bitter
schechtn (geschécht, geschóchtn) schächten <se> ↑ schchíte, schójchet
sched m (schéjdim) böser Geist, Teufel <se>
schédisch unheimlich, geisterhaft <se>
schedl n (schejdimlech) Kobold, Teufelchen <se>
schédre f (-ß) Rückgrat, Wirbelsäule <se>
schéfe f (-ß) Überfluss <se>
schéferisch schöpferisch
schéjdim ↑ sched
schejdn: ~ *sich mit emezn* sich von jdm. trennen
schéjgez m (schkózim) nicht jüd. Bauernbursche; Lümmel <se>
schéjme f (-ß) einzelnes Blatt eines jüd. heiligen Buches <se>
schejn (schéner) schön; achtbar
schéjneß zweitens <se>
schéjnhajt f (-n) Schönheit, schöne Frau
schéjniß = schéjneß
schéjnkajt f Schönheit, Pracht
schéjwet m (schwótim) Volksstamm <se>

schéker m (schkórim) Lüge <se> ↑ shákren
scheker-wekésew m Lüge <se>
schelíchim ↑ scholíech
schelíech = scholíech
scheltn = schiltn
schem m Name, Ruf, Reputation <se>
schém(e)n[1] berühmt sein <se> ↑ schem
schém(e)n[2]: ~ *sich (mit epeß)* sich (einer Sache) schämen; *megßt sich ~!* du solltest dich schämen! *schem sich in dajn wajtn halds arajn!* Schande über dich! *nit hobn mit woß sich zu* ~ sich sehen lassen können
schémewdik schamhaft
schem-rá m schlechter Ruf <se>; *krign a* ~ in Verruf geraten
schéner ↑ schejn
schenk f (-en) Schenke
schénk(e)n (geschónken, geschénkt) schenken
schepeljáwe lispelnd <sl>
schepeljáwen lispeln <sl>
schepn schöpfen
schepß m (-n) Hammel
schépß(e)n Adj Hammel-, Schöpsen-
schéptschen flüstern <sl>
scher[1] f (-n) Schere
scher[2] m (-n) lebhafter traditioneller Tanz
scherénge f (-ß) Reihe, Glied <sl>
schérez m (schrózim) Kriechtier <se>
scherl n (-ech) Schere
schern (geschójrn) scheren, schneiden
scheróschim ↑ schójresch
schétech m (schtóchim) Gebiet, Fläche, Raum <se>
schíbenik m (-eß) Taugenichts <sl>
schíbesch m (schibúschim) Nichtigkeit <se>
schich ↑ schuch
schídech m (schidúchim) Heirat, Partie <se> ↑ schadchn; *rejdn emezn a* ~ jdm. einen Heiratsantrag machen
schif f (-n) Schiff

schífik schiffbar
schif(le)n mit Boot transportieren; ~ *sich* Boot fahren
schigóen *m* (schigónen *od* schigójneß) Verrücktheit, Spleen <se> ↑meschúge
schíker betrunken <se>; ~ *wi lot* stockbesoffen
schíker *m* (schikúrim) *w* **-te** Trinker <se> ↑schíkreß
schikererhéjt *Adv* im Rausch <se>
schíkern (Alkohol) trinken <se>
schík-jingl *n* (-ech) Laufbursche
schíkldik schielend
schíkl(e)n schielen
schikórnik *m* (-eß) Trunkenbold <se>
schíkreß *n* Trunksucht <se> ↑schíker
schíkße *f* (-ß) nicht jüd. Mädchen <se>
schikúrim ↑schíker
schíltn (geschóltn) fluchen, verfluchen
schimerírn schimmern, glänzen
schíndn (geschúndn) abziehen; ~ *di fel [di hojt]* das Fell [die Haut] abziehen
schíne *f* (schinúim) Veränderung <se>
schínke *f* Schinken
schípen zischen <sl>
schipúe *m* (schipúim) Abhang, Böschung <se>
schir[1]: ~ *nit* beinahe, um ein Haar
schir[2]: *on a* ~ eine Unmenge <se>
schir[3] *m* (schírim) Gesang, Lied, Vers <se>
schíre *f* (-ß) Gesang *sogn* ~ einen Lobgesang einstimmen <se>
schírem *m* (-ß) Schirm
schir-(h)aschírim *m* Lied der Lieder <se>
schíschke *f* (-ß) Zapfen (Fruchtstand) <sl>; *er is a grojße* ~ er ist ein hohes Tier
schíßer *m* (– *od* -ß) Schütze
schíßn (geschóßn) schießen, erschießen
schíter spärlich, dünn gesät, schütter
schítn (geschótn, geschít) schütten; *ß'schit a schnej* es schneit stark
schíwe *f* die sieben Trauertage nach dem Tod eines nahen Verwandten <se>; ~ *sizn* nach dem Tode eines nahen Verwandten eine Woche lang auf einem niedrigen Schemel zu Hause sitzen
schkápe *f* (-ß) Stute
schketl *n* (-ech) Schatulle
schkíe *f* (-ß) Sonnenuntergang <se>
schklaf *m* (-n) *w* **-(i)n** Sklave
schkórim ↑schéker
schkózim ↑schéjgez
schlaf krank
schláfkajt *f* (-n) Krankheit
schlajchn (geschlíchn *od* geschlájcht): ~ *sich* schleichen
schlájdern schleudern
schlajfn (geschlífn) schleifen
schlak *m* (schlek) Schlag(anfall); Unglück; lästiger Mensch
schlákßregn *m* (-ß) Platzregen
schlang *f* (-en *od* schleng) Schlange
schlecht (érger) schlecht; ungezogen
schlechtß *n* Übles, Böses; *ton emezn* ~ jdm. Übles antun
schléferik schläfrig
schléfern schläfern
schléjerl *n* (-ech) Insektenlarve
schlejf[1] *m* (-n) Schläfe
schlejf[2] *f* (-n) Schleife
schléjkeß *Pl* Hosenträger <sl>
schléjmeß *n* Vollkommenheit <se>
schlek ↑schlak
schleng ↑schlang
schléngl(e)n: ~ *sich* sich schlängeln
schlepn schleppen, ziehen; ~ *emezn ba/far di ojern* jdn. an den Ohren ziehen; ~ *emezn ba der hant* jdn. an der Hand hinter sich herziehen; ~ *sich* sich herumtreiben; sich mühsam bewegen
schlícheß *n* Mission <se> ↑scholíech
schlíchim ↑scholíech
schlimásl[1] *n od m* Pech, Unglück <se>
schlimásl[2] *m* (-en) Pechvogel, Unglücksrabe <se>
schlimásldik unglücklich <se>
schlimesálnik *m* (-eß) *w* **-nize** Pechvogel <se>

schlím-schlimasl[1] *m od n* Riesenpech <se>
schlím-schlimasl[2] *m* (-en) Riesenpechvogel <se>
schlíng(e)n (geschlúngen) schlingen
schlíschim ↑ schólesch
schlíßn (geschlóßn) schließen
schlítele *n* (-ch) Rodelschlitten
schlítl(e)n: ~ *sich* rodeln, Schlitten fahren
schlitn *m* (-ß *od* schlíteneß) Schlitten
schlof *m* Schlaf; *der* ~ *nemt nit* ich kann nicht schlafen
schlofn (hot/is geschlófn) schlafen
schlogn (geschlógn) schlagen; ~ *wi (fun) a kwal* pulsieren, sprudeln
schloß[1] *m* (schléßer) Schloss (Gebäude)
schloß[2] *m* (schléßer) Türschloss; *farschparn di tir afn* ~ die Tür zuschließen; *sajn untern* ~ verschlossen sein; *haltn untern* ~ unter Verschluss / verschlossen halten
schlúchim ↑ scholíech
schlúkerz *m* (-n) Schluckauf
schlúkerzn den Schluckauf haben
schlung[1] *m* (-en) Schlund
schlung[2] *m* (-en) Schluck
schmad *f* Abfall vom jüd. Glauben; Taufe (eines Juden) <se> ↑ meschúmed
schmadn taufen (Juden) <se>; ~ *sich* sich taufen lassen (von Juden)
schmád-schtik *Pl* grober Unfug
schmájen übereifrig, geschäftig sein
schmájenisch *n* Übereifer, Geschäftigkeit
schmájewdik übereifrig, geschäftig
schmajßn (geschmíßn) schlagen, peitschen
schmant *m* Sahne
schmarágd *m* (-n), **schmarák** *m* (-n) Smaragd
schmarowídle *f* Wagenschmiere <sl>
schmarzn schmerzen
schmáte *f* (-ß) *V* **schmátke** Fetzen, Lappen <sl>
schmátedik zerlumpt <sl>
schmejchl *m od n* (-en) Lächeln

schméjchl(e)n lächeln
schmej-dréj: *in ejn* ~ im Handumdrehen
schmek *m* (-n) Geruch; Prise; *a* ~ *tabek* eine Prise Schnupftabak
schmekn riechen; ~ *mit epeß* nach etw. riechen
schmék-tabek, schmék-tabik *m* Schnupftabak
schméler ↑ schmol
schmelzn (geschmólzn) schmelzen
schmíe *f* Gehörsinn <se>
schmíre *f* (-ß) Wache; Amulett <se>; *schtejn* ~ Schmiere stehen
schmírechz *n* Schmiere
schmírewdik streichfähig
schmíte *f* (-ß) Sabbatjahr <se>; *ejn mol in a* ~ einmal alle Jubeljahre
schmíte-jor *n* (-n) Sabbatjahr
schmiz *m* (–) Peitschenhieb
schmizn peitschen
schmójß(e)n *Adj* Pelz-; ~ *hitl* Pelzmütze
schmol (schméler) schmal, eng; *haltn* ~ übel dran sein
schmónzeß *Pl* Blödsinn
schmóren schnauben
schmuch: *a* ~ *ton* ein Grinsen aufsetzen
schmuchn grinsen
schmúeß *m* (-n) Unterhaltung <se>
schmúeßn sich unterhalten, plaudern <se>; *wer schmueßt (noch)* insbesondere
schmúeß-schprach *f* Umgangssprache <se>
schnájder *m* (– *od* -ß) *w* **-ke, -(i)n** Schneider; *mir sajnen ojch ni(sch)t kejn hinkedike* ~ wir ziehen die Hosen auch nicht mit der Kneifzange an
schnajdn (geschnítn) schneiden; mähen; *bam kind* ~ *sich zejndlech* das Kind bekommt Zähne
schnej *m* Schnee; ~*en* Schneemassen
schnéjedik schneeig
schnéjele *n* (-ch) Schneeflocke
schnéj(e)n schneien
schnéjer: *feter* ~ Väterchen Frost

schnéj-gomlke *f* (-ß), **schnéj-kojl** *f* (-ß) Schneeball
schnek *m* (-n *od* -eß) Schnecke; Knirps
schnel schnell
schnel *m* (-n) Nasenstüber
schneln Nasenstüber versetzen
schnipß *m* (-n) Schlips
schnir ↑ Schnur[1]
schnit *m* (-n) Schnitt; Ernte
schnobl *m* (-en) *V* **schnébele** Schnabel
schnojz[1] *m* (-n) verkohltes Dochtende (Kerze)
schnojz[2] *m* (-n) Rüssel
schnorchn schnarchen
schnorchzn schnaufen
schnuk *m* (-n) Rüssel
schnur[1] *f* (-n *od* schnir) Schwiegertochter
schnur[2] *m od f* (-n) *V* **schnirl** Schnur
schnurewádle *f* (-ß) Schnürsenkel ⟨*sl*⟩
schnúrewen schnüren ⟨*sl*⟩
scho *f* (-en, nach Zahlwort –) Stunde ⟨*se*⟩; *in meschech fun a ~ zajt* im Verlauf einer Stunde; *er wet kumen in a ~ arum* er wird ungefähr in einer Stunde kommen; *kumen mit a ~ frier* eine Stunde früher kommen; *in a frajer ~* in der Freizeit; *woß a ~* jede Stunde; *in a masldiker ~!* gut Glück! *grafik lojt di ~en* Stundenplan
schobn (geschóbn) schaben
schoch *m* Schach; *schpiln (in) ~* Schach spielen
schochn *m* (schchéjnim) Nachbar; Mieter ⟨*se*⟩ ↑ schchéjne, schchéjneß
schóchtim ↑ schójchet
schod: *a ~* schade; *a ~ di zajt* schade um die Zeit
schodn *m* (-ß *od* schodójneß) Schaden; *brengen/onton ~* Schaden zufügen
schódnwinkl *m* (-en) Taugenichts
schóedik *Adj* Stunden- ⟨*se*⟩; *~e norme* Stundennorm
schóenwajs *Adv* stundenweise
schóen-wajser *m* (-ß) Stundenzeiger

schof *f* (–) *V* **schefl** Schaf
schóf(e)n *Adj* Schaf(s)-
schofér *m* (-n) *w* **-sche** Fahrer
schofl schofel ⟨*se*⟩
schóftim ↑ schójfet
schojb *f* (-n) *V* **schajbl** Fensterscheibe
schójchet *m* (schóchtim) Schächter ⟨*se*⟩ ↑ schchíte
schójder *m* Schauder, Entsetzen
schójderlech schauerlich, entsetzlich
schojel-éjze: ~ *sajn sich mit emezn* jdn. um Rat fragen ⟨*se*⟩ ↑ schájle
schójfer *m* (schójfreß) Schofar (Widderhorn, das im Kult zum jüd. Neujahrsfest und zum Versöhnungsfest geblasen wird) ⟨*se*⟩; *blosn ~* den Schofar blasen
schójfet *m* (schóftim) Richter ⟨*se*⟩
schójftim *Pl* Buch der Richter ⟨*se*⟩
schójmer *m* (schómrim) *w* **-te** Wächter, Hüter ⟨*se*⟩
schójmer-mízweß *m* (schomre-mízweß) die Gebote beachtender Jude ⟨*se*⟩
schójmerte *f* (-ß) Anstandsdame ⟨*se*⟩
schojmer-umázl: ~ *sajn* hüten und bewahren; *got sol unds ~ sajn!* Gott behüte uns!
schojn schon; ~ *ni(sch)t* nicht mehr; *un ~* und das wär's; *nit ~ she?* wirklich? *nit ~ she is si schener?* ist sie wirklich schöner? *(un) ~!* und fertig!
schójresch *m* (scheróschim) Wurzel (Ursprung; Wortwurzel) ⟨*se*⟩
schojß *m od f* Schoß
schójte *m* (schójtim) Narr ⟨*se*⟩
schojwl *n* (-en) *V* **schájwele** Schaufel, Müllschippe
schókl(e)n wackeln, schütteln; ~ *mitn kop* den Kopf schütteln; ~ *mitn kop af jo* nicken
schol *f* (-n) *V* **schél(e)chl** Tasse, Schale
schólechz *f* (-n *od* -er) Schale, Haut
schólem *m* Friede ⟨*se*⟩; ~ *wern mit emezn* sich mit jdm. versöhnen

scholem-alejchem Friede sei mit Euch <*se*>

schólesch (schlíschim) Schiedsrichter, Schlichter <*se*>

scholíech *m* (sch[e]líchim *od* schlúchim) Bote <*se*> ↑ meschaléjech, meschúlech, schlícheß

schomáim-peneml *n* (-ech) religiöser Heuchler <*se*>

schómrim ↑ schójmer

schop *m* (-n) Waschbär

schorch *m* (-n) Rascheln <*sl*>

schórchen rascheln <*sl*>

schoß *m* (-n) Schuss; *on ejn ~ afile* ohne einen einzigen Schuss

schotn *m* (-ß) Schatten

schótndik schattig

schpáchljewen = schpákljewen

schpad *f* (-n), **schpáge** *f* (-ß) Degen <*sl*>

schpájchler *m* (-ß) Speicher

schpájechz *n* (-n *od* -er) Spucke

schpáj(e)n (geschpígn) spucken

schpákljewen spachteln <*sl*>

schpaktíw *m* (-n) Fern-, Vergrößerungsglas <*sl*>

schpal *m od f* (-n), **schpále** *f* (-ß) Eisenbahnschwelle <*sl*>

schpáltewdik spaltbar

schpaltn (geschpóltn) spalten

schpan *m* (-en) Schritt

schpán(e)n schreiten

schpán-oder *m od f* (-n) Sehne

schparn drängen, drücken; *~ sich* sich streiten

schpazír *m* (-n) Spaziergang

schpéner ↑ schpon

schpérele *n* (-ch), **schperl** *n* (-ech) Sperling, Spatz; *schißn fun harmatn af ~(e)ch* mit Kanonen auf Spatzen schießen

schpet spät

schpetn spotten; *~ fun emezn* jdn. verspotten

schpil *f od n* (-n) *V* **schpilchl** Spiel

schpil(e)chl *n* (-ech) Spielzeug

schpílewdik verspielt

schpílke *f* (-ß) Stecknadel <*sl*>; *sizn (wi) af ~ß* wie auf Nadeln/heißen Kohlen sitzen; *suchn a ~ in a wogn hej* eine Stecknadel in einem Heuhaufen suchen

schpiln spielen; *~ (sich) in epeß* etw. spielen (Spiel); *~ af epeß* etw. spielen (Instrument); *~ (sich) in pilke* Ball spielen; *~ (sich) in schnejkojln* eine Schneeballschlacht machen

schpílter *m* (-ß) Splitter

schpílterdik brüchig

schpín(e)n (geschpúnen) spinnen

schpínwebß *n* Spinnwebe

schpitól *m* (-n *od* schpitéler) Krankenhaus

schpiz *m od f* (-n) Spitze; *~ finger* Finger-, Zehenspitze; *af di ~ finger* auf den Zehenspitzen; *~ zung* Zungenspitze; *~ brußt* Brustwarze; *schtejn in der ~ fun epeß* an der Spitze von etw. stehen

schpíze *f* (-ß) Speiche <*sl*>

schpízik spitz

schpizl Streich

schpogl-náj funkelnagelneu

schpon *m* (schpéner) *V* **schpendl** Span

schpor *m* (-n) Sporn

schpórewdik sparsam

schporn sparen

schprajs *m* (-n) großer Schritt

schprajsn große Schritte machen

schpríng(e)n (is geschprúngen) springen

schproz *m* (-n) Spross

schprozn sprießen

schrajb: *gebn a ~ on* hinschreiben

schrajbn (geschríbn) schreiben

schráj(e)n (geschrígn *od* geschríen) schreien

schrékewdik schreckhaft

schrekn (geschrókn) erschrecken, in Schreck versetzen; *~ sich* sich erschrecken, in Schreck geraten

schrojf *m od f* (-n) *V* **schrajfl** Schraube

schrojfn schrauben

schrózim ↑ schérez
schtádlen *m* (schtadlónim) *w* **-te** Fürsprecher *<se>*
schtadlóneß *n* Fürsprache *<se>*
schtajg *f* (-n) Käfig, Hühnerstall
schtajgn (is geschtígn, geschtajgt) steigen
schtal *m od f* (-n) *V* **schtelchl** Stall
schtáltne stattlich *<sl>*
schtamp *m* (-n) Stanze; Stempel *<sl>*; *schteln dem ~ af epeß* etw. (ab)stempeln
schtámpewen, schtampírn stanzen *<sl>*
schtapl *m* (-en) Stufe, Grad
schtarbn (is geschtórbn) sterben; *~ fun epeß* an etw. sterben; *~ fun/far hunger* hungers sterben; *~ wi a held/mit a heldntojt* den Heldentod sterben
schtark 1 *Adj* stark **2** *Adv* sehr
schtarzn abstehen
schtat[1] *m* (-n) Staat; *farejnikte ~n* Vereinigte Staaten (von Amerika)
schtat[2] *m* Personalbestand *<sl>*; *arajnnemen in ~* fest anstellen
schtat[3] *m* Pomp, Gepränge; *firn a grojßn ~* auf großem Fuße leben; *haltn ~* den Schein wahren
schtátne hauptamtlich *<sl>*
schtech ↑ schtoch
schtéchl-chaser *m* (-chaséjrim) Stachelschwein *<se>*
schtéchler *m* (-ß) Igel
schtéchlke *f* (-ß) Stachel
schtéchwertl *n* (-ech) Stichelei; *rejdn mit ~ech* sticheln
schtéjger *m* (-ß) Weise, Gewohnheit, Brauch *<se>*; *a ~* zum Beispiel
schtejn (mir schtéjen, sej schtéjen; is geschtánen) stehen; *~ af di kni* knien, auf den Knien liegen; *di schifn schtejen in hafn* die Schiffe liegen im Hafen; *~ inem zetl* auf der Liste stehen; *ß'schtejt a grojße hiz* es herrscht große Hitze; *ß'schtejen schtarke freßt* es herrscht starker Frost; *~ ba der macht* an der Macht sein

schtejn *m* (-er) *V* **schtejndl** Stein; *a ~ in weg* Hindernis; *lejgn ~er afn harzn* entmutigen; *eß is mir a ~ fun harzn arop* mir ist ein Stein vom Herzen gefallen
schtéjnerdik steinig
schtéjnteßer *m* (–) Steinmetz *<sl>*
schtejßl *n* (-ech) Stößel, Mörser
schtek: *a ~ ton* (lässig) hinstrecken
schtekn stecken; strecken, hinhalten; *~ emezn a hant* jdm. (lässig) die Hand hinhalten
schtekn *m* (-ß *od* schtékeneß) Stecken
schtékschuch *m* (-schich) Pantoffel
schteln stellen, setzen; *~ af emezn [epeß]* auf jdn. [etw.] setzen; *~ in gefar* in Gefahr bringen; *~ di maschin in garash* das Auto in die Garage fahren; *~ a denkmol* ein Denkmal setzen; *~ a punkt* einen Punkt setzen; *~ ekßperimentn* Experimente machen; *~ emezn in a prikre lage* jdn. in eine unangenehme Lage bringen; *~ a frage af/zum bahandlen* eine Frage zur Diskussion stellen; *~ a resoluzje af/zum opschtimen* eine Resolution zur Abstimmung stellen; *~ wi a tnaj* zur Bedingung machen; *~ alz in kon* alles auf eine Karte setzen; *~ sich* sich (hin)stellen; *~ sich af der wach* Wache beziehen; *~ sich af di kni* niederknien; *der tajch hot sich geschtelt* der Fluss ist zugefroren; *~ sich zu der macht* die Macht ergreifen
schtélung *f* (-en) Stellung, Haltung; *onnemen a ~* eine Haltung einnehmen
schténdik ständig; *af ~* für immer
schtérer *m* (-ß) *w* **-ke** Störenfried
schtern stören; *~ emezn (D)* jdn. behindern
schtern[1] *m* (–) *V* **schterndl** Stern
schtern[2] *m* (-ß) Stirn; *knejtschn dem ~* die Stirn runzeln
schtet ↑ schtot
schtíber ↑ schtub
schtífer *m* (-ß) *w* **-ke** (ungezogene) Göre

schtiferáj *f od n* (-en) Unfug
schtíferisch schelmisch, spitzbübisch
schtifn Unfug treiben
schtig *f* (-n) Treppe
schtik[1] *f od n* (-er, nach Zahlwort –) Stück; *a* ~ *zajt* einige Zeit
schtik[2] *Pl* Streiche, Unfug; *machn* ~ Unfug treiben
schtikl *n* (-ech) Stückchen; *af* ~*ech* in Stücke, entzwei
schtil still
schtil *f* Stille
schtínk(e)n (geschtúnken) stinken
schtiwl *m* (–) Stiefel
schtoch *m* (-n od schtech) Stich; *a* ~ *ton* einen Stich versetzen
schtóchim ↑ schétech
schtojb *m* Staub
schtojßn (geschtójßn) stoßen; ~ *sich* ahnen
schtok-nácht *Adv* stockfinster
schtol *m od n* Stahl
schtól(e)n stählern
schtolz *m* (-n) Stelze
schtolz stolz
schtolzírn: ~ *mit epeß* auf etw. stolz sein
schtómpern stolpernd gehen
schtopn stopfen, nudeln
schtór(e)m *m* (schtórmen *od* schtóremß) Sturm
schtorzl *n* (-ech) Stumpf, Stummel
schtórzom: *schtejn* ~ (heraus)ragen; abstehen; *schteln sich* ~ sich sträuben
schtot *f* (schtet) *V* **schtetl** Stadt; *in zenter* ~ im Stadtzentrum; *hinter der* ~ außerhalb der Stadt
schtótisch städtisch
schtózik steil
schtraf *m* (-n) Geldstrafe ‹sl›
schtrafírn mit Geldstrafe belegen ‹sl›
schtrajchn (geschtríchn *od* geschtróchn) streichen
schtrajml *n* (-ech *od* -en) Streimel, Feiertagshut mit Pelzrand

schtrajtn (geschtrítn *od* geschtrájt) streiten
schtrik *f* (–) Strick
schtrof *f* (-n) Strafe
schtroj *f* Stroh; *firn* ~ *kejn mizraim* Eulen nach Athen tragen, *kajen* ~ leeres Stroh dreschen
schtrójele *n* (-ch) Strohhalm
schtrójen *Adj* Stroh-; ~*er dach* Strohdach; ~*e almone* Strohwitwe
schtrojß *m* (-n) Strauß (Vogel)
schtrom *m* (-en) Strömung
schtschaw *m*, **schtschawéj** *m*, **schtscháwel** *m* Sauerampfer ‹sl›
schtschegolírn protzen ‹sl›
schtschep *m* (-n) Pfropfreis ‹sl›
schtschépen veredeln ‹sl›
schtscherb *m* (-n *od* -eß) Scharte ‹sl›
schtscherbáte schartig ‹sl›
schtschetíne *f* Bartstoppeln ‹sl›
schtschípen kneifen; zupfen ‹sl›
schtschípzeß *Pl* Kneifzange ‹sl›
schtschíren fletschen ‹sl›
schtschógel *m* (-n) Stutzer, Geck ‹sl›
schtschur *m* (-eß) Ratte ‹sl›
schtub *f* (schtíber) *V* **schtibl** Haus; *in* ~ zu Hause
schtúb-mentsch *m* (-n) Hausgenosse
schtúbsizer *m* (– *od* -ß) *w* **-(i)n** Stubenhocker
schtúm(e)n schweigen
schtúpenisch *n* Andrang
schtupn drängen, stoßen
schturch *m* (-n) Stoß ‹sl›
schtúrchen stoßen ‹sl›
schtúrem *m* (-ß) Sturm
schturkáz *m* (-n) Fackel
schtuß *m od n*, **schtußeráj** *f od n* Unsinn, Stuss ‹se›
schtúßik unsinnig ‹se›
schuch *m* (schich) *V* **schichl** Schuh
schúchwarg *n Sgt* Schuhwerk
schufl *m* (-en) Schaufel
schúfl(e)n schaufeln

schul *f* (-n) Schule; Synagoge; *wajbersche* ~ Frauenabteilung in der Synagoge

schúler *m* (-ß) Falschspieler, Betrüger *‹sl›*

schum: *kejn* ~ kein (einziger); *on* ~ ohne jeden *‹se›*

schur-búr **1** *m* Mischmasch **2** *Adv* holterdiepolter

schúre (-ß) Zeile, Reihe *‹se›*; *lejenen zwischn di ~ß* zwischen den Zeilen lesen; *in a* ~ nebeneinander

schúschken flüstern *‹sl›*; ~ *sich* miteinander flüstern

schútef *m* (schútfim) Teilhaber *‹se›*

schútfeß *n* Gemeinsamkeit; Teilhaberschaft *‹se›*; *machn* ~ gemeinsame Sache machen

schwach *m* (schwóchim) Lob, Kompliment *‹se›*; *nochsogn emezn a* ~ jdm. ein Kompliment machen; *sogn emezn schwochim* jdm. Honig ums Maul schmieren; *derzejln emeznß schwochim, sogn di schwochim fun emezn* jds. Lobgesang anstimmen

schwájgenisch *f* Schweigen

schwájgewdik schweigsam

schwajgn (geschwígn) schweigen

schwarz schwarz; *schrajbn af* ~ ins Unreine schreiben; ~*e jagede* Heidelbeere

schwárzapl *n* Pupille

schwárz(-)arbet(or)er *m* (– *od* -ß) Hilfsarbeiter

schwarz-jór *m* Teufel; *gejn zum* ~ zum Teufel gehen; *der* ~ *sol im nemen* der Teufel soll ihn holen

schwarz-méjenik *m* (-eß) Schwarzhunderter (Angehöriger der „Schwarzen Hundertschaft", einer antisemitischen Organisation im zaristischen Russland) *‹se›*

schwat *m* Schebat, fünfter Monat des jüd. Kalenders (Januar–Februar)

schwébele *n* (-ch), **schwebl-schtekl** *n* (-ech) Streichholz

schwebl *m* Schwefel

schwéger(i)n *f* (-ß) Schwägerin

schwejzár *m* (-n) Portier *‹sl›*

schweln (geschwóln) schwellen

schwénk(e)n (aus)spülen

schwer schwer, schwierig

schwer *m* (-n) Schwiegervater

schwerd *f* (-n) Schwert; *arajnlejgn di* ~ *in ir schejd* das Schwert in die Scheide stecken

schwérkajt *f* Schwere

schwérlech ziemlich schwer

schwern (geschwó[j]rn) schwören; ~ *sich ba epeß* bei etw. schwören; *ich wolt gemegt* ~ ich hätte schwören können

schwer-un-schwíger *Pl* Schwiegereltern

schwéßter *f* (–) Schwester

schwéßterkind *n* (-er) Cousin; Cousine

schwíbl(e)n wimmeln; *di gaß schwiblt mit mentschn* die Straße wimmelt von Menschen

schwíger *f* (-ß) Schwiegermutter

schwím(e)n (is geschwúmen) schwimmen

schwínke *f* Ziegenpeter *‹sl›*

schwo: *di malke* ~ die Königin von Saba *‹se›*

schwóchim ↑ schwach

schwóger *m* (-ß) Schwager

schwom *m od f* (-en) *V* **schweml** Pilz

schwótim ↑ schéjwet

schwúe *f* (-ß) Eid *‹se›* ↑ maschbíe; *gebn a* ~ einen Eid leisten

schwúeß *m* Schawuot, Wochenfest (zur Erinnerung an die Sinai-Offenbarung) *‹se›*

sébre *f* (-ß) Zebra

séchzet: *der* ~*er* der sechzehnte

séchzik sechzig; *der* ~*ßter* der sechzigste

sechzn sechzehn; *der* ~*ter* der sechzehnte

seg *f* (-n) Säge

ségechz *n* Sägemehl

segl *m* (-en) Segel; ~*bojm* Mastbaum

segn sägen

ségschtojb *m* Sägemehl
sej sie (3. Pers. Pl.)
séjcher *m* Gedenken, Andenken ‹se›; *iberlosn noch sich a gutn ~* (bei jdm.) in gutem Andenken bleiben
séjde *m* (*D, A* sejdn; -ß) Großvater ‹sl›
sejde-bóbe *Pl* die Großeltern ‹sl›
séjer sehr
séjer ihr (3. Pers. Pl.)
séjert: *fun ~ wegn* ihretwegen
sejf *f od n* Seife
séjger *m* (-ß) Uhr; *wifl is der ~?* wie spät ist es? *ß'is ejnß a ~* es ist ein Uhr; *wifl a ~? / wen afn ~?* um wie viel Uhr?
sekß sechs; *~e* sechs Uhr; *der ~ter* der sechste
sélb(ik)er derselbe
sélner *m* (– *od* -ß) Soldat
sélner(i)sch soldatisch
sélt(e)n selten; *~ wen* selten
sélzerl *n* (-ech) Salzstreuer
semdl *n* (-ech) Sandkorn
sémer *m* (-ß) Melodie, Lied ‹se›
semlják *m* (-eß) *w* **-átschke** Landsmann ‹sl›
sen (mir séen, sej séen; gesén) sehen; *~ a cholem* träumen; *sajn schejn zu ~* einen schönen Anblick bieten; *se[t] nor se[t]!* sieh [seht] mal an! *~ sich* sich sehen; zu sehen sein
séneft *m* Senf
senít *m* (-n) Zenit ‹sl›
senít-artilerje *f* Fla-Artillerie ‹sl›
senít-harmat *m* (-n), **senítke** *f* (-ß) Fla-Kanone ‹sl›
senítler *m* (–), **senítschik** *m* (-eß) Fla-Soldat ‹sl›
sére *f* Samen, Sperma; Nachkommenschaft ‹se›
séreß *m* kleiner Finger ‹se›
set: *zu der ~* satt-, bis zur Sättigung
séung *f* (-en) Sicht, Vision
sez *m* (-n) (lauter, kräftiger) Schlag; *gebn a ~, a ~ ton* einen Schlag versetzen

sezn setzen; *~ dem aeroplan* (mit dem Flugzeug) landen; das Flugzeug zur Landung zwingen; *~ dem hunt af der kejt* den Hund an die Leine legen; *~ sich* sich setzen; untergehen (Sonne); *~ sich rajtndik* aufsitzen
shábe *f* (-ß) Frosch; Kröte ‹sl›
shábre *f* (-ß) Kieme ‹sl›
shálewen knausern ‹sl›; *nit ~ kejn mitlen* keine Mittel scheuen
shar *m* Glut (Kohle) ‹sl›
sháren braten (Kartoffeln) ‹sl›; *~ sich* gebraten werden (Kartoffeln); glimmen
shargón *m* (-en) Jargon; Jiddisch (verächtlich) ‹sl›
shargónisch jiddisch (verächtlich)
sháwer *m* Rost ‹sl›
sháwern rosten ‹sl›
she[1] doch; *kum ~!* komm doch!
she[2] denn; *woß ~?* was denn? *wu ~?* wo denn?
shédne gierig ‹sl›
shéreb *m* (-eß) Los ‹sl›
sherében: *~ sich* fohlen ‹sl›
sherebéz *m* (sherebzéß) Hengst ‹sl›
sheßt *m* (-n) Geste ‹sl›
shilét *m* (-n) Weste ‹sl›
shípen sich mühsam durchschlagen; dahinvegetieren ‹sl›
shiráf *m* (-n), **shiráfe** *f* (-ß) Giraffe ‹sl›
shljóken saufen ‹sl›
shménje *f* (-ß) Handvoll ‹sl›
shmúren zumachen (Augen) ‹sl›
shmúrkeß *Pl* Blindekuh ‹sl›; *schpiln sich in ~* Blindekuh spielen
shrebéz = sherebéz
shuk *m* (-eß) Käfer ‹sl›
shúlik *m* (-eß) Gauner, Betrüger ‹sl›
shúmen summen ‹sl›
shúmshe *f* (-ß) Hummel ‹sl›
shúmshen summen ‹sl›
shuráw *m* (-n) Kranich ‹sl›
shurnál *m* (-n) Journal ‹sl›
shúshen summen ‹sl›

shwáwe lebhaft <sl>
si (D ir) sie (3. Pers. Sg.)
síbele n (-ch) Frühchen
síbene sieben Uhr
síbet: *der ~er* der siebente
síbezet: *der ~er* der siebzehnte
síbezik siebzig; *der ~ßter* der siebzigste
síbezn siebzehn; *der ~ter* der siebzehnte
sibn sieben
sich sich (bei Bezug auf 1. u. 2. Pers. mir, mich; dir, dich; uns; euch)
sícher(-)nodl f (-ech) Sicherheitsnadel
sichrójne-liwroche gesegnet sei sein/ihr Angedenken! <se> ↑sikórn, bróche
sichrójneß Pl Erinnerungen; Memoiren <se> ↑sikórn
sídl(e)n beschimpfen; ~ *sich* schimpfen
sídlwort n (-werter) Schimpfwort
sidn (gesótn, gesódn, gesídt) sieden, kochen
sifz m (-n) Seufzer
sifzn seufzen
sigság m (-n) Zickzack <sl>
sikórn m Gedächtnis <se> ↑sichrójneß; *bletern dem* ~ in Erinnerungen schwelgen
sind f (-n) Sünde
sín(en) m Sinn; *bam (fuln)* ~ bei Sinnen; *hobn sich arajngenumen in* ~ sich vorgenommen haben; *aropgejn fun* ~ verrückt werden; *arojßgejn fun* ~ entfallen; *kumen afn* ~ einfallen
síng(e)n (gesúngen) singen; *hobn zu* ~ *un zu sogn* aus den Schwierigkeiten nicht herauskommen
sínger m (–) w **-(i)n** Sänger
sínglid f od n (-er) Lied
sínk(e)n (gesúnken) sinken
sint seit; ~ *jorn* seit Jahren
sip f (-n) Sieb
siß süß
síßink süßlich
síßt sonst
síßwarg n Sgt Süßigkeiten

síweg m (siwúgim) Ehe, Heirat; Ehepartner <se>
sizn (is geséßn) sitzen
skéjne f (-ß) Greisin <se> ↑sokn
skéjnim ↑sokn
skéjnisch greisenhaft
snácher m (-ß) w **-ke, -(i)n** Quacksalber <sl>
snuß m Unzucht; Ausschweifungen <se> ↑sójne; *arajnlosn sich in* ~ sich Ausschweifungen hingeben
sócher m (s'chórim) männliches Wesen <se>
sog: *a* ~ *ton* sagen, einen Ausspruch tun
sógerke f (-ß) Vorbeterin (in der Frauenabteilung der Synagoge)
sogn sagen; *lomir* ~ sagen wir einmal; *woß du sogßt!* was du nicht sagst! *wi gesogt, asoj geton* gesagt, getan; *asoj zu* ~ sozusagen; *schájech zu* ~*!* alle Achtung!
sójgkind n (-er) Säugling
sojgn (gesójgt od gesójjgn) säugen
sójmen m (–) Samen
sójne f (-ß) Hure <se> ↑snuß
sok m od f (-n) V **sekl** Strumpf, Socke
sokn m (skéjnim) Greis <se> ↑skéjne
soln (er sol) sollen (dient auch zur Bildung des Konditionals)
sóne f (-ß) Zone <sl>
sorg f (-n) Sorge
sórgewdik besorgt, vorsorglich
sorgn sorgen
sotl m od n (-en) Sattel
ß' = eß
ßabézke: *fun mejlech* ~*ß zajtn* seit Olims Zeiten
ßáblje f (-ß) Säbel <sl>
ßach: *a* ~ viel(e) <se>; *asa* ~ so viel(e)
ßachákl m (-en) Summe, Endergebnis <se>; *unterzien dem/a* ~ das Fazit ziehen
ßachákl Adv alles in allem, zusammen <se>

ßajdn es sei denn
ßájwi(ßaj) sowieso
ßakóne *f* (-ß) Gefahr <*se*>; *bejß a* ~ bei Gefahr; *schtejn in a* ~ Gefahr laufen; *schteln in (a)* ~ in Gefahr bringen
ßakónedik gefährlich <*se*>
ßakoneß-nefóscheß *n* Lebensgefahr <*se*>; *mit* ~ unter Lebensgefahr
ßalát *m* (-n) Salat <*sl*>
ßalfétke *f* (-ß) Serviette <*sl*>
ßam *m* (-en) Gift <*se*>
ßáme[1] (verweist auf einen weit abgelegenen Punkt in Zeit od. Raum) <*sl*>; *fun* ~ *inderfri on* seit dem frühesten Morgen, seit ganz früh (am Morgen); *afn* ~ *barg* ganz oben auf dem Berg
ßáme[2] (dient zur Bildung od. Verstärkung des Superlativs) <*sl*>; *der* ~ *hojcher* der höchste; *der* ~ *hechßter* der allerhöchste
ßámen vergiften <*se*>
ßam-(h)amóweß *m* tödliches Gift <*se*>
ßámik giftig <*se*>
ßándek *m* Mann, der das Kind während der Beschneidung hält <*se*>
ßar *m* (ßórim) Herr, Fürst <*se*>
ßára was für; ~ *grojße ojgn!* was für große Augen! ~ *rejner zimer!* was für ein sauberes Zimmer!
ßaráj *m* (-en) Schuppen <*sl*>
ßárne *f* (-ß) Reh; Gemse <*sl*>
ßárwer *m* (-ß) *w* **-(i)n** Kellner, Aufwärter (bei Hochzeiten)
ßáshe *f* Ruß <*sl*>
ßáshlke *f* (-ß) Teich <*sl*>
ßáwlen *m* (ßawlónim) geduldiger Mensch <*se*>
ßawlóneß *n* Geduld <*se*>
ßawlónisch geduldig <*se*>
ßchar *m* (-n) Lohn, Entgeld <*se*>
ßchar-límed *m* Schulgeld <*se*>
ßchíreß *n od Pl* Lohn, Gehalt <*se*>
ßchójre *f* (-ß) Ware <*se*> ↑ ßójcher
ßchum *m* (-en) Menge <*se*>

ßchuß *m* (-n *od* -im) (sittliches od. religiöses) Verdienst <*se*>
ßchuß-ázme *m* die eigenen Verdienste <*se*>
ßchuß-hakíem *m* Existenzberechtigung <*se*>
ßchuß-óweß *m* die Verdienste der Väter <*se*>
ßdom Sodom <*se*>; ~-*vaamójre* Sodom und Gomorrha
ßdórim ↑ ßéjder
ße es (statt *eß*, besonders vor konsonantisch anlautenden Verben)
ßéder *m* (– *od* -ß) *w* **-ke** Gärtner <*sl*> ↑ ßod[1]
ßéder ↑ ßod[1]
ßedl *n* (-ech) kleiner Park, Grünanlage <*sl*> ↑ ßod[1]
ßédre *f* (-ß) Sabbatperikope; Diskussionsgegenstand (scherzhaft) <*se*>
ßejchl *m* Verstand; Sinn <*se*>; *kumen zum* ~ zu Verstand kommen; *lejgn sich afn* ~ plausibel sein; *nit lejgn sich afn* ~ unwahrscheinlich sein; *faln afn* ~ auf die Idee kommen
ßéjder *m* (ßdórim) **1** Ordnung, Reihenfolge **2** Seder, Passahabend(mahlzeit) <*se*>
ßéjder-hajóm *m* Tagesordnung <*se*>
ßéjfer *m* (ßfórim) (jüd.) Buch <*se*> ↑ ßójfer
ßejfer-tójre *f* (-ß) Thorarolle <*se*>
ßéle-hamachlójkeß *m* (-n) Zankapfel <*se*>
ßémetschkeß *Pl* Sonnenblumenkerne <*sl*>
ßeríßim ↑ ßóreß
ßerp *m* (-n *od* -eß) Sichel <*sl*>; ~ *un hamer* Hammer und Sichel
ßérwet *m od n* (-n) Tischtuch
ßerwétke *f* (-ß) Serviette <*se*>
ßérze(nju) mein Herz! <*sl*>
ßfard *n* das mittelalterliche Spanien und Portugal <*se*>

ßfárdi *m* (-m) Sepharde (Jude bzw. dessen Nachkomme aus dem mittelalterlichen Spanien od. Portugal) <se>
ßféjkeß ↑ ßófek
ßfórim ↑ ßéjfer
ßforim-chizójnim *Pl* (aus traditioneller Sicht) weltliche Bücher; Apokryphen <se>
ßíbe *f* (-ß) Grund, Ursache; Panne <se>
ßibír *n* Sibirien <sl>
ßibirják *m* (-eß) *w* **-átschke** Sibirier <sl>
ßíchßech *m* (ßichßúchim) Konflikt; *ajn regulirn dem ~* den Konflikt beilegen
ßíder *m* (ßidúrim) Gebetbuch <se>
ßígef *m* (ßigúfim) Akt der Abtötung des Fleisches <se>; *prawen ßigufim* das Fleisch abtöten
ßílize *f* (-ß) Fangschlinge <sl>
ßíl(j)en einfädeln <sl>
ßímche *f* (-ß) Freude; Fest <se>
↑ meßaméjech
ßimcheß-tójre *m* Simchat-Thora, Thorafreudenfest <se>
ßímen *m* (ßimónim) Zeichen, Spur, Merkmal <se>; *wi a ~ fun frajntschaft* zum Zeichen der Freundschaft
ßíne *f* Hass <se> ↑ ßójne
ßineß-jißróel *f* Antisemitismus <se>
ßínik *m* (-eß), **ßinják** *m* (-eß), **ßínjek** *m* (-eß) blauer Fleck <sl>
ßiper-hamájße *m* Fabel (einer Geschichte) <se>
ßiwn *m* Siwan, neunter Monat des jüd. Kalenders (Mai–Juni)
ßkarlatín *m od f* Scharlach (Krankheit) <sl>
ßképter *m* (-ß) Szepter
ßkírde *f* (-ß) Schober <sl>
ßklad *m* (-n) Lagerraum, Warenniederlage <sl>
ßkór(ink)e *f* (-ß) Brotrinde <sl>
ßkówer(e)de *f* (-ß), **ßkówrede** *f* (-ß), **ßkówrode** *f* (-ß) Pfanne, Tiegel <sl>
ßkozl: *~ kumt!* willkommen!
ßkrípe: *a ~ ton* (einmal) knarren <sl>
ßkrípen knarren <sl>
ßkúlptor *m* (skulptórn) *w* **-sche** Bildhauer <sl>
ßlíne *f* Speichel <sl>; *ßgejt im iber di ~ iber di lipn, di ~ rint im fun mojl* das Wasser läuft ihm im Munde zusammen
ßljóte *f* Matsch <sl>
ßlup *m* (-eß) Mast <sl>
ßmach *m* (-n) Grundlage <se>; *on a schum ~* ohne jede Grundlage; *sajn der ~ far epeß* einer Sache zugrunde liegen; *afn ~ fun* aufgrund von
ßmáljen sengen <sl>
ßmétene *f* (saure) Sahne <sl>
ßmíche *f* Ordinierung zum Rabbiner <se>; *krign ~* zum Rabbiner ordiniert werden
ßmik *m* (-eß), **ßmítschek** *m* (ßmítschkeß) Bogen (Saiteninstrument) <sl>
ßmók(tsch)en lutschen <sl>
ßmóle *f* (-ß) Pech <sl>
ßmútne traurig <sl>
ßnájper *m* (-ß) Scharfschütze <sl>
ßnop *m* (-eß) Garbe <sl>; *~ licht* Lichtstrahl
ßóche *f* (-ß) Hakenpflug <sl>
ßóchrim ↑ ßójcher
ßóchrisch kaufmännisch <se>
ßod[1] *m* (ßéder) Obstgarten <sl>
ßod[2] *m* (ßójdeß) Geheimnis <se>; *hobn ßojdeß fun emezn* vor jdm. Geheimnisse haben
ßod-ßójdeßdik top secret, streng geheim <se>
ßoer-lasósl, ßoir-lasósl *m* Sündenbock <se>
ßof *m* (-n) Ende, Schluss <se>; *on a ~* ohne Ende; *machn a ~ zu epeß* einer Sache ein Ende machen, Schluss machen mit etw.; *bisn ~* bis zu Ende; *as der ~ is gut, is alz gut* Ende gut, alles gut
ßófek *m* (ßféjkeß) Zweifel <se>
↑ meßúpek; *schteln epeß unter a ~* etw. in Zweifel ziehen

ßofk(o)lßóf *Adv* schließlich, letztendlich <*se*>
ßófrim ↑ ßójfer
ßojbl *m* (-en) Zobel <*sl*>
ßojbln *Adj* Zobel- <*sl*>; ~*er futer* Zobelpelz
ßójcher *m* (ßóchrim) *w* **-te** Kaufmann <*se*> ↑ mißcher, ßchójre
ßójden: ~ *sich* tuscheln <*se*> ↑ ßod²
ßójdeß ↑ ßod²
ßójdeßdik geheimnisvoll <*se*> ↑ ßod²
ßojde-ßójdeß *Pl* große Geheimnisse <*se*> ↑ ßod²
ßóje *f* Sojabohnen <*sl*>
ßójfer *m* (ßófrim) Schreiber <*se*> ↑ ßéjfer
ßójne *m* (ßónim) Feind <*se*> ↑ ßíne
ßojwl: ~ *sajn* ertragen, aushalten <*se*> ↑ ßáwlen
ßok *m* (-n) Saft <*sl*>
ßolowéj *m* (-en) Nachtigall <*sl*>
ßom *m* (-en) Wels <*sl*>
ßónim ↑ ßójne
ßónischnik *m* (-eß) Sonnenblume <*sl*>
ßópen schnaufen <*sl*>
ßóre *f* Sarah <*se*>
ßóred *m* (ßrídim) Relikt, Überbleibsel <*se*>
ßóref *m* (ßrófim) Seraph <*sl*>
ßóreß *m* (ßeríßim) Eunuch <*se*>
ßórim ↑ ßar
ßóriß = ßóreß
ßóßne *f* (-ß) Kiefer <*sl*>
ßoßnówe *Adj* Kiefern- <*sl*>; ~ *wald* Kiefernwald
ßotn(-mekátreg) *m* Teufel, Satan <*se*>
ßówe *f* (-ß) Eule <*sl*>
ßowét *m* (-n) Sowjet <*sl*>
ßowétn-farband *m* Sowjetunion
ßowétn-macht *f* Sowjetmacht
ßpárshe *f* Spargel <*sl*>
ßpílschliwe jähzornig <*sl*>
ßpíze *f* (-ß) Speiche <*sl*>
ßport *m* Sport <*sl*>
ßpórtler *m* (-ß) *w* **-ke**, **ßportßmén** *m* (-en *od* -er) *w* **-ke** Sportler <*sl*>

ßpotíken: ~ *sich* straucheln <*sl*>
ßpráwen: ~ *sich mit epeß* mit etw. fertig werden <*sl*>
ßpráwke *f* (-ß) Bescheinigung, Attest; Erkundigung <*sl*>; *machn a* ~ eine Erkundigung einziehen
ßréjfe *f* (-ß) Brand, Schadenfeuer <*se*> ↑ níßref
ßrídim ↑ ßóred
ßrófim ↑ ßóref
ßróre *m* (-ß *od* ßrórim) Würdenträger <*se*>
ßrówetke *f* Molke <*sl*>
ßtáde *f* (-ß) Herde <*sl*>
ßtáje *f* (-ß) Rudel (Wölfe) <*sl*>
ßtajtsch? was soll das bedeuten?, wie ist das möglich?
ßtam schlechthin, einfach <*se*>; *er redt* ~ *asoj* er redet einfach so
ßtánik *m* (-eß), **ßtánikl** *n* (-ech) Büstenhalter <*sl*>
ßtánzje *f* (-ß) Haltestelle, Station <*sl*>
ßtáren: ~ *sich* sich bemühen <*sl*>
ßtároßte *m* (-ß) Dorfschulze, Ortsvorsteher <*sl*>
ßtártschen hervorstehen <*sl*>
ßtash *m* (-n) Dienstalter <*sl*>
ßtátue *f* (-ß) Statue <*sl*>
ßtaw *m* (-n) Teich <*sl*>
ßtélje *f* (-ß) Zimmerdecke <*sl*>
ßtélmach *m* (-n *od* -ß) Stellmacher <*sl*>
ßtep *m* (-eß) Steppe <*sl*>
ßtérte *f* (-ß) Schober <*sl*>
ßtéshke *f* (-ß) Pfad <*sl*>
ßtichéj *f* Element, Naturkraft <*sl*>
ßtichéjisch elementar, spontan <*sl*>
ßtíchje = ßtichéj
ßtíchisch = ßtichéjisch
ßtírdeß *n* Trotz <*se*>; *gejn mit/af* ~ *kegn emezn [epeß]* jdm. [einer Sache] zuwiderhandeln, trotzen
ßtírdisch trotzig; (adverbial gebraucht auch) zum Trotz
ßtíre *f* (-ß) Widerspruch <*se*>

ßtojg *m* (-n) Schober <*sl*>
ßtójke *f* (-ß) Ladentisch; Theke <*sl*>
ßtolp *m* (-eß) Pfosten, Pfahl, Mast <*sl*>
ßtóljer *m* (-ß) Tischler <*sl*>
ßtóljer(i)sch Tischler-; ~*er klej* Tischlerleim
ßtrachírn versichern <*sl*>
ßtrasch *m* (-n) Vogelscheuche <*sl*>
ßtráschen drohen <*sl*>
ßtraschídle *f* (-ß) Vogelscheuche <*sl*>
ßtraschúnek, ßtraschúnik *m* (ßtraschúnkeß) Drohung <*sl*>
ßtrémen *m* (-ß) Steigbügel <*sl*>
ßtrempl *n* (-ech) Eiszapfen <*sl*>
ßtroj *m* Antreteordnung, Reih und Glied <*sl*>
ßtrom-halewój, ßtrom-holowój *Adv* Hals über Kopf <*sl*>
ßtrómplje *f* (-ß) Eiszapfen <*sl*>
ßtrónge *f* (-ß) Forelle <*sl*>
ßtrúne *f* (-ß) Saite <*sl*>
ßtrup *m* (-n *od* -eß) Grind <*sl*>
ßtrush *m* (-n *od* -eß) Hausmeister, Wächter <*sl*>
ßtrúshke *f* (-ß) Hobelspan <*sl*>
ßuchár *m* (-eß), **ßúcher** *m* (-eß) Zwieback <*sl*>
ßúde *f* (-ß) Festmahl <*se*>
ßúdewen Gelage feiern <*se*>
ßúfit *m* (-n) Zimmerdecke <*sl*>
ßuk *m* (-eß) Astknorren <*sl*>
ßúkeß *m* jüd. Laubhüttenfest <*se*>
ßukewáte knorrig <*sl*>
ßwíschtsche: *a* ~ *ton* (einmal) pfeifen <*sl*>
ßwíschtschen pfeifen <*sl*>
ßwíwe *f* (-ß) Umgebung, Milieu <*se*>
ßwóre *f* (-ß) Meinung, Annahme <*se*> ↑ hasbóre
súbrewen büffeln, ochsen <*sl*>
suchn suchen
súdik kochend heiß
súmer *m* (-n *od* -ß) Sommer
súmerdik sommerlich, Sommer-
súmer-schprenkele *n* (-ch), **súmer-schprenkl** *n* (-ech) Sommersprosse
súmerzajt *Adv* im Sommer
sump *m* (-n) Sumpf
súmsen summen <*sl*>
sun[1] *f* (-en) Sonne; *af der* ~ in der Sonne
sun[2] *m* (sin) Sohn
súnenju *m* Söhnchen (Anrede)
súnenschlak (-schlek) Sonnenstich
súnrojs *f* (-n) Sonnenblume
súnsejger *m* (-ß) Sonnenuhr
sún-sezn-sich *n* Sonnenuntergang
súntik *m* (-n) Sonntag
supn schlürfen

T

tabák *m* (-n), **tábek** *m* Tabak
tábeke *f* Schnupftabak; *schmekn* ~ Tabak schnupfen; *a schmek* ~ eine Prise Tabak
tabekérke *f* (-ß) Schnupftabaksdose <*sl*>
tablét *m* (-n), **tablétke** *f* (-ß) Tablette <*sl*>
taburét *m* (-n), **taburétke** *f* (-ß) Schemel <*sl*>
táchleß *m* (tachléjßim) Zweck, Ziel <*se*>; ~-*ßine* bitterer Hass
tachríchim *Pl* Totenhemd <*se*>
táchschet *m* (tachschítim) Bengel, Balg <*se*>
tafßn *m* (tafßónim) Kerkermeister <*se*> ↑ tfíße, tójfeß
tajch *m* (-n) Fluss, Strom
tájer lieb; teuer; *koßtn* ~ teuer sein; ~*e majne!* meine Lieben!
tájerinker *m* (-ke) Liebling
tájge *f* Taiga <*sl*>
tájmim ↑ tam[2]
tájne *f* (-ß) Klage; Anspruch; Beschwerde <*se*>; *hobn* ~*ß zu emezn* sich über jdn. beschweren
tájneg *m* (tajnúgim) Vergnügen <*se*>

tájnen behaupten; einwenden; lamentieren <se>; ~ *mit emezn* mit jdm. schimpfen

tajs ↑ tojs

tájtfinger *m* Zeigefinger

tájtl(e)n deuten, zeigen

tajtsch *m od f* (-n) Bedeutung, Interpretation

tajtschn interpretieren; übersetzen

tájwe *f* Wollust <se>; *arajnlosn sich in der* ~ sich der Wollust hingeben

tájwedik, tájweful wollüstig

tajwl *m* (tajwlónim *od* tajwólim) Teufel

tajwlónisch, tajwlsch teuflisch; ~*e schtik* Teufelszeug

táke *Adv* wirklich

talánt *m* (-n) Talent <sl>

táleß *m* (taléjßim) Gebetsmantel <se>

táljen *m* (taljónim) Henker <se>

tálmed *m* (talmídim) Schüler <se> ↑ talmíde, lamdn, límed, melámed

talmed-chóchem *m* (talmide-chachómim) jüd. Gelehrter <se>

talmed-tójre *f* (-ß) jüdische Schule <se>

talmíde *f* (-ß) Schülerin <se> ↑ tálmed

tam[1] *m* (-en) Geschmack <se>; *hobn a ~ fun epeß* nach etw. schmecken; *hobn dem sibetn ~* köstlich schmecken

tam[2] *m* (tájmim) Grund, Ursache <se>

támes *m* Tammus, zehnter Monat des jüd. Kalenders (Juni–Juli)

tamewáte einfältig <se>; *machn sich ~* sich dumm stellen

tam-ganéjdn *m* köstlicher Geschmack <se>

támzeß *m* (tamzéjßim) Wesen, Kern <se>

tanách *m* Altes Testament <se>

tanéjßim ↑ tóneß

táneß = tóneß

táperl *n* (-ech), **táp-hernerl** *n* (-ech) Fühler

tapn tasten; ~ *dem dojfek* den Puls fühlen

tarabánjen trommeln <sl>

taráchken knattern (Motor) <sl>

tarakán *m* (-eß) Schabe <sl>

tararách: ~! krach! <sl>

tararám *m*, **tarerám** *m* Krach, Lärm; *machn/ufhejbn a ~* Krach schlagen

tárfeß *n* nicht koschere Speise; Unreinheit (Speise) <se> ↑ tréjfe

tarúmeß *Pl* Klagen, Beschwerden <se>

tasch *m od f* (-n) Tasche

táschme *f* (-ß) Band, Borte <sl>

táßken ziehen, schleppen <sl>

tat *m* (-n) Tat

táte (*D, A* tatn; -ß) Vater <sl>; *a tatnß a kind* ein Kind aus guter Familie; *wern a ~* Vater werden

tate-máme *Pl* Eltern <se>

tátenju, táteschi *m* (-ß) Väterchen <se>

tátisch väterlich <sl>

tátschke *f* (-ß) Schubkarre <sl>

taz *m* (-n) Tablett

tazn *Pl* Cymbal, Hackbrett; Tablett

tchíeß-haméjßim *m* Auferstehung von den Toten <se>; *ufschtejn ~* von den Toten auferstehen

tchíleß *Adv* anfangs <se>

tchojr *m* (-n) Iltis <sl>

tchójren *Adj* Iltis-; ~*er futer* Iltispelz

tchum *m* (-en) Grenzlinie <se>

tchum-hamójschew *m* das Gebiet, innerhalb dessen Juden im zaristischen Russland leben durften <se>

-te (Suffix zur Bildung von Bezeichnungen weiblicher Lebewesen) <se>; *éjslte* Eselstute; *chásnte* Kantorsfrau

téfech *m* (tfóchim) Handbreit <se>

teg ↑ tog

tej *f* Tee; *farbetn emezn af a glesl ~* jdn. zum Tee einladen

tejg *n* Teig; *fun ejn ~ geknotn* gleiche Brüder, gleiche Kappen

téjkef *Adv* sofort <se>

téjkefdik sofortig <se>

téjkef-umiját *Adv* unverzüglich <se>

tejl *m od f* (-n) *V* **tejlchl** Teil; *in greßtn ~* zum größten Teil

téjlewdik teilbar
tejln teilen; ~ *sich (mit emezn) mit epeß* etw. (mit jdm.) teilen; ~ *sich mit di ajndrukn* Eindrücke austauschen
tejs = tojs
tejtl *m* (-en) Dattel
téjtlbojm *m* (-bejmer) Dattelpalme
téjwe *f* Arche <*se*>; *nojechß* ~ Arche Noahs
téjweß *m* Tebeth, vierter Monat des jüd. Kalenders (Dezember–Januar)
tel *m* Ruin <*se*>; *machen a* ~ *fun epeß* etw. verwüsten
téler *m* (– *od* -ß) Teller
télerl *n* (-ech) Untertasse; *zelejgn af* ~*ech* vorkauen (detailliert erklären); *zetrogn af* ~*ech* verbreiten (Gerücht)
tel(e)wísje *f* Fernsehen <*sl*>
telewísor *m* (-ß *od* telewisórn) Fernseher <*sl*>
téleze *f* (-ß), **télize** *f* (-ß) Färse <*sl*>
temp stumpf(sinnig) <*sl*>
téndl(e)n hausieren
téndler *m* (– *od* -ß) Hausierer
ténenbojm *m* (-bejmer) Tanne
téner ↑ ton
tep ↑ top
tépech *m* (-er) Teppich
téper *m* (– *od* -ß) *w* **-ke** Töpfer
térez *m* (terúzim) Ausrede, Vorwand <*se*>
terk *m* (-n) *w* **-(i)n** Türke
terkáj *f od n* Türkei
terkínje *f* (-ß) Türkin
térkisch türkisch; *sizn af* ~ im Türkensitz sitzen
térpke herb <*sl*>
tésiß *m* (-n) These
téßen behauen <*sl*>
téßler *m* (– *od* -ß) Zimmermann <*sl*>
teúßim ↑ tóeß
téwe *f* (-ß) Natur, Charakter <*se*>
tféjlim ↑ tofl
tfíle *f* (-ß) Gebet <*se*>; ~ *ton* beten

tfiln *Pl* Phylakterien, Gebetsriemen; *lejgn* ~ die Gebetsriemen anlegen <*se*>
tfíße *f* (-ß) Gefängnis <*se*> ↑ taffßn, tójfeß; *ajnsezn in* ~ einsperren
tfíßenik *m* (-eß) Knastbruder <*se*>
tfóchim ↑ téfech
tfu pfui <*sl*>
thom *m* (-en) Abgrund <*se*>
tichl *n* (-ech) Tuch
tif tief; ~*e elter* hohes Alter
tif *f* Tiefe
tífenisch *f* (-n) Tiefe, tiefe Stelle
tífle *f* (-ß) Kirche (verächtlich) <*se*>
tíger *m* (-ß) *w* **-iche** Tiger
tílim *m* Psalter; *kapitl* ~ Psalm
tínef *m*, **tinójfeß** *n* Plunder; Unflat <*se*>
tínkeler ↑ túnk(e)l
tínkewen tünchen <*sl*>
tint *m od f* Tinte
tínter *m* (-ß) Tintenfass
tíntl(e)n schmieren
tíntler *m* (-m *od* -ß) *w* **-ke, -(i)n** Schmierfink
típesch *m* (típschim) Dummkopf <*se*>
típscheß *n* Dummheit
tir *f* (-n) Tür; *brechn sich in an ofener* ~ offene Türen einrennen
tirásh *m* (-n) Auflagenhöhe; Ziehung (in Lotterie) <*sl*>
tisch *m* (-n) Tisch
tíschre *m* Tischri, erster Monat des jüd. Kalenders (September–Oktober)
tíschtech *m od n* (-er) Tischtuch
títschke *f* (-ß) Meute (Hunde) <*sl*>
tjóchke: *a* ~ *ton* (plötzlich) heftig pochen (Herz) <*sl*>
tjóchken pochen, klopfen (Herz) <*sl*>
tjulpán = tulpán
tlíe *f* (-ß) Galgen; (Tod durch) Erhängen <*se*>
tlíen glimmen <*sl*>
tliß *m* Trab <*sl*>
tlíßen traben <*sl*>
tlíßgang *m* Trab; *gejn* ~ traben

tlo *f* (-en) Huf <*sl*>
tmímeß *n* Naivität <*se*>
tmímeßdik naiv <*se*>
tnaj *m* (tnóim) Bedingung <*se*>; *mitn ~ (as)* vorausgesetzt
tnóim *m* (-ß) Verlobungsvertrag <*se*>; *opschikn di ~* die Verlobung lösen
tnúe *f* (-ß) Bewegung, Geste <*se*>
to[1] doch, dann (mit Imperativ) <*sl*>; *~ schwajg!* (dann) schweige doch!
to[2] also (in Adverbialfragen) <*sl*>; *~ wen weßtu kumen?* wann also kommst du?
toch *m* Grund, Wesen <*se*>; *in ~* in der Hauptsache, im Wesentlichen
tócheß *m* Hinterer, Arsch <*se*>
tóchter *f* (téchter) *V* **téchterl** Tochter; *jidische ~* Jüdin
tóeß *m* (-n *od* teúßim) Fehler, Irrtum <*se*>; *alpi ~* aus Versehen; *hobn a ~* sich irren
tóeßdik irrtümlich <*se*>
tóeß-hadfúß *m* (-n) Druckfehler <*se*>
tofl *m* (-en *od* tféjlim) Nebensächlichkeit <*se*>
tófldik nebensächlich <*se*>
tog *m* (teg) Tag; *draj mol (in) a ~* dreimal am Tage; *farn ~* an einem Tage; *während/im Verlaufe eines Tages; woß a ~* jeden Tag; *afn andern ~* am andern Tag; *inmitn heln ~* am hellichten Tag; *ganze(ne) teg* tagelang; *in ejn schejnem ~* eines schönen Tages; *di teg* in den letzten Tagen; *lebn a frejlechn ~* in den Tag hinein leben; *hejbn in ~ arajn* in den Himmel heben
tógik täglich, Tages-
tógschajn *f* Tageslicht
toj *m* Tau
tojb *f* (-n) *V* **tájbele** Taube
tojb taub, dumpf; *~ wi di want* stocktaub
tójer *m* (-n) Tor, Eingang
tojewóje = tojhu-wowójhu
tójfeß: *~ sajn* einsperren <*se*> ↑ taffßn, tfíße
tójgewdik tauglich

tojgn (er tojg) taugen; *~ af epeß* zu etw. taugen
tojhu-wowójhu *m* Chaos <*se*>
tójre *f* Thora, Mosaisches Gesetz, Pentateuch; *jüd. Gelehrsamkeit* <*se*>
tójre-schebalpé *f* Talmud <*se*>
tójre-schebikßáw *f* Altes Testament <*se*>
tójreß-lokschn: *mejnen, as epeß is ~* etw. für bare Münze nehmen <*se*>
tójreß-mójsche *f* Mosaisches Gesetz <*se*>
tojs *m* (tajs) As
tójschew *m* (tojschówim) Bewohner <*se*>
tojsnt tausend; *der ~ßter* der tausendste
tojsnt *m* (-er) Tausend
tojt tot; *~e schtilkajt* Totenstille; *~ hungerik* halbverhungert; *~ schiker* stockbesoffen; *nit ~ nit lebedik* mehr tot als lebendig
tojt *m* (-n) Tod; *bisn ~* bis zum Tode; *af ~* zu Tode; *ton emezn zum ~* jdn. zum Tode befördern; *machn emezn dem ~* jdn. umbringen
tójwe *f* (-ß) Wohltat; Gefälligkeit <*se*>; *berische ~* Bärendienst
tojwl: *~ sajn* (zur rituellen Reinigung) in Wasser untertauchen <*se*>
tok *f* (-n) Drehbank <*sl*>
tóker *m* (– *od* -ß) Dreher <*sl*>
tóker-werkschtel *m* (-n) Drehbank
tokn drehen (auf der Drehbank) <*sl*>
tol *m* (-n) *V* **tolchl** Tal
tolk *m* Sinn <*sl*>; *me ken ba im nit dergejn kejn ~* man kann bei ihm nichts Vernünftiges erreichen; *wißn a ~ in epeß* sich in etw. auskennen
tómbank *m* (-benk) Ladentisch
tómed immer <*se*>
tómer falls <*se*>
ton (ich tu, du tußt, er tut, mir túen, ir tut, sej túen; getón) tun, machen; *woß tut men?* was soll man tun? *~ sich* geschehen; *eß tut sich majßim!* Dinge passieren da! *woß tut sich mit dir?* was ist mir dir los?

ton *m* (téner) Ton
tóneß *m* (tanéjßim) Fasten, Fasttag <se>
top *m* (tep) *V* **tepl** Topf
topl doppelt, Doppel-
tópling *m* (-en) Doppelgänger
tópol *m* (-n), **topólje** *f* (-ß) Pappel <sl>
toporíßke *f* (-ß) Axtstiel <sl>
tóptschen trampeln <sl>
tórbe *f* (-ß) Sack <sl>
tórbele *n* (-ch) Säckchen <sl>; *~ch unter di ojgn* Säcke unter den Augen
tórmas, tórmos *m* (-n) Bremse <sl>
tormasírn, tormosírn bremsen <sl>
torn: *nit ~* (er tor nit) nicht dürfen
tórtschen hervorragen; herumsitzen <sl>
tóter *m* (-n) *w* -ke Tatar; Heilkundiger
tótschen zehren (Krankheit) <sl>
towl *m* (-en) *V* **téwele** Tafel
trach! *Interj* krach!, bums!
tracht *f* (-n) Gebärmutter
tracht: *a ~ ton* (kurz) nachdenken, eine Überlegung anstellen
trachtn überlegen, denken
traf[1] *m* (-n) Chance; Zufall; *af ~* auf gut Glück; *alpí ~* zufällig
traf[2] *m* (-n) Silbe
tráfik silbisch
trajbl *n* (-ech) Röhrchen; Telefonhörer <sl>
trajbn (getríbn) treiben
trakt *m* (-n) Landstraße <sl>
traktír *m* (-n) Gasthaus <sl>
traktírn behandeln
tramwáj *m* (-en) Straßenbahn <sl>
transchéj *m od f* (-en) Schützengraben <sl>
tránßpórt *m* (-n) Verkehrswesen; Transport
tráßken erschüttern, schlagen <sl>
trátwe *f* (-ß) Floß
tráwme *f* (-ß) Trauma <sl>
tref[1] *m* (-n) Auftreffen, Einschlag
tref[2] *m* (-n) Treff, Eichel
tref[3] *m* (-n) Vermutung

tréfer *m* (-ß) *w* -ke, -(i)n Wahrsager
treferáj *n* Wahrsagerei
trefn[1] (getrófn) erraten, wahrsagen
trefn[2] (getrófn) treffen; vorkommen
trejbern ausschlachten, ausweiden <sl>
trejf nicht koscher <se> ↑ **tárfeß**
tréjfe *f* nicht koschere Speise <se>
tréjf(e)n anrüchig, ruchlos <se>
tréjßl(e)n schütteln <sl>; *~ sich* zittern
trejßt *f* Trost
trejßtn trösten
trélbojch *m,* **trélbuch** *m* (-er) Wanst
trénk(e)n (getrénkt, getrónken) ertränken; *~ sich* ertrinken
trénzl(e)n verschwenden
trep *f od Pl* Treppe
trer *f* (-n) Träne; *arajnbrengen emezn in ~n* jdn. zum Weinen bringen; *wejnen mit ~n* Tränen vergießen
trern tränen
tréschtschen knarren, knirschen <sl>
tréßen rütteln, schütteln (Fahrzeug) <sl>
tretn (getrótn) treten
trewóge *f* Alarm <sl>; *a gemachte/falsche ~* falscher Alarm
trík(e)n(e)n trocknen (*tr*); *~ sich* trocknen (*intr*)
tríkener ↑ **trúk(e)n**
tríkenisch *f* (-n) Trockenheit
trínk(e)n (getrúnken) trinken; ertränken; *~ sich* ertrinken
trit *m* (–) Tritt; *af ~ un schrit* auf Schritt und Tritt
tríwakß *m* Siegellack
trógedik schwanger
trogn (getrógn) tragen; schwanger sein
trojb *f* (-n) Röhre <sl>
trójer *m* Trauer
trombón *m* (-en) Posaune <sl>
trop *m* (-) Betonung; musikalische Zeichen (für das Kantillieren der Bibeltexte); *lejgn dem ~ ojf* betonen
tropn *m* (-ß) Tropfen; *wi zwej ~ß waßer* wie ein Ei dem andern (gleichen)

trot *m* (trit) Schritt; ~ *ba* ~ Schritt für Schritt; *in* ~ *mit emezn* im gleichen Schritt mit jdm.
trúben posaunen <*sl*>
trúk(e)n (tríkener) trocken; *opschnajdn* ~ ungeschoren davonkommen
truméjt *f* (-n) Trompete
truméjter *m* (– *od* -ß) Trompeter
truméjt(er)n trompeten
trúne *f* (-ß) Sarg <*sl*>
trußkáwke *f* (-ß) Erdbeere <*sl*>
trúzim ↑ térez
tschad *m* Ofendunst, Qualm <*sl*>
tscháden qualmen <*sl*>
tschájnik *m* (-eß) Teekanne <*sl*>; *hakn a* ~ Blödsinn reden
tschájn(j)e *f* (-ß) Teestube <*sl*>
tschak *m* große Aufmachung (iron.); *klejdn sich mitn ganzn* ~ sich in Schale werfen
tscháte *f* (-ß) Schwarm <*sl*>
tschchi! hatschi! <*sl*>
tschechól *m* (-n) Überzug, Futteral <*sl*>
tschek *m* (-n) Scheck <*sl*>
tschemodán *m* (-eß) *V* **tschemodántschik** Koffer <*sl*>
tschempjón *m* (-en) *w* **-ke** Meister, Champion <*sl*>
tschépen anrempeln <*sl*>; ~ *sich* hängen bleiben; *nit* ~ *kejn flig af der want* keiner Fliege ein Leid tun können
tschérede *f* (-ß) Herde <*sl*>
tscherepáche *f* (-ß) Schildkröte <*sl*>
tschíkawe interessant; neugierig <*sl*>
tschíkaweß *n* (-n) Sehenswürdigkeit <*sl*>
tschinównik *m* (-eß) Beamter; Bürokrat <*sl*>
tschiríken zwitschern <*sl*>
tschmóken schmatzen
tschóken: ~ *sich* anstoßen (beim Toasten) <*sl*>
tscholnt *m od n* Sabbatgericht aus Fleisch, Kartoffeln u. Gemüse

tschudák *m* (-eß) *w* **-átschke** komischer Kauz <*sl*>
tschugún *m* Gusseisen <*sl*>
tschugúnen gusseisern <*sl*>
tschuhún = tschugún
tschuhúnen = tschugúnen
tschúke *f* (-ß) Begierde <*se*>
tschúwe *f* (-ß) Antwort; Buße <*se*>; ~ *ton* Buße tun
tschwok *m* (tschwékeß) *V* **tschwekl** Nagel, Zwecke
túchle verdorben, stinkig <*sl*>
túer *m* (– *od* -ß) *w* **-(i)n** Funktionär, Aktivist
tuk: *a* ~ *ton sich* (einmal) untertauchen
tukn: ~ *sich* untertauchen
tul *m* (-n) Rumpf <*sl*>
túlep *m* (-eß) Halbpelz <*sl*>
túljen an die Brust drücken <*sl*>; ~ *sich zu emezn* sich an jdn. schmiegen, jdn. umschlingen
tulpán *m* (-en) Tulpe <*sl*>
tumán *m* (-en) Nebel <*sl*>
tuml *m* **1** Lärm, Tumult **2** Taumel, Wirrsein
túml(e)n lärmen
tun = ton
tun *f* (-en) *V* **tundl** Fass, Tonne
tunejádez *m* (tunejádzeß) Parasit <*sl*>
túnk(e)l (túnkeler *od* tínkeler) dunkel
túpe: *a* ~ *ton* (einmal) aufstampfen <*sl*>
túpen stampfen <*sl*>
túrem *m* (-ß) Turm
túrme *f* (-ß) Gefängnis <*sl*>
túschen schmoren <*sl*>
tutín *m* Tabak <*sl*>
túung *f* (-en) Handlung
tuz *m od n* (-n, nach Zahlwort –) Dutzend
twíe *f* (-ß) Forderung, Anspruch <*se*>; *derlangen af emezn a* ~ gegenüber jdm. einen Anspruch geltend machen
twóre *f* Quark <*sl*>
twúe *f* (-ß) Getreide <*se*>
twúe-schnajder *m* (–) Schnitter

ucháshewen: ~ *noch emezn* jdm. den Hof machen <sl>
uch(e)dójme und so weiter <se>
uf- (in unfest zusammengesetzten Verben) auf-
úfakern umpflügen
úfbli *m* Aufblühen, Erblühen; Blütezeit
úfbli(e)n aufblühen, erblühen
úfboj(e)n erbauen, errichten
úfbrecher *m* (– *od* -ß) Einbrecher
úfbren(e)n entbrennen; *ß'hot in im ufgebrent der kaß* er geriet in Wut
úfbroch *m* Einbruch; *gnejwe mit* ~ Einbruchsdiebstahl
úfbrojs *m* Gefühlsausbruch
úfbuntewen zur Rebellion verleiten <sl>
úfchapn auffangen, ergreifen, aufschnappen <sl>; ~ *sich* aufwachen
úfchaßme(ne)n öffnen (einen versiegelten Brief) <se>
úfchawern: ~ *sich* Freundschaft schließen <se>
úfchwaljen bewegen (Wasseroberfläche) <sl>; ~ *sich* Wellen schlagen
úfef(e)n(e)n öffnen
úffirer *m* (– *od* -ß) Produzent, Regisseur
úffirung *f* Verhalten, Benehmen
úffrejlechn erheitern
úfgabe *f* (-ß) Aufgabe
úfgebn* aufgeben; servieren
úfgekocht wütend; ~ *wern* in Wut geraten
úfgelof(e)n geschwollen
úfgericht: ~ *wern* Heil finden
úfgerojmt aufgeräumt, gut gelaunt
úfhaltn* aufrechterhalten
úfhejbn* heben, aufheben, hochheben (Arme), hochschlagen (Kragen), hissen, hochziehen (Anker); erhöhen (Preis); ~ *a bunt* rebellieren; ~ *aljarm* Alarm schlagen; ~ *rojerd* Neuland unter den Pflug nehmen; ~ *a geschrej* ein Geschrei anstimmen; ~ *a hant af emezn* die Hand gegen jdn. erheben; ~ *a frage* eine Frage aufwerfen; ~ *sich* steigen; aufstehen; auffliegen; entstehen; aufkommen (Wind, Lärm)
úfher: *on* ~ unaufhörlich
úfhodewen aufziehen, großziehen <sl>
úfklajbn***:** ~ *sich* sich versammeln
úfklern erklären, klarmachen
úfkochn kochen, brühen
úfkum *m* Entstehung
úfkum(e)n* aufkommen, entstehen
úflage *f* (-ß) Auflage (Buch)
úflajchtn* erstrahlen
úflebn aufleben, aufleben lassen; ~ *epeß in sikorn* etw. im Gedächtnis auffrischen; *ufgelebt wern* aufleben
úflußtikn erheitern
úfmon(e)n einnehmen (Steuern, Gebühren)
úfmonung *f* (-en) Mahnung, Verwarnung
úfmutikn ermutigen
úfnem(e)n* aufnehmen, empfangen
úfnemer *m* (-ß) Empfänger (Gerät)
úfpraln aufreißen, hastig öffnen (Tür)
úfrajß *m* (-n) Explosion
úfrajß-kepl *n* (-ech) Sprengkopf, Gefechtskopf
úfrajß-material *m* (-n) Sprengstoff
úfrajßn* sprengen; aufbrechen (Schloss); ~ *sich* explodieren
úfrajß-schpiz *f* (-n) Sprengkopf, Gefechtskopf
úfrajß-schtof *m* (-n), **úfrajßwarg** *n Sgt* Sprengstoff
úfram(e)n aufräumen
úframer(i)n *f* (-ß) Reinemachefrau
úfrichtenisch *n* (-n) Heil, Hilfe
úfrudern aufregen, aufwühlen
úfschlogn* schlagen, aufschütteln, aufrühren
úfschojbern zerzausen
úfschojdern erschaudern

úfschrojfn aufputschen (Nerven); hochschrauben (Preise)

úfschteln aufstellen, errichten; wiederherstellen, wiedereinsetzen; aufnehmen (Beziehungen); ~ *in sikorn* sich ins Gedächtnis zurückrufen; ~ *emezn in sajne recht* jdn. wieder in seine Rechte einsetzen; ~ *emezn in sajn schtele* jdn. wiedereinsetzen

úfschtendler *m* (– *od* -ß) Aufständischer

úfschwim(e)n* auftauchen

úfsidn* **1** *tr* aufkochen; *ufgesotn wern* erzürnt werden **2** (*is ufgesotn*) *intr* aufkochen; entbrennen (Zorn)

úfsuchn suchen; ~ *sich* sich finden

úfton* vollbringen; aufmachen

úftref *m* (-n) Rendezvous

úftrejßl(e)n erzittern machen, aufrütteln

úftrogn* in Rage bringen

úftu *m* (-en) Leistung; Maßnahme

úftuechz *n* (-n) Initiative

úfwarfn* vorwerfen, Vorwürfe machen

úfwekn aufwecken; erregen, anregen; ~ *dem apetit* den Appetit anregen; ~ *rachmoneß* Mitleid erregen; *ufgewekt wern* / ~ *sich* sich regen

úfwirkn einwirken

úfzi(e)n* erziehen; ~ *sich* erzogen werden, aufwachsen

úfzitern erzittern

úgerke *f* (-ß) Gurke <*sl*>

ugoschtschájen bewirten <*sl*>; ~ *emezn mit epeß* jdm. etw. spendieren

-úk (Suffix zur Bildung von Personenbezeichnungen mit verächtlicher Bedeutung) <*sl*>; *schußterúk* Flickschuster; *kamzenjúk* Geizhals

um *Präp* um; ~ *pejßech* während des Passahfestes; ~ *schabeß* am Sabbat

um-[1] (in unfest zusammengesetzten Verben) um-

um-[2] (Verneinungspräfix) un-

úmajnnémik uneinnehmbar

úmbagéjlech unerlässlich

úmbahílfik unbeholfen

úmbaklért unbedacht

úmbamánt unverheiratet (Frau)

úmbaméntscht unbemannt

úmbanémlech unbegreiflich

úmbaréchn(d)lech unberechenbar

úmbarírlech unantastbar

úmbaschtímlech undefinierbar

úmbasíglech unbesiegbar

úmchejn *m* Missgunst, Unfreundlichkeit, Ungnade; *warfn an* ~ *af emezn* jdn. nicht leiden können

úmdrej *m* (-en, nach Zahlwort –) Umdrehung

úmdrejßt schüchtern

úme *f* (-ß) Volk <*se*>

úmer *m* Schwermut

umeß-hoójlem *Plt* die nicht jüd. Völker <*se*>

úmet *m* Trauer, Schwermut

úmetik traurig, schwermütig

umetúm überall

úmgegnt *f* Umgebung

úmgehájer ungeheuer

úmgelúmpert unförmig

úmgericht unerwartet

úmgern *Adv* unabsichtlich

úmgerndik unbeabsichtigt

úmgesámt unverzüglich

úmgewes(e)n nie da gewesen

úmglik *n* (-n) Unglück

umhéjlewdik unheilbar

úmik ungerade (Zahl)

umíschne *Adv*, **umíßtn** *Adv* eigens, absichtlich

úmíwredik des Lesens und Schreibens unkundig <*se*>

úmkern zurückgeben; ~ *sich* zurückkehren

úmkum *m* Untergang, Tod

úmléjkndlech unleugbar

umníscht: *umsißt un* ~ für nichts und wieder nichts

úmójßhejlewdik unheilbar

úmójßmeßtlech unermesslich
úmójßscheplech unerschöpflich
úmóngenem(lech)kajt *f* (-n) Unannehmlichkeit
úmóplejkndlech unleugbar
úmópmeklech unauslöschlich
umsíßt *Adv* umsonst, kostenlos
umsíßt(ik) überflüssig, unnötig
úmtóeßdik unfehlbar
úmwalgern umwerfen
úmzeschéjdlech unzertrennlich
úmzutroj *m* Misstrauen
un und; ~ ... ~ sowohl ... als auch
unds uns
úndser unser; *an* ~*iker* einer von uns
úndsert: *fun* ~ *wegn* unseretwegen
únger *m* (-n) *w* **(i)n** Ungar
úngern *n* Ungarn
uniwermág *m* (-n) Kaufhaus <*sl*>
uniwerßitét *m* (-n) Universität <*sl*>
únter unter; ~*n tisch* unter dem Tisch (liegen) bzw. unter den Tisch (legen); ~ *emeznß onfirung* unter jds. Leitung
únter- (in unfest zusammengesetzten Verben) unter-; herbei-, hinzu-, nahe heran-; (Kennzeichnung der geringen Intensität einer Handlung)
únterajln herbeieilen
únterbajtschl(e)n mit der Peitsche antreiben
únterbejgn* ein-, umschlagen (Kleid, Saum)
únterbindn* verbinden
únterchanfe(ne)n schmeicheln <*se*>
únterchapn aufgreifen (Vorschlag) <*sl*>
úntercháßme(ne)n unterzeichnen <*se*>
úntererd *f* Untergrund, Illegalität; *awekgejn in* ~ untertauchen
unterérdler *m* (–) Untergrundkämpfer, Illegaler
únterfirer *m* (– *od* -ß) Brautführer
únterfirer(i)n *f* (-ß) Brautjungfer
únterfirn heranführen, -bringen; hereinlegen, in Verlegenheit bringen; ~ *a ßachakl* zusammenfassen; ~ *di bremen* die Augenbrauen nachziehen
únterfli(e)n* herbeigeflogen, herbeigerannt kommen
únterganwe(ne)n: ~ *sich* sich heranschleichen <*se*>
úntergartl(e)n: ~ *sich* sich gürten
úntergebn* ein wenig dazugeben; ~ *sich* erliegen, sich fügen
úntergejn* herankommen
úntergißn* hinzu-, nachgießen
únterhakn abhauen; ~ *sich* einknicken (Beine)
únterhaltn* stützen
únterhelfer *m* (– *od* -ß) Helfershelfer
únterhelfn* helfen
únterhern belauschen
únterhezn aufwiegeln
únterhink(e)n* leicht hinken
únterhodewen zufüttern <*sl*>
únterhojtik subkutan, unter die Haut
únterhußtn hüsteln
únterkepl *n* (-ech) Untertitel
únterkojfn bestechen
únterkrechzn gelegentlich stöhnen
únterkreftikn stärken, kräftigen
únterkukn: ~ *sich* heimlich zusehen
únterleker *m* (– *od* -ß) Speichellecker
únterlekn: ~ *sich* sich anbiedern
únterlenen: ~ *sich doß harz* einen Happen essen
únterlojfn* herbeigelaufen kommen
úntermachn fälschen, nachmachen
únterrajßn* untergraben (Autorität, Gesundheit)
únterrech(e)n(e)n zusammenrechnen
únterrejdn* anstiften
únterrukn zustecken, unterschieben, andrehen
únterschejd *m* (-n) Unterschied
únterschern* (kurz) schneiden (Haare)
únterschikn herbeischicken
únterschißn* anschießen
únterschlak *m* Futter (Stoff)

únterschlogn* füttern (Kleidungsstück); blau schlagen; *an untergeschlogn ojg* ein blaues Auge
únterschmajßn* mit der Peitsche antreiben
únterschmidn beschlagen (Pferd)
únterschmirn schmieren (bestechen)
únterschnajdn* abschneiden, stutzen
únterschparn stützen
únterschpaßn spötteln
únterschpring(e)n* hopsen
únterschte unterste, Unter-; ~ *lip* Unterlippe
únterschtrajchn* unterstreichen
úntersogn vorsagen
únterßkripen (ab und zu) knarren <*sl*>
úntertotschen untergraben (Gesundheit) <*sl*>
úntertrajbn* antreiben
úntertrogn* überreichen, verehren
únterwakßn* heranwachsen
únterwarfn* hochwerfen; dazugeben; unterschieben; unterstellen, unterordnen
unterwégnß unterwegs
únterwukß *m* (-n) Nachwuchs
únterzi(e)n* auf Trab bringen; ~ *sich* sich zusammenreißen
únterzinder *m* (– *od* -ß) Brandstifter
únterzindn* anzünden, in Brand stecken
untn unten; *fun* ~ von unten
ur- Ur-, ur-; *úrejnikl* Urenkel; *úralt* uralt
uragán *m* (-en) Orkan <*sl*>
uschánke *f* (-ß) Schapka <*sl*>

wach wach
wach *f* Wache; *sajn af der* ~ auf der Hut sein
wáflje *f* (-ß) Waffel <*sl*>
wajb *f od n* (-er) Weib, Frau; Ehefrau

wájbernik *m* (-eß) Weiberheld
wájbersch weiblich, Weiber-, Frauen-; ~*e sach* Frauenangelegenheit
wajbl *n* (-ech) jung verheiratete Frau
wájle *f* (-ß) Weile; *af a* ~ für eine Weile; *ale* ~ häufig
wajn *m* (-en) Wein (Getränk)
wajnschl *f* (– *od* -en) Weichselkirsche
wájntrojb *f* (-n) Wein (Frucht)
wájrech *m* Weihrauch
wájser *m* (-ß) Zeiger, Nadel (an einem Gerät)
wájsfinger *m* (–) Zeigefinger
wajsn (gewísn) zeigen
wajß weiß
wajßer-chéwrenik *m* (-eß) mutwilliger Junge <*se*>
wajßl[1] *n* (-ech) Eiweiß; Weißes im Auge
wajßl[2] *f* Weichsel
wajt weit (entfernt); ~ *nit* bei Weitem nicht
wájterdik weitere
wájtkajt *f* Weite
wájtlech ziemlich weit (entfernt)
wákldik wacklig, schwankend, unsicher
wákl(e)n wackeln, schwanken; ~ *sich* schwanken, zögern
wáklenisch *n* (-n) Schwankung
wakß *m* Wachs
wakßn (is gewókßn, gewákßn) wachsen
wal[1] *m* (-n) Wall
wal[2] *m* (-n) Walze <*sl*>
wald *m* (wélder) *V* **weldl** Wald
wáld-chaser *m* (-chasejrim) Wildschwein
wálgerholz *n* (-helzer) Teigrolle
wálgern: ~ *sich* sich wälzen; (faul) herumliegen; *nit* ~ *sich* rar sein; ~ *sich in di gaßn* spottbillig sein
waln *Pl* Wahl, Wahlen
walß *m* (-n) Walzer <*sl*>; *gejn/tanzn a* ~ Walzer tanzen
wándern wandern
wánen, wánet: *fun* ~ woher; *bis* ~ bis (wann/wohin)

want *f* (went) V **wentl** Wand; *krichn af di glajche/glate went* mit dem Kopf durch die Wand wollen

wanz *f* (-n) Wanze

wápne *f* Mörtel <*sl*>

wárem warm

wárem *f* Wärme

wárem(e)n wärmen

wáremkajt *f* Wärme

warfn (gewórfn) werfen; im Stich lassen; *eß warft mit emezn* jdn. schüttelt es; *~ sich mit epeß* mit etw. um sich schmeißen (verschwenderisch damit umgehen); *~ sich in di ojgn* auffällig sein

wargn (gewórgn) würgen; *~ sich* ersticken

wármeß *n* (-n) warme Mahlzeit

wársche *f* Warschau

warschtát *m* (-n) Werkstatt <*sl*>

wártenisch *f* (-n) Erwartung

wartn warten

wáschewdik waschbar

waschn (gewáschn) waschen

wasón *m* (-en) Blumentopf <*sl*>

wáßer *n od f* (-n) Wasser; *siß(e) ~* Süßwasser; *teritorjele ~n* Territorialgewässer; *schtojßn ~ in a schtejßl* leeres Stroh dreschen; *aroplosn doß ~* spülen (Toilette); *blajbn wi afn ~* im Stich gelassen werden; *wi a ~* fließend, auswendig

wáßerdik wässrig, nass

wát(e)n *Adj* Watte-, Stepp-

wátnik *m* (-eß) Wattejacke <*sl*>

watówe *Adj* Watte-, Stepp- <*sl*>; *~ koldre* Steppdecke

wátren *m* (watrónim) freigebiger Mensch <*se*>

watróneß *n* Freigebigkeit <*se*>

watrónisch freigebig <*se*>

wédlik *Präp* gemäß, entsprechend <*sl*>

weg *m* (-n) Weg, Reise; *gejn in ejn ~* den gleichen Weg gehen; *gejn mit an ejgenem ~* seinen eigenen Weg gehen; *aropschlogn sich funem ~* sich verirren; *aruffirn af a richtikn ~* auf den richtigen Weg bringen; *aropgejn fun(em glajchn) ~* in die Irre gehen, den Pfad der Tugend verlassen; *aropfirn fun(em glajchn) ~* verleiten, verführen

wégener ↑ **wogn**

wegn *Präp* von, über, um; *schmueßn ~ epeß* über/von etw. sprechen; *ß'gejt mir ~ dem* mir geht es darum

wegn ↑ **wogn**

wegn (ab)wiegen

wej *m* (-en) Wehklage; *~en* Wehklagen; Geburtswehen

wej! *Interj* wehe!; *~ is dem woß ...!* wehe dem, der ...!; *~ is mir!* o weh!; *~ is dem kind!* das arme Kind!

wej: *~ ton* wehtun

wejch weich

wéjchbejn *m* Knorpel

wejdl *m* (-en) Schwanz

wéje *m* (-en) Windstoß

wéj(e)n wehen

wejkn weichen, wässern

wéjler *m* (– *od* -ß) Wähler

wéjn(e)n weinen

wéjnik wenig

wéjschet *m* (-n) Speiseröhre <*se*>

wéjtik *m* (-n) Schmerz

wejz *m* Weizen

wéjz(e)n *Adj* Weizen-; *~ brojt* Weizenbrot

wéjzidkoßcho *m* (-ß) Scheinheiliger <*se*>

wekedójme und so weiter <*se*>

wekn wecken

wéksejger *m* (-ß) Wecker

wékß(e)n wächsern

wekßn wichsen

wel (ich wel, du weßt, er wet, mir weln, ir wet, sej weln [Hilfsverb des Futurs]) *er wet kumen* er wird kommen

welf ↑ **wolf**

wélfl(e)n: *~ sich* werfen (junge Wölfe)

weln (ich wil, du wilßt, er wil, mir wiln, ir wilt, sej wiln; gewólt) wollen; *nit wilndik* ungewollt, unwillkürlich; *eß wilt sich* man will; *mir wilt sich* ich will

welosipéd *m* (-n) Fahrrad *<sl>*
wélsch(e)n: ~*e nuß* Walnuss
welt *f* (-n) Welt; *di* ~ diese Welt, das Diesseits; *jéne* ~, *di emeße* ~ das Jenseits; *af jener* ~ im Jenseits; *ß'is ojß* ~ das ist der Weltuntergang; *far kejn sach af der* ~ um nichts auf der Welt
wélweler ↑ wólw(e)l
wémen wem; wen ↑ wer
wen *Adv* wann; ~ *nor,* ~-*eß-is* wann immer; ~-*nit-*~ gelegentlich
wen *Konj* wenn
wendn (gewéndt, gewóndn) wenden; ~ *sich in emezn [epeß]* von jdm. [etw.] abhängen
wenéchrew: *sajn chorew* ~ in Trümmern liegen *<se>*
wénger *m* (-ß) Aal *<sl>*
wéntke *f* (-ß) Angel *<sl>*; *pakn sich af der* ~ auf den Leim gehen; *chapn af der* ~ einwickeln, einseifen
wer (*D, A* wémen) wer; ~ *nor,* ~ *eß sol nit sajn* wer auch immer; ~-*eß-is,* ~-(*ß'*) *nit-is* irgendwer; ~ ... *un* ~ der eine ... der andere
wérbe *f* (-ß) Weide *<sl>*; *wejne(n)dike* ~ Trauerweide
wérde *f* (-ß) Würde
wérdik würdig
wérem ↑ wórem
wéremdik madig
werf *f* (-n) Werft *<sl>*
wergn = wargn
wern (is gewórn) werden
wert wert
wert *m od f* Wert
wértl(e)n: ~ *sich* einen Wortwechsel führen
wesch *n* Wäsche
wéscher(i)n *f* (-ß), **wesch(i)n** *f* (-ß) Wäscherin
wéßle *f* (-ß) Ruder *<sl>*
wéßne *f* (-ß) Frühling *<sl>*
wéter *m* Wetter

weterinár *m* (-n) Tierarzt *<sl>*
weterinárje *f* Veterinärmedizin *<sl>*
wetn: ~ *sich (mit emezn) af epeß* (mit jdm.) um etw. wetten
wétschere *f* (-ß) Abendbrot *<sl>*
wéwerke *f* (-ß) Eichhörnchen *<sl>*
wi wie; als; ~ *a dokter kan ich eß ajch nit derlojbn* als Arzt kann ich es Ihnen nicht erlauben; ~ *nor* sobald; ~-(*ß'*) *nit-is,* ~-*eß-is* irgendwie; ~ *eß sol nit sajn* wie auch immer; *glajch* ~ gleichsam
wiasój wie (Fragepron.)
wícher *m* (-ß) Wirbelwind *<sl>*
wichowánek *m* (-eß) männliches Pflegekind *<sl>*
wichowánke *f* (-ß) weibliches Pflegekind *<sl>*
wíde *f* (widúim) Sündenbekenntnis *<se>* ↑ mißwáde, mójde
wíder wieder
wíderklang *m* (-en) Widerhall
wídle *f* (-ß) Forke *<sl>*
wíduj = wíde
wíe *f* (-ß) Wimper *<sl>*
wifl wie viel; ~ *bíßtu alt?* wie alt bist du? ~ *halt der sejger?* wie spät ist es? *er weiß(t) punkt asojfil,* ~ *du* er weiß genauso viel wie du; ~-(*ß'*) *nit-is,* ~-*eß-is* in gewissem Maße; *der* ~*ter is hajnt?* der Wievielte ist heute?
wig *f* (-n) Wiege
wign (gewójgn) wiegen, schaukeln
wíkele *n* (-ch) Windel; *fun di* ~*ch* von frühester Kindheit an
wíkl(e)n wickeln; ~ *sich* sich winden
wíkltrep *f* (-n) Rolltreppe
wikúech *m* (wikúchim) Debatte *<se>*
wild wild; höchst merkwürdig, absurd; ~ *wern* wild, verrückt werden
wíldenisch *f* (-n) Wildnis
wíldewen toben
wíldgros *n* Unkraut
wíle = wídle
wiln *m* Wille

Die alten Herren und der Rand der Gesellschaft. Wie das Jiddische ins Deutsche kam

Was haben die Juden nur mit den Ganoven zu tun? Das fragen sich viele Menschen, die auf der Suche nach der Herkunft deutscher Wörter – beispielsweise von *Ganove* – zu dem Hinweis gelangen, dahinter stecke die Gaunersprache Rotwelsch, die habe das Wort aus dem jiddischen Pluralwort *ganowim* für »Diebe« übernommen.

Nun, eigentlich haben Gauner und Juden wenig miteinander zu tun. Es gab allerdings wichtige Gemeinsamkeiten: Beide lebten über Jahrhunderte am Rand der Gesellschaft, beide waren im Alltag auf Möglichkeiten heimlicher Kommunikation angewiesen, beide wurden von der Gesellschaft zwar grundsätzlich abgelehnt, doch gleichzeitig als faszinierend anders wahrgenommen.

Berufsverbote zwangen viele Juden dazu, wandernde Hausierer zu werden oder Viehhändler; zu wohnen hatten sie oft in verachteten, ghettoartigen Stadtteilen. Auf den Straßen, den Märkten und am Stadtrand trafen freilich nicht nur Kriminelle und Juden aufeinander, sondern auch Prostituierte, Studenten, Wandergesellen, Gaukler, Schauspieler, Abdecker, Bettler.

In dieser Sphäre konnten Gauner hebräische und jiddische Ausdrücke aufschnappen und in ihre auf dem Deutschen fußende Geheimsprache Rotwelsch integrieren, die vor allem dank ihres ungewöhnlichen Wortschatzes fremd und unverständlich wirkte. So wurde beispielsweise aus dem jiddischen *schmire* für »Wache« die Gaunerredewendung *Schmiere stehen*, aus *baldower* für »der in Rede Stehende« ein verhüllendes Wort für den Kundschafter und dann unser *ausbaldowern*, aus *chochem* für »weise« ein gaunersprachlicher Ausdruck »ausgekocht«. Das Gefängnis entwickelte sich natürlich ebenfalls zu einem Ort des Austausches von Rotwelsch und Umgangssprache.

Spätestens um 1800 wanderten viele solcher Wörter und Wendungen zusammen mit zahlreichen hebräischen und jiddischen in die deutsche Umgangssprache, die Dialekte und die Hochsprache ein. Das lag daran, dass man im einfachen Volk durchaus häufig mit Juden zu tun hatte. Auf dem Land gab es nicht nur die Hausierer, sondern zuweilen auch Dörfer mit 50 % Christen und 50 % Juden. Mit den Emanzipationsedikten zogen viele Juden in die großen Städte, wo sie besonders auf das Berlinische – man denke nur an *dufte* – und Ruhrgebietsdialekte – man denke an *malochen* – Einfluss hatten.

Journalisten und Autoren taten ein Übriges, um jüdische Wörter und Ausdruckseigenheiten zu verbreiten, manche positiv, andere satirisch, karikierend, polemisch, antisemitisch. Auf diese Weise verbreiteten sich beispielsweise *Tinnef*, *Zoff*, *schofel* oder *mauscheln*.

Zuletzt waren da noch die Studenten. Während ihrer Boheme-Zeiten in den übel beleumundeten Vierteln der Vorstädte setzten sie sich nicht nur mit lockerer Kleidung und Sitten von den verachteten Spießbürgern ab, sondern auch mit ihrer Sprache. Da gab es pseudolateinische Ausdrücke, solche aus dem studentischen Trink- und Fechtleben, aber ebenso rotwelsche oder jiddische Wörter und Redewendungen wie *Stuss (schtuß)*, *Moos*, *gut betucht sein* oder *Schnorrer;* übrigens ein germanisches Wort – unter den bekannten Jiddismen eine Seltenheit. Als aus den jungen Wilden später gesetzte Honoratioren und Alte Herren geworden waren, flochten sie allerdings erst recht mit gravitätischem Stolz Gaunerausdrücke, jiddische Wörter und Unterschichtenjargon in ihre Salongespräche und den Berufsalltag ein.

wílne *f* Vilnius
wind: *wind is mir!* wehe mir!; *wind un wej o* Jammer!
wínk(e)n (gewúnken) winken
winkl *m* (-en) Winkel, Ecke
wínklschtejn *m* (-er) Eckstein
wint *m* (-n) Wind; *rejdn afn ~* ins Blaue hinein reden; *kukn, wuhin der ~ blost* die Fahne nach dem Wind hängen
wínter *m* (-ß *od* -n) Winter
wínterdik winterlich, Winter-; *~e malbuschim* Winterkleidung
wíntern überwintern
wínterzajt im Winter
wíntschewen, wintschn (gewúntschn) wünschen
wínzik wenig
wiolontschél *m od f* (-n) Cello
wírbl(e)n wirbeln; wimmelt
wíre *f* (-ß) Lineal
wíren linieren
wírkewdik wirksam
wirkn wirken
wi-rúft-men-eß *m* Dingsbums, Dingsda
wíschnik *m*, **wischnják** *m* Kirschlikör <*sl*>
wísele *n* (-ch) Wiesel
wißn *n* Wissen
wißn (ich wejß, du wejßt, er wejß[t], mir wejßn, ir wejßt, sej wejßn; gewúßt) wissen, kennen; *nit ~ fun kejn zoreß* keinen Kummer kennen; *~ a moß* das Maß kennen; *gebn zu ~* wissen lassen; *af wifl ich wejß* soweit ich weiß; *nit ~ wi der kaz dem ek zu farbindn* nicht aus und ein wissen; *gej wejß!* woher soll ich das wissen? *ch'wejß?* was weiß ich? *machn sich nit ~dik* sich dumm stellen; *~ sajn* wissen (nur Infinitiv u. Imperativ); *du solßt ~ sajn* du sollst wissen; *saj [sajt] ~!* wisse [wisset]!
wißt wüst, öde; traurig
wíßtenisch *f* (-n) Einöde
wíten: *~ sich mit emezn* jdn. grüßen <*sl*>

wiz *m* (-n) Scherz
wízl(e)n: *~ sich* scherzen
woch *f* (-n) Woche; Alltag
wóchedik alltäglich, Alltags-
wócher *m* Wucher
wócherer *m* (– *od* -ß) *w* **-ke, wóchernik** *m* (-eß) *w* **-nize** Wucherer
wofn *m od n* (-ß) Waffe
wófn-farmeßt *m*, **wófn-gejeg** *n* Wettrüsten
wog[1] *f* (-n) Waage
wog[2] *f* Gewicht; *zunemen ~* zunehmen; *hobn grojß ~* gewichtig sein
wógik gewichtig
wógl(e)n wandern
wóglenisch *n* (-n) Wanderung
wogn (-ß, wegn *od* wégener) *V* **weg(nd)l** Wagen
wójen heulen <*sl*>
wojl *n* Wohl
wojl *Adj* gut, wohl; *emezn (D) is ~* jd. ist glücklich; *ir is do gut un ~* sie ist hier sehr glücklich; *~ is dem woß ...* wohl dem, der ...
wójlsajn *n* Wohl; *zum ~* zum Wohl
wójlschtand *m* Wohlergehen
wójltik *m*, **wójltog** *m* Luxus
wójn(e)n wohnen
woksál *m* (-n) Bahnhof <*sl*>
wol *f* Wolle
wól(e)n wollen, Woll-
wolf *m* (welf) *w* **-iche** Wolf
wólje *f* (-ß) Kropf <*sl*>
wolkn *m* (-ß) *V* **wolkndl** Wolke
wolójtschen schleppen <*sl*>
wolt (Hilfsverb des Konjunktivs) *wen du woltßt wißn/gewußt* wenn du wüsstest
wólw(e)l (wélweler) billig
won! hinaus! <*sl*>
wónze *f* (-ß) Schnurrbarthälfte <*sl*>; *~ß* Schnurrbart
wónzele *n* (-ch) Schnurrhaar <*sl*>
wor *f* Wirklichkeit; *af der ~* in Wirklichkeit
wor *Adj* wahr; *a ~ wort* ein wahres Wort

wórem *m* (wérem) *V* **wéreml** Wurm; *mit grine werem* unter großen Schwierigkeiten

wórem *Konj* denn

wóren(e)n warnen, ermahnen

wórenisch *f* (-n) Warnung

worf *m* (-n) Wurf; *a ~ ton* hinwerfen

wórken gurren, rucksen; turteln <*sl*>

wóron *m* (-eß) Rabe <*sl*>

woróne *f* (-ß) Krähe <*sl*>

wort *n* (wérter) Wort; *~ in ~* Wort für Wort; *betn a ~* ums Wort bitten; *gebn a ~* sein Wort geben; *gebn sich doß ~* sich entschließen; *gebn emezn doß ~* jdm. das Wort erteilen; *nemen a ~* das Wort ergreifen; *nemen zurik doß ~, opsogn sich funem ~* seine Worte zurücknehmen; *nit losn kejn ~ ojßrejdn* nicht zu Wort kommen lassen; *nit hobn kejn werter* keine Worte finden; *haltn/chapn emezn bam ~* jdn. beim Wort nehmen; *machn fun a ~ a kwort* aus der Mücke einen Elefanten machen

wórtschen knurren, brummen <*sl*>

wórtschern *f* (-ß) unfreundliche, brummige Frau <*sl*>

wortschún *m* (-eß) unfreundlicher, brummiger Mensch <*sl*>

wórzele *n* (-ch) Warze

worzl *m* (-en) *V* **werzl** Wurzel

woß *Pron* **1** (Fragepron.) was; *~ far?* was für? **2** (Relativ- bzw. Possessivpron.) was; der, die, das (auf Kasus u. Numerus wird durch das Personalpron. der 3. Pers. verwiesen); *alz, ~ du hoßt gesogt ...* alles, was du gesagt hast ...; *doß hojs, ~ schtejt dort* das Haus, das dort steht; *der mentsch, ~ du rejdßt mit im* der Mensch, mit dem du sprichst; *di froj, ~ du hoßt ir gegbn a buch* die Frau, der du ein Buch gegeben hast; *di kinder, ~ sejere chawéjrim sajnen gekumen* die Kinder, deren Freunde gekommen sind; *~ eß sol nit sajn* was auch immer

3 (Indefinitpron.); *~-(ß')nit-is, ~-eß-is* irgendetwas

woß *Konj* dass; *ich bin zufridn, ~ du bißt do* ich bin zufrieden, dass du hier bist

woß (in bestimmten Wendungen:) *zi ~* etwa; *sol ich gejn, zi ~?* soll ich etwa gehen? *~* (mit Komparativ) wie möglich; *~ gicher* so schnell wie möglich; *~ ... alz ...* je ... desto ...; *~ gicher ... alz sicherer* je schneller ... desto sicherer; *~ a mol* (mit Komparativ) immer; *~ a mol schener* immer schöner

wóßer was für (ein); *~ (a) weter is hajnt?* was für ein Wetter ist heute? *~ (a) date hobn mir hajnt?* was für ein Datum haben wir heute? *~ a zen* ungefähr zehn; *~ er sol nit sajn* was für ein auch immer; *in ~ schtub er sol nit arajnkumen* in welches Haus er auch immer kommt

wu wo; *~ nor, ~ eß sol nit sajn* wo auch immer; *~-eß-is, ~-(ß')nit-is* irgendwo; *~ nit ~* hier und da

wuhín wohin

wúkßik hochgewachsen

wund *f* (-n) Wunde

wúnder *m* (– *od* -ß) Wunder

wúnderlech wunderbar

wúndern wundern

wunk *m* (-en) Wink

wuntsch *m* (-n) Wunsch

wurscht *m* (-n) Wurst

Z

zad *m* (zdódim) Seite, Partei <*se*>; *schteln sich af/onnemen emeznß ~* jds. Partei ergreifen; *funem foterß ~* väterlicherseits; *fun der muterß ~* mütterlicherseits

zádik *m* (zadíkim) heiliger Mann; chassidischer Rabbi <*se*>; *~ in pelz* Heuchler

zajg *n* Stoff

zájg(e)n *Adj* Stoff-
zájgenisch *f* (-n) Zeugnis
zájkl(e)n: ~ *sich* werfen (Hündin)
zajml *n* (-ech) Halfter
zajt *f* (-n) Zeit; *in der* ~ *fun* während; *fun jener* ~ *on* seit damals; ~ *hobn af epeß* Zeit zu etw. haben; *hajntike* ~*n* heutzutage; ~ *fun(em) jor* Jahreszeit; *af a* ~, *bis a gewißer* ~ vorläufig; *zerajbn di* ~ Zeit vertrödeln; *hobn [krign] di* ~ seine Tage (Menstruation) haben [kriegen]
-zajt (dient zur Bildung temporaler Adverbien); *wínterzajt* im Winter, während des Winters; *chánikezajt* während des Chanukkafestes, des Tempelweihfestes
zájtik reif
zájtikn: ~ *(sich)* reif werden
zájtnwajs *Adv* zeitweise
zam *m od f* (-en) Umzäunung
zánk(e)n flackern
zap *m* (-eß) Ziegenbock
záp(e)n *Adj* Bock(s)-
zapn zapfen; ~ *blut ba emezn* jdm. Blut abzapfen, jdn. zur Ader lassen
zápn-berdl *n* (-ech) Spitzbart
zar[1] *m* Leid, Sorge <*se*>; *zum* ~ leider
zar[2] *m* (-n) Zar
zárisch zaristisch, Zaren-
zawóe *f* (-ß) Testament <*se*>; *losn a* ~ ein Testament hinterlassen
zázke *f* (-ß) Spielzeug; Zierat <*sl*>
zdódim ↑ zad
zdódimdik parteiisch, befangen <*se*>
zdóke *f* Wohltätigkeit <*se*>
ze- (in fest zusammengesetzten Verben) **1** zer-, auseinander-; *zenémen* auseinandernehmen; *zeschlógn* zerschlagen **2** *ze-...* sich los- (drückt Beginn der Handlung aus); *zeláchn sich* loslachen, zu lachen beginnen
zebájtn* vertauschen; ~ *sich af minz/klejngelt* sich verzetteln
zebálewen (übermäßig) verwöhnen <*sl*>

zebéjsern aufbringen, erbosen
zéber *m* (-ß) Zuber, Bottich
zebíndn* aufbinden; ~ *a milchome* einen Krieg entfesseln; ~ *sich* aufgehen (von Gebundenem)
zeblí(e)n: ~ *sich* aufblühen
zeblósn* entfachen
zebójten verrühren, verquirlen <*sl*>
zebombírn zerbomben
zebréchn* zerschlagen; ~ *emezn doß harz* jdm. das Herz brechen; *zebrochn wern*, ~ *sich* zerbrechen (*intr*)
zebrén(e)n: ~ *sich* zu brennen beginnen
zebujánewen, zebúschewen: ~ *sich* zu toben beginnen <*sl*>
zebúntewen: ~ *sich* rebellieren <*sl*>
zech *m* (-n *od* -eß) Zunft; Fabrikabteilung <*sl*>
zechápn (alles) aufkaufen <*sl*>
zechúscht verwirrt, verdattert <*se*> ↑ chusch
zedrójbl(e)n zerkleinern <*sl*>
zedúlt verwirrt, benommen
zeéf(e)n(e)n öffnen, aufschlagen (Buch, Zeitung)
zefáln*: ~ *sich*, ~ *wern* zerfallen
zefírn verdünnen; ~ *di milch mit waßer* die Milch mit Wasser verdünnen
zeflákern: ~ *sich* auflodern
zeflám(e)n röten (Wangen); ~ *sich*, *zeflamt wern* rot werden (vor Aufregung)
zeflí(e)n*: ~ *sich* auseinanderfliegen; auseinanderfallen
zefórn*: ~ *sich* auseinanderfahren
zegángen: ~ *wern* zergehen, vergehen, sich auflösen
zegánwe(ne)n (alles) klauen <*se*>
zegártl(e)n: ~ *sich* außer Rand und Band geraten
zegébn* verteilen
zegéjn* zergehen, sich auflösen; ~ *sich di fiß* sich die Beine vertreten; ~ *sich* auseinandergehen; sich scheiden lassen; verschwimmen

zegíßn* ausgießen (in mehrere Gefäße); ~ *sich* verschüttet werden (von Flüssigkeit)
zegromírn zerschmettern <sl>
zegwáldewen: ~ *sich* zu schreien beginnen
zehéng(e)n* auseinanderhängen
zehézken durcheinanderschütteln (bei der Fahrt)
zehízn erhitzen; ~ *sich, zehizt wern* sich erhitzen
zehójden anschieben (beim Schaukeln) <sl>; ~ *sich* in Schwung kommen
zejátren aufreißen (Wunde) <sl>
zéjch(e)n(e)n zeichnen
zéjch(e)ner *m* (– *od* -ß) Zeichner
zéjchenung *f* (-en) Zeichnung
zéjlem *m* (zlómim) Kreuz <se>; *nit kenen kejn ~ fun kejn alef* völliger Analphabet sein
zéjlem(e)n: ~ *sich* sich bekreuzigen <se>
zéjlewdik, zéjlik zählbar
zejln zählen; *kejn zwej nit kenen ~* nicht bis drei zählen können
zéjn-berschtele *n* (-ch), **zéjnberschtl** *n* (-ech) Zahnbürste
zejndl *n* (-ech) Knoblauchzehe
zéjn-dokter *m* (-doktojrim) Zahnarzt
zéjn-proschek *m* Zahnpulver <sl>
zéjn-puder *m* Zahnpulver
zéjnwejtik *m* (-n) Zahnschmerzen
zejógn auf Touren bringen; ~ *sich* auf Touren kommen
zejúschen: ~ *sich* außer Rand und Band geraten
zekaljétschen zerquetschen (Körperteil) <sl>
zekáßn erzürnen, in Wut bringen <se>
zekíden auseinanderwerfen <sl>
zeklápn zerschlagen, zerklopfen; zertrümmern; aufschlagen (Körperteil)
zeklíng(e)n* hinausposaunen
zeknépl(e)n aufknöpfen
zeknípn aufknoten

zekóchn zerkochen; ~ *sich* wütend werden
zekócht wütend
zekójfn aufkaufen
zekomándewen: ~ *sich* Unfug zu treiben beginnen
zekóschmen zerzausen <sl>
zekríchn***:** ~ *sich* auseinanderkriechen
zekrígn* verfeinden, auseinanderbringen; ~ *sich* sich zerstreiten
zekúschn mit Küssen bedecken; ~ *sich* sich abküssen
zeláchn zum Lachen bringen; ~ *sich* loslachen
zeléjg-betl *n* (-ech) Klappbett
zeléjgn zerlegen; auseinanderlegen; ~ *af telerlech* langatmig erklären; ~ *sich* sich hinlümmeln
zelócheßdik boshaft <se> ↑ *afzelócheß*
zelócheßnik *m* (-eß) boshafter Mensch <se>
zelójfn***:** ~ *sich* auseinanderlaufen
zelóslech auflösbar, löslich
zelósn* auflösen; verderben; auslassen (Fett); ~ *sich* sich gehen lassen
zemásikn zerschlagen, aufschlagen (Körperteil) <se>; ~ *sich* sich aufschlagen
zemíldewen: ~ *sich* spendabel werden
zemíschenisch *n* (-n) Verwirrung
zemíschn[1] zerquirlen, verrühren
zemíschn[2] verwirren; ~ *sich* verwirrt werden
zemíschung *f* Verwirrung
zemúrschtn zerquetschen (Körperteil)
zen zehn; *~e* zehn Uhr; *der ~ter* der zehnte
zen *f* (-er) Zehn
zéndlik *m* (-er) Menge von zehn Stück; Zehner (Mathematik); *emezer is arajn in sekßtn ~, emezn gejt der sekßter ~* jd. ist über 50
zeném(e)n* auseinandernehmen; (alles) wegnehmen; teilen; dehnen, spreizen; *der kop wert zenumen (far wejtik)* der

zénerl

Kopf zerspringt fast (vor Schmerz); ~ *sich* sich auseinandernehmen lassen
zénerl *n* (-ech) Zehner (Geldschein)
zénter *m* (-ß *od* zéntren) Zentrum <*sl*>
zepáren zum Schwitzen bringen <*sl*>; ~ *sich* ins Schwitzen kommen
zepátern vergeuden <*se*>
zepéßten verzärteln <*sl*>
zeplójdern, zepójkn ausplaudern
zepójsen: ~ *sich* auseinanderkriechen <*sl*>
zepráln aufstoßen (Fenster)
zepríet erhitzt
zerábewen, zerabírn ausplündern, ausrauben <*sl*>
zerájbn* zerreiben; vertrödeln (Zeit)
zeréch(e)n(e)n: ~ *sich* abrechnen
zeréjdn*: ~ *sich mit emezn* mit jdm. ins Gespräch kommen
zeréjzn reizen; anregen (Appetit)
zeréwen: ~ *sich* losbrüllen <*sl*>
zeríen zerwühlen <*sl*>
zerójschn: ~ *sich* zu lärmen beginnen
zértl(e)n liebkosen
zerúdern aufregen
zerúkn auseinanderschieben; ausziehen (Tisch); ~ *sich* sich ausziehen lassen; auseinandertreten
zerúk-tisch *m* (-n) Ausziehtisch
zeschéjdn trennen; ~ *sich (mit emezn [epeß])* sich (von jdm. [etw.]) trennen; sich gabeln (Weg)
zeschénk(e)n* wegschenken (an mehrere Personen)
zeschíßn* erschießen
zeschítern verdünnen (Luft); auflockern
zeschítn* verschütten; ~ *sich* verschüttet werden; *zeschotn wern* auseinanderfallen
zeschlépn (alles) klauen
zeschméjchl(e)n: ~ *sich* zu lächeln beginnen
zeschmírn vollschmieren
zeschnúrewen aufschnüren

zeschójbern zerzausen
zeschókl(e)n erschüttern, lockern; *zeschoklt wern* locker werden
zeschpárn: ~ *sich* auseinandertreten
zeschpíljen aufknöpfen <*sl*>
zeschpréjtn verbreiten, ausbreiten; ~ *sich* sich zerstreuen, auseinanderlaufen; ~ *sich wegn epeß* sich lang und breit über etw. auslassen
zeschrájbn*: ~ *sich* unterschreiben
zeschrójfn auseinanderschrauben; aufschrauben; zerrütten (Nerven); ~ *sich* sich lockern
zeschtékn einstecken (in mehrere Taschen)
zeschtéln aufstellen, unterbringen (an verschiedenen Stellen)
zeschtífn: ~ *sich* anfangen Unfug zu treiben
zeschtréj(e)n: ~ *sich* sich zerstreuen
zeschtúpn auseinanderstoßen
zeschwúmen verschwommen
zeséj(e)n verstreuen, zerstreuen
zesézn hinsetzen (an verschiedene Stellen); ~ *sich* sich hinsetzen (an verschiedene Stellen)
zetéjln verteilen; zerteilen; dividieren; ~ *zen af finf* zehn durch fünf dividieren; ~ *sich* sich teilen; ~ *sich mit epeß* etw. unter sich verteilen
zetl *m* (-en) Zettel, Liste
zetór(k)en auf Trab bringen
zetrájbn* auseinandertreiben
zetrénzl(e)n vergeuden
zetréschtschet: ~ *wern* sich mit Rissen bedecken <*sl*>
zetróg(e)n zerstreut, geistesabwesend
zetrógn* auseinandertragen, verbreiten; ~ *sich* sich ausbreiten
zetúml(e)n: ~ *sich* zu lärmen beginnen
zewálgern kaputt machen; desorganisieren; auseinanderschmeißen; ~ *sich, zewálgert wern* auseinanderfallen; verfallen

zewárem(e)n warm machen; ~ *sich* warm werden, sich erwärmen
zewárfn* zerstreuen, auseinanderwerfen
zewégn* abwiegen (in mehrere Portionen)
zewéjn(e)n: ~ *sich* losheulen
zewéjtikn: ~ *sich* stark zu schmerzen beginnen
zewígn anschieben (beim Schaukeln); ~ *sich* in Schwung kommen
zewíkl(e)n auswickeln
zezí(e)n (aus)dehnen; ~ *sich* sich (aus)dehnen, sich auseinanderziehen
zezíewdik dehnbar
zezóln: ~ *sich* abrechnen
zezwájgn: ~ *sich* sich verzweigen
zezwájgt verzweigt
zi *Konj* ob; oder <*sl*>; ~ ... ~ entweder ... oder
zi *m* (-en) Zug; *a ~ ton* einmal kurz ziehen
zíbek *m* (-eß) Pfeifenrohr <*sl*>
zíbele *f* (-ß) Zwiebel; *nit wert kejn ~* keinen Pfifferling wert
zíbele-trern *Pl* Krokodilstränen
zich *f* (-n) Bettbezug
zichl *n* (-ech) Kissenbezug
zíchtik sauber, ordentlich
zí(e)n (gezójgn) ziehen; ~ *zu sich* anziehend sein; ~ *sich* sich hinziehen
zíen *n* Zion <*se*>
zienísm *m* Zionismus
zig *f* (-n) Ziege
zigájner *m* (–) *w*-**ke** Zigeuner
zíg(e)n *Adj* Ziegen-; ~*e milch* Ziegenmilch
zígn-fißl *n* (-ech) selbst gedrehte Zigarette aus Machorka und Zeitungspapier
zíkele *n* (-ch) Zickel
zíkl(e)n: ~ *sich* zickeln, Ziegenjunge werfen
zil *m* (-n) Ziel
ziln: ~ *(sich)* zielen
zimbl *m* (-en) Cymbal; *nemen afn ~* zur Rede stellen, ins Gebet nehmen
zímer *m* (-n) Zimmer

zímeß *m* (-n) Eintopf; Getue, Klimbim; *machn a ~ fun emezn [epeß]* viel Getöse um jdn. [etw.] machen
zímring *m* Zimt
zindn (gezúndn) zünden
zinds *m* Zoll, Tribut; ~*n* Zinsen
zíng(er) ↑ zung
zingl *n* (-ech) Abzugshahn; Glockenklöppel; Gaumenzäpfchen
zinsch *m* Tribut <*sl*>
zípkeß *Pl* Zehenspitzen <*sl*>
zípkewen auf den Zehenspitzen schleichen <*sl*>
zíre *f* (-ß) Stopfstelle (am Strumpf)
zírewen stopfen (Strumpf) <*sl*>
zírung *n* (-en) Schmuck
zitrín *m* (-en) Zitrone
zíze[1] *f* (-ß) Quaste (an jeder Ecke des Gebetsmantels) <*se*>
zíze[2] *f* (-ß) *V* **zizl, zízke** Zitze
zlómim ↑ zéjlem
znieß *n* Bescheidenheit; Tugend <*se*> ↑ znúe
znießdik bescheiden; tugendhaft <*se*>
znif *m* (-n) Neuling, Grünschnabel
znífisch grün, unreif
znifisch-alzwéßerisch altklug
znifl *n* (-ech) Knirps
znúe *f* (-ß) tugendhafte Frau <*se*> ↑ znieß
zofn *m* Norden <*se*>; *af ~* nach Norden; *der ekßter/wajtßter ~* der hohe Norden
zófndik nördlich, Nord-
zóje *f* Kacke <*se*>
zojg *f* (-n) Hündin
zojm *f od m* (-en) *V* **zajml** Zaum
zol *f* (-n) Zahl; *on a ~* zahllos
zon *m* (zéjn[er]) *V* **zejndl** Zahn; *lachn mit zejner* grinsen; *aweklejgn di zejn af der polize* am Hungertuch nagen; *ße klapt mir a ~ in a ~* mir klappern die Zähne; *er hot af dem di zejn ufgegeßn* darin kennt er sich aus
zop *m* (zep) *V* **zepl, zepele** Zopf

zóre *f* (-ß) Unglück, Leid, Elend <*se*>

zóredik unglücklich, elend, beklagenswert

zu *Präp* **1** zu; *zugejn ~ emezn* zu jdm. hingehen **2** je; *(~) a rubl a scho* (je) einen Rubel pro Stunde; *mir hobn ojßgetrunken ~ a glos milch* wir haben jeder ein Glas Milch getrunken; *~ finf jor* im Alter von fünf Jahren

zu- (in unfest zusammengesetzten Verben) zu-, an-, heran-

zúbajßn* einen Imbiss einnehmen

zúbejgn* ducken; *~ sich* sich ducken

zúber = zéber

zúbindn* anbinden; *~ emezn zu sich* jdn. an sich binden; *~ sich (zu emezn)* sich (jdm.) eng anschließen

zúboj(e)n anbauen

zúbomken mitsummen; nach dem Munde reden

zúbren(e)n anbrennen; *di kasche is zugebrent geworn* der Brei ist angebrannt

zúbrojner *m* (-ß) Toaster

zúchapn: *~ sich zu epeß* sich auf etw. stürzen <*sl*>

zúdek *m* (-n) Decke; Bedeckung

zúef(e)n(e)n ein wenig / einen Spalt öffnen; *~ sich* einen Spalt aufgehen

zúejg(e)n(e)n sich aneignen; verleihen

zúéßn*: *~ sich* auf den Geist gehen

zúfaln* zufallen; *~ zu emeznß bruſt* jdm. an die Brust sinken

zúfeßtikn befestigen

zúfirn herbeibringen

zúflejz *m*, **zúfloß** *m*, **zúfluß** *m* (-n) Flut

zufrídn zufrieden

zúfrirn* anfrieren

zufúß *Adv* zu Fuß

zufúßnß *Adv* zu Füßen

zufúßnß *m* Fuß (Bett, Berg)

zugáßt *Adv* zu Gast; *kumen ~* zu Besuch kommen

zúgebn* hinzufügen; beimessen (Sinn, Bedeutung); *~ kraft* Kraft verleihen

zúgebrojnt gebräunt; *~ wern* bräunen, braun werden

zúgebund(e)n anhänglich

zúgejn* herangehen, -kommen

zúgelosn, zúgelost freundlich

zúgewojn(e)n: *~ sich (zu epeß)* sich (an etw.) gewöhnen

zúglajchn* gleichsetzen

zúgob *m* (-n) Anhängsel; Zugabe

zúgrejtn vorbereiten; zubereiten

zúhaltn* festhalten; zurückhalten; beiseitelegen (Geld)

zúhern: *~ sich (zu epeß)* (auf etw.) hören

zúhink(e)n: *~ afn rechtn [linkn] fuß* auf dem rechten [linken] Bein lahmen

zúkem(e)n kämmen

zúkerke *f* (-ß) Bonbon

zúkernize *f* (-ß) Zuckerdose

zúkiln: *~ sich* sich (leicht) erkälten

zúklajbn* aufräumen

zúklapn anschlagen, festmachen; *~ mit di gleslech* anstoßen

zúklepn ankleben; *~ sich* kleben bleiben

zúklern ausdenken, erfinden

zúknepl(e)n anknöpfen

zúknopkewen anheften (mit Reißzwecken) <*sl*>

zúkomandirn abkommandieren

zukópnß *Adv* zu Häupten

zukópnß *m* Kopfseite

zúkrenk(e)n kränkeln

zúkukn: *~ sich zu emezn [epeß]* jdn. [etw.] genau betrachten

zúkum(e)n*: *~ zu epeß* zu etw. gelangen

zúlakche(ne)n klauen <*se*>

zúlaschtschen liebkosen <*sl*>

zúlejgn dazulegen; *~ sich* sich (für einen Moment) hinlegen

zúlejtn anlöten

zulíb *Präp* wegen; *~ dem* deswegen

zúlog *m* (-n) Zulage; Anhängsel

zúmachn befestigen; dichtmachen

zúmeßtn* anprobieren

zúmisch *m* (-n) Beimengung

zúmischn beimengen
zúmotschken schmatzen; schnalzen; schnippen <sl>
zúnej(e)n annähen
zúnejtn nötigen
zúnem(e)n* aufnehmen, empfangen; ~ *epeß ba emezn* jdm. etw. wegnehmen; ~ *a wane* ein Bad nehmen
zúnemenisch *f* (-n) Spitzname
zung *f* (-en *od* zíng[er]) Zunge; *arojßschteln a* ~ die Zunge herausstrecken; *zuhaltn di* ~ sich auf die Zunge beißen; *geschlifene* ~ redegewandter Mensch; *glate* ~, *a* ~ *af reder* flinke Zunge; *drejen mit der* ~ herumeiern; *schlepn emezn far der* ~ jdm. die Würmer aus der Nase ziehen; *plontern mit der* ~ stammeln; *brechn sich di* ~ sich die Zunge verrenken; *bejse zinger* böse Zungen
zuníscht: ~ *machen* zugrunde richten
zuníz zunutze; ~ *kumen* von Nutzen sein, zustatten kommen
zunójf- (in unfest zusammengesetzten Verben) zusammen-
zunójfchawern: ~ *sich* Freundschaft schließen <se>
zunójfflechtn* verflechten; falten (Hände)
zunójfforn*: ~ *sich* sich versammeln
zunójfgißn* zusammengießen; ~ *sich* zusammenfließen, verschmelzen
zunójfgoß *m* (-n) Fusion, Verschmelzung
zunójfkum(e)n*: ~ *sich* zusammenkommen
zunójflojfn*: ~ *sich* sich zusammenlaufen
zunójfnem(e)n* zusammenlegen, zusammentragen; ~ *jedieß* Nachrichten sammeln; ~ *sich* sich versammeln
zunójfrech(e)n(e)n zusammenrechnen
zunójfred *m* abgekartete Sache
zunójfrejdn: ~ *sich* sich verabreden, sich verständigen
zunójfsaml(e)n sammeln, zusammentragen; ~ *sich* sich versammeln

zunójfschteln zusammenstellen, erarbeiten; ~ *sich* (mit der Zeit) zusammenkommen
zunójfschtukewen zusammenstoppeln
zunójfsing(e)n*: ~ *sich* sich einsingen (Chor)
zúnter: ~ *rojt* feuerrot
zúpaßn anpassen
zupn zupfen, reißen
zúpudern leicht pudern
zúpuzn (aus)schmücken; ~ *sich* sich herausputzen
zúrajtn* angeritten kommen
zúram(e)n aufräumen
zúre *f* (-ß) Gesicht (zärtlich); Visage <se>
zúrichtn zubereiten
zurík *Adv* zurück; *mit ...* ~ vor; *mit zen jor* ~ vor zehn Jahren
zurík- (in unfest zusammengesetzten Verben) zurück-
zuríkgehaltn zurückhaltend
zuríkgehaltnkajt *f* Zurückhaltung
zuríkker *m* (-n) Rückkehr; Rückgabe
zuríkwegß *Adv* auf dem Rückweg
zúrir *m* (-n) Berührung
zúrirn: ~ *sich zu epeß* etw. berühren
zurú: *losn* ~ *emezn* jdn. in Ruhe lassen
zusámen- = zunójf-
zusámenfor *m* (-n) Kongress
zúschifn anlegen
zúschif-schtel *f* (-n) Anlegestelle, Anlegeplatz
zúschlepn heranschleppen; ~ *far di hor* an den Haaren herbeiziehen
zúschmidn anschmieden
zúschparn zusperren; andrücken; ~ *emezn zu der want* jdn. an die Wand drücken; ~ *sich* sich anlehnen
zúschpiljewen anknöpfen <sl>
zúschpring(e)n* herbeigesprungen kommen
zúschrajbn* dazuschreiben; ~ *sich* sich (polizeilich) anmelden
zúschtajer *m* (-ß) Beitrag

zúschtejn* sich anschließen, sich aufdrängen; dranbleiben; anlegen (Schiff)
zúschtej-punkt *m* (-n) Anlegestelle
zúschteler *m* (– *od* -ß) Lieferant
zúschteln liefern, hinbringen; aufsetzen (zum Kochen); anlegen, anlehnen; ~ *zu a nagrade* zur Auszeichnung vorschlagen
zúschwindl(e)n herbeihuschen
zúseer *m* (– *od* -ß) Zuschauer
zúsezn: ~ *sich* sich (für einen Moment) hinsetzen
zúsing *m* (-en) Refrain
zúsogn versprechen
zúsung = zúsing
zútejln zuteilen, zuerkennen
zútoptschen festtrampeln <*sl*>
zútrachtn sich ausdenken
zútretn* herantreten; ~ *zu der arbet* die Arbeit aufnehmen; *ß'is nit zuzutretn zu im* an ihn ist nicht heranzukommen
zútritlech zugänglich
zútschep *m* (-n) Hänger (Fahrzeug) <*sl*>
zútschepen festmachen; aufpropfen <*sl*>; ~ *sich zu emezn [epeß]* an jdm. [etw.] herumkritisieren
zútschepenisch *f* (-n) kleinliche Nörgelei <*sl*>
zútuljen an sich drücken <*sl*>; ~ *sich* sich anschmiegen
zútupen aufstampfen <*sl*>
zúwakßn* anwachsen
zúwarfn* dazugeben
zúwartn ein wenig warten
zúwintsch(ewe)n beglückwünschen
zúwirzn würzen
zúwukß *m* Zuwachs

zúzi(e)n* heranziehen; anziehen, anlocken
zúziendik, zúziik anziehend, attraktiv
zúzik *m* (-eß) Welpe; Grünschnabel
zúzi-kojech *m* Anziehungskraft <*se*>
zwang *f* (-en) *V* **zwengl** Zange
zwánzik zwanzig; *der* ~*ßter* der zwanzigste
zwej zwei; ~*e* zwei Uhr; *der* ~*ter* der zweite
zwejbórtik zweireihig; ~*er pidshak* Zweireiher (Jackett)
zwéjendik doppelt, Doppel-; ~*e schpil* Doppelspiel; ~*e fenzter* Doppelfenster
zwejhójkerdik zweihöckrig; ~*er keml* Trampeltier
zwejpénemdik doppelzüngig
zwejrér(nd)ik doppelläufig; ~*e bikß* Doppelflinte
zwejschó(end)ik zweistündig
zwéjtik sekundär
zwéjtling *m* (-en) Doppelgänger
zwejzíferdik zweistellig (Zahl)
zwélewe *Adv* zwölf Uhr
zwelf zwölf; *der* ~*ter* der zwölfte
zwíeß *n* Heuchelei <*se*>
zwíeßdik, zwíisch heuchlerisch <*se*>
zwínter *m* (-ß) christlicher Friedhof
zwischn *Präp* zwischen, unter; ~ *unds geredt* unter uns gesagt
zwit *m* Baumblüte <*sl*>
zwíten blühen <*sl*>
zwogn (gezwógn) waschen (Haare)
zwórech *m* Quark
zwu(j)ák *m* (-eß) *w* **-átschke** Heuchler <*se*> ↑ zwíeß
zwu(j)ákisch heuchlerisch <*se*>

Hechtsuppe zum guten Rutsch

Wir haben schon mächtig Massel mit dem Deutschen, das, um Tacheles zu reden, für lau und dazu mit schöner Chuzpe fremde Wörter integriert.

Vier stehende Wendungen aus dem Jiddischen in einem Satz? Eine der leichtesten Übungen für Deutschsprechende, wie man gerade lesen konnte. *Massel haben* für »Glück haben« erschließt sich für alle einfach, die *masl-tow* kennen, denn das heißt wörtlich »gutes Glück«. *tachles* hieß im Jiddischen »Zweck« auch »praktisches Ergebnis«, woraus später etwas wie »Vernünftiges« wurde und bei uns »Klartext«. Schwieriger wird es schon beim beliebten Ausdruck für »gratis«, denn *für lau* klingt ja ähnlich wie unser *lau* für »wenig warmes Wasser«. Es geht allerdings auf die biblisch-hebräische Verneinung *lo* zurück, die in aschkenasischer Aussprache zu *lau* wurde. »Für nichts« könnte man also die Redewendung übersetzen. *Chuzpe* bedeutet im Hebräischen schlicht »Frechheit«, und wir übernahmen den schönen Ausdruck direkt aus dem Jiddischen.

Wir bemerken im Alltag schon kaum, wie oft wir sprichwörtliche Redensarten verwenden, noch weniger, dass es eine ganze Menge mit jiddischem Hintergrund sind. Und dabei kann man getrost biblisch-hebräische weglassen wie *Krethi und Plethi*, *sicher wie das Amen in der Kirche* oder *das ist ein richtiges Tohuwabohu*.

Wer einen *Schmusekurs fährt*, denkt nicht an den *schmu* oder *schms* der Händler, die mit diesem – wörtlich übersetzt – »Gerede, Geschwätz« ihren Vorteil zu sichern versuchten. Sie taten das mit vielen schmeichelnden Worten, woraus sich später *schmusen* für »zärtlichen Umgang miteinander pflegen« ergab und heute der Schmusekurs.

Dafür ist es freilich zu spät, wenn erst *der Pleitegeier auf dem Dach sitzt*. Dann hilft schon weit mehr eine rettende Flucht. Die heißt im Jiddischen *plejte*, und genau daher kommt der unangenehme Vogel. Hier bezeichnete man den Bankrotteur als *plejtegejer*, also »Pleitegeher«. Für die Deutschen klang das sehr anschaulich nach *Pleitegeier*. Vielleicht dachten sie an den Kuckuck des Gerichtsvollziehers und sicher an alle gierigen Menschen, die sich wie Geier um die ins Schlamassel Geratenen sammelten. Dieses

Unglückswort kommt übrigens schlicht von *schlimm* und *masl* her. Das deutsche »Glück« bedeutete früher ja auch »Geschick, Schicksal« und das hebräische *Mas(a)l* so viel wie »Sternbild«.

Sicherheit ist in der Etymologie allerdings oft nur ein frommer Wunsch. Manchmal verführt ein Gleichklang sogar regelrecht zu Fehldeutungen, die zu schön sind, um wahr zu sein. In schätzbaren Nachschlagewerken liest man, *es zieht wie Hechtsuppe* komme von *hech sup(p)ha*, ein angeblich jiddisch-hebräischer Ausdruck für »Windsbraut, starker Sturm«. Leider finden sich die Worte so nirgendwo, schon gar nicht als Bezeichnung für schlecht schließende Fenster. In Wirklichkeit bezog man sich im Deutschen auf die Ähnlichkeit zwischen einer traditionell scharf gesalzenen und gepfefferten Fischsuppe mit dem scharfen Luftzug. Der als Raubfisch kräftig schmeckende Hecht, der auch sprichwörtlich als »toller Hecht« bekannt war, kam nur noch als verstärkende Variante dazu, obwohl praktisch niemand Hechtsuppe kannte.

Ähnlich sieht es aus mit dem Wunsch *Guten Rutsch!*, denn den führen zahlreiche Lexika tollkühn auf das in vielen Laut- und Schreibvarianten bekannte jiddische Wort für Neujahr *Roscheschone* zurück. Das klingt entfernt nach *Rutsch*, aber es gibt keine überzeugenden Nachweise für eine Verbindung. Dagegen haben sich haufenweise Postkarten aus der preußischen Kaiserzeit erhalten, auf denen Paare auf Schlitten und Skiern zu sehen sind, die ins neue Jahr rutschen. Darüber war zu lesen *Guten Rutsch!* An Silvester gab es früher hierzulande schließlich genug Schnee und Eis. Und dass die Jahre sich nicht hart ablösen, sondern sanft ineinandergleiten, wissen wir von dem poetischen Ausdruck *zwischen den Jahren*. Nicht einmal beim kuriosen Wunsch *Hals- und Beinbruch!* überzeugt die häufige Herleitung von der jiddischen Formel *hazloche und broche* für »Erfolg und Segen«. *Halsbruch* hätte das deutschsprachige Volk vielleicht heraushören können. Nur wozu der Umweg? *Das ist kein Beinbruch* und *Du wirst dir noch den Hals brechen* waren längst im Deutschen etabliert, ebenso die Idee, durch negative Wünsche Positives zu bewirken – man denke nur ans englische *Break a leg!* oder an den Seglerausdruck *Mast- und Schotbruch!*

Anhang

Anhang

1. Das hebräische Alphabet

1.1 Im Wörterbuch von M.A. Šapiro, I.G. Spivak und M.J. Šul'man werden zur Wiedergabe der Laute des jiddischen folgende Buchstaben bzw. Buchstabenverbindungen und ihre Varianten (in Klammern) verwendet:

Druckschrift	Schreibschrift	Name	Lautwert	Beispiele	Aussprache	Bedeutung	Anmerkungen
א	*k*	álef	a	אַזאַ	asá	so ein	(od **אַ** [a])
				אום	um	um	
				אויך	ojch	auch	»schtúmer álef«;
				איר	ir	ihr	vor ו, יי, י, ּו, ּב
				איי	ej	Ei	
				אייז	ajs	Eis	
אָ	*k̦*	kómez-álef	o	אָן	on	an; ohne	
				האָר	hor	Haar(e)	
ב	ɑ	bejß	b	באָבע	bóbe	Großmutter	
ג	ↄ	giml	g	געגנט	gegnt	Gegend	
ד	ʔ	dáled	d	דיקע	dícke	Pfeife	
ה	ɑ	hej	h	הראב	hrab	Hainbuche	
				בוהאַי	buháj	Stier	
ו	/	wow	u	אופקום	úfkum	Entstehung	

Anhang

Druckschrift	Schreibschrift	Name	Lautwert	Beispiele	Aussprache	Bedeutung	Anmerkungen
ו	׳	melúpn-wow	u	טוונג צוווּקס בורשוּי	túung zúwukß burshúj	Handlung Zuwachs Bourgeois	vor ו, neben ן, vor ׳)
וו	״	zwej wown	w	וועווערקע	wéwerke	Eichhörnchen	
וי	׳	wow-júd	oj	בוינע אזוי	ßójne asój	Feind so	
ז	ל	sájen	s	זי איז	si is	sie ist	
זש	ⲟⳅ	sájen-schin	sh	זשאבע סאזשע	shábe ßáshe	Frosch Ruß	
ט	ℓ	teß	t	טאטע	táte	Vater	
טש	ⲟℓ	teß-schin	tsch	טשעק דײַטש	tschek dajtsch	Scheck deutsch, Deutscher	
י	׳	jud	i	איך מיר קי	ich mir ki	ich mir Kühe	
			j	יאם יאׇר יויך יײַכל	jam jor jojch jajchl	Meer Jahr Suppe, Brühe Süppchen	vor Vokal

Anhang

Druckschrift	Schreibschrift	Name	Lautwert	Beispiele	Aussprache	Bedeutung	Anmerkungen
(ִ)	׳	chírek-jud	i	לגיאָן מאַיס נביאים חיישׁ ייד	legión maíß newíim chájisch jid	Legion Mais Propheten tierisch Jude	neben Vokal, Diphthong ײַ [ji]
יִ	״	zwej judn	ej	אײ	ej	Ei	
ײַ	ײַ	zwej judn mit a páßech	aj	אײַז דרײַ	ajs draj	Eis drei	(od »páßech-zwej judn«)
כ	כ	chof	ch	כאַם ביכער	cham bícher	Flegel Bücher	
ך	ך	lánge chof	ch	בוך איך	buch ich	Buch ich	am Wortende
ל	ל	lámed	l	לעלע	léle	Insektenpuppe	
מ	מ	mem	m	מאַמע	máme	Mutter	
(ם)	ם	schloß-mem	m	אום	um	um	am Wortende
נ	נ	nun	n	נודנע	núdne	langweilig	
ן	ן	lánge nun	n	אײן	ejn	ein	am Wortende
ס	ס	ßámech	ß	סאָסנע	ßóßne	Kiefer, Föhre	

Druckschrift	Schreibschrift	Name	Lautwert	Beispiele	Aussprache	Bedeutung	Anmerkungen
ע	ᶑ	ájen	e	עלטער	élter	Alter; älter	
פ	ᴓ	pej	p	פאפ	pap	Kleister	
פ	ᴓ	fej	f	פייפֿן	fajfn	pfeifen, Pfiffe	(od פֿ)
ף	ʔ	lánge fej	f	פייף	fajf	Pfiff	am Wortende
צ	ʒ	zádek	z	צאצקע	zázke	Spielzeug	
ץ	ʔ	lánge zadek	z	קאץ	kaz	Katze	am Wortende
ק	ᴄ	kuf	k	קוק	kuk	Blick; schaue	
ר	ᴄ	rejsch	r	רער	rer	Röhre	
ש	ᴓ	schin	sch	שישקע	schíschke	Zapfen	

Anhang

1.2 In der Jiwo-Orthographie wird die traditionelle Schreibung der Hebraismen beibehalten (s. Vorwort S. 23 f.), bei der mehrere Buchstaben teilweise einen anderen Lautwert haben. Außerdem werden noch folgende Buchstaben verwendet:

Druck-schrift	Schreibschrift	Name	Lautwert	Beispiele	Aussprache	in der Sowjet-union übliche Schreibweise	Bedeutung
ו	‍	wejß	w	לבֿנה	lewóne	לעוונע	Mond
ח	‍	cheß	ch	בחור	bócher	באכער	Bursche
כ	‍	kof	k	כמעט	kimát	קימאט	beinahe
ט	‍	ßin	ß	שׂנא	ßójne	סוינע	Feind
ת	‍	tow	t	חן	tanách	טאנאך	Pentateuch
ת	‍	ßow	ß	שבת	schábeß	שאבעס	Sabbat

2. Formenbildung des Jiddischen

2.1 Die Deklination verfügt über drei Genera (m, f, n), die Kasus N, D, A und Possessiv, über Sg. und Pl. Die Formen werden nur teilweise formal unterschieden, und zwar ist dies – abgesehen von den Personalpronomina mir ›wir‹, ir ›ihr‹ und ganz seltenen Fällen beim Possessiv – nur im Sg. möglich.

2.1.1 Soweit ein Substantiv oder Pronomen besondere Formen für D und A besitzt, sind diese im Wortartikel angegeben, ebenso die in der Regel vom Sg. verschiedene Pl.-Form. Um welchen Kasus es sich handelt, geht außer aus dem Kontext oft auch aus der Form des best. Artikels hervor. Der unbest. Artikel *a(n)* und der Verneinungsartikel *kejn* sind unveränderlich. Die Possessivpronomina unterscheiden in attributiver Funktion bei Voranstellung nur Sg. und Pl. (z. B. *majn kind – májne kínder*, doch *doß kind majnß*).

Formen des best. Artikels:

	Sg.			Pl.
	m	f	n	
N	der	di	doß	di
A	dem	di	doß	di
D	dem	der	dem	

2.1.2 Abgesehen vom Neutrum hängt die Kasus- oder Numerusform des Adjektivs nicht davon ab, welcher Artikel oder welches Pronomen davorsteht. Lediglich D, A des Maskulinums und der D des Neutrums haben in Abhängigkeit vom Stammauslaut unterschiedliche Endungen.

Deklination des Adjektivs *gut*:

	Sg.					Pl.
	m	f	n			
			nach best. Art.	sonst		
N	der / a / kejn } gút-er (táte)	di / a / kejn } gút-e (máme)	doß gút-e (kind)	in allen Kasus: a / kejn } gut (kind)		di / kejn } gút-e (táteß, mámeß, kínder)
A	dem / a / kejn } gut-n (tatn)	der / a / kejn } gut-er (mame[n])	dem gút-n (kind)	(bei Nachstellung: a kind a gutß)		
D						

Anhang

Anm. 1: Auf Diphthong, betonten Vokal und *-m* auslautende Adjektive haben statt *-n* die Endung *-en*, auf *-n* auslautende sowie *naj* ›neu‹ und *genój* ›genau‹ die Endung *-em*, z. B. *dem krúm-en, kléjn-em, náj-em*.

Anm. 2: Auf silbisches *l* oder *n* auslautende Adjektive schieben in der Regel vor Deklinationsendungen ein *e* ein (s. Hinweise für die Benutzung 4.5.1), z. B. *ejdl – der éjdeler, dem éjdel-n, die éjdel-e; trukn – der trúken-er, dem trúken-em, di trúken-e*.

Anm. 3: Aus dem Slawischen entlehnte Adjektive mit Stammauslaut auf *-e* (z. B. *núdne, watówe, chítre, dámske*) können auch in attributiver Funktion unflektiert gebraucht werden (s. Hinweise 4.1.4).

Anm. 4: Mit dem Suffix *-(án)er* abgeleitete Adjektive (z. B. *móßkwer* ›Moskauer‹, *amerikáner* ›amerikanisch‹ u. ä.) werden grundsätzlich nicht dekliniert.

2.1.3 Der nur selten und fast ausschließlich in Bezug auf Personen, und zwar nur ausnahmsweise auch im Pl., verwendete Possessiv wird durch Anfügen der Endung *-(e)ß* an den Dativ gebildet, z. B. *dem gutn tatn-ß, majn gúter máme-ß, dem kléjnem kind-ß; rabinówitsch-eß* ›Rabinowitschs‹; *wémen-ß, émezn-ß, álemen-ß* (von *wer, émezer, úle*).

2.2 Die **Steigerungsformen** der Adjektive werden entweder mit den Suffixen *-er-* bzw. *-ßt-* oder mit vorangestelltem *mer* bzw. *ßáme* oder aber als Kombination beider Typen gebildet. Dabei kann der Stamm alternieren. Hinsichtlich des Einschubs von *e* gelten die gleichen Regeln wie bei der Deklination (s. Anm. 2).

Beispiele:

Positiv	–	*alt*	*trukn*	*gut*
Komparativ	–	*élt-er*	*tríken-er*	*béß-er*
		mer alt	*mer trukn*	*mer gut*
		mer élt-er	*mer tríken-er*	*mer béß-er*
Superlativ	–	*élt-ßt-er*	*tríkn-ßt-er*	*bé-ßt-er*
		ßáme ált-er	*ßáme trúken-er*	*ßáme gút-er*
		ßáme élt-ßt-er	*ßáme tríkn-ßt-er*	*ßáme bé-ßt-er*

2.3 Die **Konjugation** umfasst im Indikativ die Tempora Präsens, Präteritum, Iterativpräteritum, Futur und das selten gebrauchte Plusquampräteritum (Plusquamperfekt). Weitere Modi sind Imperativ und Konditional. Außer dem Aktiv gibt es ein Passiv. Mit Ausnahme des Präsens und der 2. Person des Imperativs bestehen alle Formen aus Verbindungen von Hilfsverben mit infiniten Formen des konjugierten Verbs.

2.3.1 Infinite Formen sind Infinitiv, Partizip I und Partizip II. Der Infinitiv ist die im Wörterbuch angegebene Nennform. Verben mit Stammauslaut auf *-m, -n, -ng, -nk*, silbischem betontem Vokal oder Diphthong haben im Infinitiv (ebenso in der 1. und 3. Person Pl. des Präsens) statt *-n* die Endung *-en* (s. Hinweise 4.5.2). Sonst (in der Regel bei Verben slawischer oder semitischer Herkunft) gehört vor der Endung *-n* stehendes *e* zum Stamm und bleibt bei der Konjugation in allen Formen erhalten. Die meisten von einem semitischen Stamm abgeleiteten Verben haben die Endung *-nen*. Das Partizip I wird durch Anfügen des Suffixes *-dik* an die Präsensform der 1. bzw. 3. Person Pl. bzw. (bei *wißn, gebn, weln*) an den Infinitiv gebildet (z. B. von *machn – máchndik*).

Das Partizip II hat das Suffix *-t* und (mit Ausnahme der fest zusammengesetzten bzw. der mit dem Suffix *-ir-* abgeleiteten Verben) das Augment *ge-* (z. B. von *machn, basézn, tormosírn – gemácht, basézt, tormosírt*).

2.3.2 Die Formen des Präsens und der 2. Person des Imperativs werden durch Anfügen von Personalendungen an den Stamm gebildet bzw. sind mit diesem identisch.

Präsens und 2. Person der Imperativs von *machn*:

	Sg.		Pl.	
Person	Präsens	Imperativ	Präsens	Imperativ
1.	*ich mach*	–	*mir mach-n*	–
2.	*du mach-ßt*	*mach!*	*ir mach-t*	*mach-t!*
3.	*er, si mach-t*	–	*sej mach-n*	–

Anm. 1: In der 2. Person Sg. des Präsens wird die Endung *-ßt* zu *-t* vereinfacht, wenn der Verbstamm auf *-ß* auslautet, z. B. *du eß-t* (von *eß-n*).
Anm. 2: In der 3. Person des Präsens und der 2. Person Pl. des Präsens und Imperativs verschmilzt die Endung *-t* bei auf *-t* auslautenden Verben mit dem Stammauslaut, z. B. *er, ir árbet, árbet!* (von *árbet-n*).
Anm. 3: Steht das Pronomen *du* nach dem Verb, verschmilzt es mit der Endung zu *-ßtu*, z. B. *máchßtu* aus *machßt du*.

2.3.3 Die zusammengesetzten Zeitformen bestehen aus Verbindungen von Hilfsverbformen mit dem Partizip II oder dem Infinitiv. Im Einzelnen werden gebildet:

Präteritum – aus Präsensformen der Hilfsverben *hobn* oder *sajn* mit dem Partizip II *(er hot gemácht, er is gekúmen)*; Iterativpräteritum – aus Formen des Hilfsverbstammes *fleg-* mit dem Infinitiv (*er flegt/fleg machn, kúmen* ›er pflegte zu machen, zu kommen‹);

Futur – aus Formen des Hilfsverbstammes *wel-* und dem Infinitiv (*ich wel, du weßt, er, si, eß wet, mir weln, ir wet, sej weln machn, kúmen)*;

Plusquampräteritum – aus Formen des Präteritums der Hilfsverben *hobn* oder *sajn* und dem Partizip II *(er hot gehát gemacht, er is gewén gekúmen)*.

2.3.4 Die Imperativformen der 1. und 3. Person bestehen aus Formen des Hilfsverbs *losn* mit nachgestelltem Pronomen und dem Infinitiv, z. B. *lómich* (aus *los mich) machn, lómir* (aus *losn mir) machn, los er, si machen, losn sej machn*. In der 3. Person werden *los, losn* häufig durch Formen von *soln* ersetzt *(sol er machn, soln sej machn)*.

Anhang

2.3.5 Der Konditional besteht aus Formen des Hilfsverbstammes *wolt-* und dem Infinitiv oder dem Partizip II, z.B. *er wolt machn/gemácht* ›er würde machen‹, ›er hätte gemacht‹. Auch *wolt-* wird häufig durch Formen von *soln* ersetzt *(er sol machn/gemácht).*

2.3.6 Die Passivformen bestehen aus Formen des Hilfsverbs *wern* und dem Partizip II, z.B. *er wert gemácht, er is gewórn gemacht, er flegt wern gemácht, er wet wern gemácht, er wolt wern/gewórn gemácht* usw.

3. Texte

3.1 Zwei Texte aus B.-J. Bialostockis Buch »jidischer humor un jidische lejzim« (Jüdischer Humor und jüdische Witze) in der Fassung von »ßowetisch hejmland« (1988/3):

וויאזוי כויזעק איז פארלוירן געווארן

כויזעק איז געווען צעטראגן, ניט געוווינט אַף וואָסער וועלט ער איז. אַז ער פלעגט אויפשטיין אינדערפרי, האָט ער קיינמאָל ניט געוווּסט, ווּ זײַנע קליידער ליגן, אַזוי אַז ער האָט פאַשעט מוירע געהאַט זיך אויסצוטאָן! האָט מען אים אַן אײצע געגעבן: נעם אַ בלײַער און פאַרשרײַב אַף אַ צעטעלע: – מײַן הויזן – מײַן שטול; מײַנע שיך – צופוסנס באַם בעט, אַף דער ערד; מײַן היטל – אַפן טיש. און איך אַליין – ליג אין בעט. האָט כויזעק אַזוי געטאָן.

אינדערפרי דערהערט ער שאָקן, אַז כויזעק ווינט. האָט דער שאָקן בא אים געפרעגט: וואָס ווינסטו? מאַכט כויזעק: איך האָב געטאָן ווי מע האָט מיר געזאָגט. איך קוק אין צעטעלע און איך זע: אַלץ איז דאָ. אָבער דאָס בעט אַליין איז ליידיק. ווו זשע בין איך? איך האָב געזוכט, געזוכט און האָב זיך אַליין ניט געקאָנט געפינען.

דער מעלאַמעד און דער ביטערער טאָעס

אַן אָרעמער מעלאַמעד, אַ שלימאַזל, איז געגאַנגען אַפן יאַריד צו קויפן זיך אַ ציג. דער מעלאַמעד האָט געדאַרפט האָבן צו זײַן יאַדעשליוון הוסט ציגענע מילך... דאָס ווײַב זײַנס האָט אים אָפּגעמאָלט אקוראַט, וויאַזוי אַ ציג זעט אויס, וואָרעם זי האָט דאָך געוווּסט, אַז ער איז אַ שלימאַזל... איז דער מעלאַמעד אַוועק אַפן יאַריד, און ער האָט געמאַכט אײן קלייניקן טאָעס: אָנשטאָט אַ ציג ער האָט אײנגעקויפט אַ באָק ...

נו, פאַרפאַלן, ניטאָ קיין מילך!

שלימאַזל! – האָט זײַן ווײַב געשריגן אַף אים.

מאַכט זיך אין שטעטל אַ מאַגיפעה אַף בעהיימעס, נעמט דער הערנערדיקער באָק און צייט אויך אויס די פיס.

איז דער מעלאַמעד געשטאַנען לעבן דעם טויטן באָק און וויינענדיק געזאָגט:
– אַז עס איז געקומען צו געבן מילך – ביסטו געווען אַ באָק, אָבער אַז עס איז געקומען צו אַ מאַגיפעה, ביסטו געוואָרן אַ בעהיימע...

Anhang

3.2 Die Texte in standardjiddisch

ווי אַזוי חוזק איז פֿאַרלוירן געוואָרן

חוזק איז געווען צעטראָגן, ניט געוווּסט אויף וואָסער וועלט ער איז. אַז ער פֿלעגט אויפֿשטײן
אין דער פֿרי, האָט ער קײן מאָל ניט געוווּסט, ווו זײַנע קלײדער ליגן, אַזוי אַז ער האָט פּשוט
מורא געהאַט זיך אויסצוטאָן! האָט מען אים אַן עצה געגעבן: נעם אַ בלײַער און פֿאַרשרײַב אויף
אַ צעטעלע: מײַנע הויזן – אויפֿן שטול; מײַנע שיך – צופֿוּסנס בײַם בעט, אויף דער ערד;
מײַן היטל – אויפֿן טיש. און איך אַלײן – ליג אין בעט.
האָט חוזק אַזוי געטאָן.

אין דער פֿרי דערהערט אַ שכן, אַז חוזק וויינט. האָט דער שכן בײַ אים געפֿרעגט: וואָס ווײנסטו?
מאַכט חוזק: איך האָב געטאָן ווי מע האָט מיר געזאָגט. איך קוק אין צעטעלע און איך זע:
אַלץ איז דאָ. אָבער דאָס בעט אַלײן איז לײדיק. ווו זשע בין איך? איך האָב געזוכט, געזוכט
און האָב זיך אַלײן ניט געקאָנט געפֿינען.

דער מלמד און דער ביטערער טעות

אַן אָרעמער מלמד, אַ שלימזל, איז געגאַנגען אויפֿן יאַריד צו קויפֿן זיך אַ ציג. דער מלמד האָט
געדאַרפֿט האָבן צו זײַן יאַדעשלוויוון הוסטו ציגענע מילך ... דאָס וויוב זײַנס האָט אים אָפּגעמאַלט
אַקוראַט, ווי אַזוי אַ ציג זעט אויס, וואָרעם זי האָט דאָך געוווּסט, אַז ער איז אַ שלימזל ... איז
דער מלמד אוועק אויפֿן יאַריד, און ער האָט געמאַכט אין קליינינקן טעות: אַנשטאָט אַ ציג
האָט ער אײַנגעקויפֿט אַ באָק ... נו, פֿאַרפֿאַלן, ניטאָ קײן מילך!
שלימזל! האָט זײַן וויוב געשריגן אויף אים.

מאַכט זיך אין שטעטל אַ מגפֿה אויף בהמות, נעמט דער הערנערדיקער באָק און ציט אויף אויס די פֿיס.
איז דער מלמד געשטאַנען לעבן דעם טויטן באָק און ווײנענדיק געזאָגט: אַז עס איז געקומען
צו געבן מילך – ביסטו געוואָרן אַ באָק, אָבער אַז עס איז געקומען צו אַ מגפֿה, ביסטו געוואָרן אַ בהמה ...

3.3 Die Texte in der im Wörterbuch verwendeten Umschrift

wiasój chójsek is farlójrn gewórn

chójsek is gewén zetrógn, nit gewúßt af wóßer welt er is. as er flegt úfschtejn inderfrí,
hot er kéjnmol nit gewúßt, wu sájne kléjder lign, asój as er hot póschet mójre gehát sich
ójßzuton! hot men im an éjze gegébn: nem a blájer un farschrájb af a zétele: májne
hojsn - afn schtul; májne schich - zufúßnß bam bet, af der erd; majn hitl - afn tisch. un
ich aléjn - lig in bet.
hot chójsek asój getón.
inderfrí derhért a schochn, as chójsek wejnt. hot der schochn ba im gefrégt: woß
wéjnßtu?
macht chójsek: ich hob getón wi me hot mir geßógt. ich kuk in zétele un ich se: alz is do.
óber doß bet aléjn is léjdik. wu she bin ich? ich hob gesúcht, gesúcht un hob sich aléjn
nit gekónt gefínen.

der melámed un der bíterer tóeß

an óremer melámed, a schlimásl, is gegángen afn jaríd zu kojfn sich a zig. der melámed hot gedárft hobn zu sajn jádeschliwn hußt zígene milch … doß wajb sajnß hot im ópgemolt akurát, wiasój a zig set ojß, wórem si hot doch gewúßt, as er is a schlimásl … is der melámed awék afn jaríd, un er hot gemácht ejn kléjninkn tóeß: onschtót a zig hot er ájngekojft a bok … nu, farfáln, nitó kejn milch!
schlimásl! hot sajn wajb geschrígn af im.
macht sich in schtetl a magéjfe af behéjmeß, nemt der hérnerdiker bok un zit ojch ojß di fiß.
is der melámed geschtánen lebn dem tojtn bok un wéjnendik gesógt: as eß is gekúmen zu gebn milch – bíßtu gewén a bok, óber as eß is gekúmen zu a magéjfe, bíßtu gewórn a behéjme …

3.4 Übersetzungen

Wie Chojsek verloren gegangen ist

Chojsek war zerstreut, wusste nicht, auf welcher Welt er lebt. Wenn er morgens aufstand, wusste er nie, wo seine Kleider liegen, sodass er einfach Angst hatte, sich auszuziehen! Hat man ihm einen Rat gegeben: Nimm einen Bleistift und schreib auf einen Zettel: meine Hosen – auf dem Stuhl; meine Schuhe – am Fußende des Bettes, auf dem Boden; meine Mütze – auf dem Tisch. Und ich selbst – liege im Bett.
Hat es Chojsek so gemacht.
Am Morgen hört ein Nachbar, dass Chojsek weint. Fragte ihn der Nachbar: Warum weinst du?
Sagt Chojsek: Ich habe es gemacht, wie man mir gesagt hat. Ich schaue auf den Zettel und sehe: alles ist da. Aber das Bett ist leer. Wo also bin ich? Ich habe gesucht, gesucht und habe mich selbst nicht finden können.

Der Lehrer und der bittere Fehler

Ein armer jüdischer Lehrer, ein Unglücksrabe, wollte auf den Markt, um sich eine Ziege zu kaufen. Der Lehrer musste für seinen bösartigen Husten Ziegenmilch haben … Sein Weib hat ihm genau beschrieben, wie eine Ziege aussieht, denn sie wusste doch, dass er ein Unglücksrabe ist … Hat sich also der Lehrer auf den Weg zum Markt gemacht und dort einen ganz kleinen Fehler begangen: Statt einer Ziege hat er einen Bock gekauft … Nun, ein hoffnungsloser Fall, Milch gibt es nicht!
»Du Unglücksrabe!« hat sein Weib ihn angeschrien.
Bricht im Städtl eine Viehseuche aus, und da wird doch auch der Bock krepieren.
Stand der Lehrer neben dem toten Bock und sagte weinend: »Als du hättest Milch geben sollen, warst du ein Bock, aber als die Seuche kam, bist du eine Kuh geworden …«